21世纪高职高专
国际贸易专业核心课程系列教材
总主编 章安平

"十二五"职业教育国家规划教材
浙江省优势专业建设成果
浙江金融职业学院省重点校建设成果

外贸业务综合实训（第2版）

Comprehensive Foreign Trade Practice

主编 **章安平 顾捷**
副主编 **牟群月 邬黄靖伊 金莹**

中国人民大学出版社
·北京·

图书在版编目（CIP）数据

外贸业务综合实训/章安平，顾捷主编．—2版．—北京：中国人民大学出版社，2019.8
21世纪高职高专国际贸易专业核心课程系列教材
ISBN 978-7-300-27272-6

Ⅰ.①外… Ⅱ.①章… ②顾… Ⅲ.①国际贸易-贸易实务-高等职业教育-教材 Ⅳ.①F740.4

中国版本图书馆CIP数据核字（2019）第172667号

“十二五”职业教育国家规划教材
浙江省优势专业建设成果
浙江金融职业学院省重点校建设成果
21世纪高职高专国际贸易专业核心课程系列教材
总主编　章安平
外贸业务综合实训（第2版）
主　编　章安平　顾　捷
副主编　牟群月　邬黄靖伊　金　莹
Waimao Yewu Zonghe Shixun

出版发行	中国人民大学出版社		
社　　址	北京中关村大街31号	**邮政编码**	100080
电　　话	010－62511242（总编室）		010－62511770（质管部）
	010－82501766（邮购部）		010－62514148（门市部）
	010－62515195（发行公司）		010－62515275（盗版举报）
网　　址	http://www.crup.com.cn		
经　　销	新华书店		
印　　刷	北京七色印务有限公司	**版　　次**	2014年7月第1版
开　　本	787 mm×1092 mm　1/16		2019年8月第2版
印　　张	17.75 插页1	**印　　次**	2024年1月第6次印刷
字　　数	365 000	**定　　价**	39.80元

前 言
PREFACE

党的二十大报告指出，我国要坚持高水平对外开放，加快构建以国内大循环为主体、国内国际双循环相互促进的新发展格局。近十年来，我国经济实力实现历史性跃升，经济总量稳居世界第二位，货物贸易总额居世界第一，成为一百四十多个国家和地区的主要贸易伙伴。党的二十大报告提出，要推动货物贸易优化升级，创新服务贸易发展机制，发展数字贸易，加快建设贸易强国，推动共建“一带一路”高质量发展，有序推进人民币国际化，深度参与全球产业分工和合作，维护多元稳定的国际经济格局和经贸关系，为加快构建新发展格局提供了科学指引。人才是第一资源，培养大批德才兼备的高素质技术技能人才更是职业教育的重要使命。

《外贸业务综合实训》于 2014 年 7 月初版，重印多次，获得了广大高校和外贸企业的高度评价，2014 年入选教育部“十二五”职业教育国家规划教材。本书不仅成为许多高校的外贸类专业课程教材，而且成为很多外贸企业外贸单证员的岗位培训教材和工具书。

为了反映外贸业务的新变化，我们对本书进行了修订，以实现与时俱进，并适应我国从贸易大国向贸易强国的转变，满足培养一线高素质外贸业务人才的需要。此次修订有两个重点：

一、更新了外贸业务案例

本次修订对外贸业务案例的更新有两点：一是依据《中华人民共和国海关进出口货物报关单填制规范》（海关总署 2018 年第 60 号公告）和《关于修订〈中华人民共和国海关进出口货物报关单填制规范〉的公告》（海关总署 2019 年第 18 号公告），更新了报关单的格式、内容和填写规范；二是依据国家“关检合一”改革和增值税改革的最新规定，更新了业务案例中的检验检疫、增值税税率等，以对接外贸企业实际业务。

二、充实了双元编写团队

本次教材修订团队由多年从事外贸单证教学的校内专任教师和多年从事外贸单证工作的行业专家构成，打造双元编写团队。与第1版相比，行业专家编写团队成员除了外贸公司和出口信用保险公司的外贸业务专家之外，还增加了银行国际业务部的外贸业务专家，并进一步提高了外贸行业专家的参与力度。

为了紧贴外贸业务实际，本书中的图片、合同、单证等一般都仿照真实文件的外观样式，但涉及的原交易当事人、交易内容等关键信息均已隐去，换之以虚拟的公司机构名称、地址、交易内容等。所述内容如不慎与真实生活中的人物、组织或事件雷同，实属巧合，谨此声明。

本书由浙江金融职业学院章安平教授和顾捷讲师担任主编，全书由章安平教授进行统稿，参与编写的人员及分工情况如下表所示。

序号	姓名	单位、职称或职务	编写内容
1	章安平	浙江金融职业学院教授	导论 实训1　出口参展操作
	施闻雷	浙江省土产畜产进出口集团有限公司总经理	实训2　调查客户信用、贸易政策和打样、寄样操作 实训3　核算出口报价和书写发盘函操作 实训4　核算出口还价和书写还盘函操作 实训5　接受和签订出口合同操作 实训16　进口接货、报检和报关操作 实训17　进口业务善后操作
2	金黎春	浙江省成套设备进出口有限公司副总经理	实训11　进口磋商和签订委托进口代理协议操作
	顾　捷	浙江金融职业学院讲师	实训12　签订进口合同和国内销售合同操作 实训14　进口货物运输和保险操作
3	杨光炜	维丰实业有限公司总经理	实训7　签订国内购销合同和生产跟单操作
	金　莹	重庆城市管理职业学院副教授	实训10　出口业务善后操作
4	祝土生	浙江新大集团有限公司单证部经理	实训8　出口托运、报检、报关和投保操作 实训9　出口制单、审单和收汇操作
	牟群月	浙江金融职业学院讲师	实训15　进口付汇操作
5	方　回	中国农业银行浙江省分行国际业务部副总经理	实训6　审证和改证业务操作
	邬黄靖伊	浙江金融职业学院讲师	实训13　办理进口批件、申请开证和改证操作

由于编写时间较紧、任务重，书中难免出现一些疏漏和错误，真诚欢迎各界人士批评指正，以便下一版修正，使其日臻完善。

编　者

第1版前言

PREFACE TO THE FIRST EDITION

自改革开放以来，我国外贸事业得到了空前发展。2013年，我国货物进出口贸易总额达到4.16万亿美元，居世界第一位。目前，虽然我国已进入贸易大国的行列，但是与贸易强国还有很大差距。如何尽快缩短这一差距，国际商务人才的培养是至关重要的环节。

在外贸企业中，外贸业务员是指在进出口业务中，从事寻找客户、贸易磋商、签订合同、组织履约、核销退税、处理争议等进出口业务全过程操作和管理的综合性外贸从业人员。我国外贸企业对外贸业务员的需求很大，而能胜任进出口业务操作的外贸业务员供应缺口很大。因此，外贸业务员的培养迫在眉睫。但是，目前市面上鲜有同时涵盖出口业务和进口业务的系统的进出口业务操作实训教材。鉴于此，编者结合全国示范性高职院校国际贸易实务重点专业建设项目和中国国际贸易学会的全国外贸业务员考证项目，以及多年的外贸业务操作从教经验，联合具有多年进出口从业经验的外贸业务专家，共同编写了本书。本书具有以下五个主要特点：

一、创新教材编写模式

本书拥有校内专业教师和外贸业务专家相结合的“双元”教材编写团队，依据外贸业务员岗位职业标准，打破以知识体系为线索的传统编写模式，采用以外贸业务员工作过程和工作任务为线索，体现工学结合、任务驱动、项目教学的实训项目教材编写模式。该模式以培养学生的职业能力为核心目标，强调对各种进出口业务操作能力的训练。

二、实训内容系统全面

本书包括出口业务操作实训和进口业务操作实训两部分内容。上篇出口业务操作实训基于出口业务工作流程，分为出口参展操作，调查客户信用、贸易政策和打样、寄样操作，核算出口报价和书写发盘函操作，核算出口还价和书写还盘函操作，接受和签订出口合同操作，审证和改证业务操作，签订国内购销合同和生产跟单操作，出口托运、报检、报关和投保操作，出口制单、审单和收汇操作，出口业务善后操作十个实训环节。下篇进口业务操作实训基于进口业务工作流程，分为进口磋商和签订委托进口代理协议操作，签订进口合同和国内销售合同操作，办理进口批件、申请开证和改证操作，进口货物运输和保险操作，进口付汇操作，进口接货、报检和报关操作，进口业务善后操作七个实训环节。每个实训环节都包括实训目标、示范项目、示范操作和实训项目四部分内容，即依据实训目标设计一个典型的工作项目，布置相应的工作任务，进行示范操作，最后提供对应的实训项目。

三、业务内容来自实际

本书包括八套进出口业务实训案例，涉及阀门、门把手、水平仪、雪地靴、铝带、木材、烧酒、数控钻床、激光制版机等十余种外贸商品。这八套业务实训案例都是来源于外贸企业近三年的真实业务案例，其中四套是典型的出口业务案例，四套是典型的进口业务案例；结算方式涉及 L/C、T/T、D/P 即期、L/G 以及混合付款等；贸易术语涉及 FOB、CFR、CIF 和 CIP 等。学生进行这八套业务实训案例的实训操作时，犹如进行实际业务操作，能大大提高外贸业务操作能力，有利于实现培养外贸业务员的实训目标。

四、融入外贸最新操作

本书在编写时，融入了我国外贸近几年的最新操作。如结合国家提出的“积极推进进口业务，实现进出口贸易平衡”的外贸方针，系统地编写了进口业务操作；针对当前外贸企业面临日益严峻外贸风险的形势，系统地编写了出口信用保险业务操作，以培养学生的风险管理意识等。国际商会对自 2011 年 1 月 1 日生效的《国际贸易术语解释通则》（INCOTERMS 2010）的修订、国家外汇管理局 2012 年 8 月 1 日起实施的《关于货物贸易外汇管理制度改革的公告》、国际商会 2013 年修订实施的《关于审核跟单信用证项下单据的国际标准银行实务》（ISBP745），这些外贸最新操作内容的融入，能使各院校培养的人才与外贸企业的需求相一致。

五、对接外贸职业考试

本书是依据外贸业务员岗位职业标准和全国外贸业务员考试内容进行编写的，是全国外贸业务员考试教材《外贸业务理论与实务》的配套实训教材，直接对接该教材第二篇“出口业务操作”和第三篇“进口业务操作”两部分内容。本书的实训，能使学生较顺利地通过全国外贸业务员考试，使学生毕业时，除了获得毕业证之外，还能取得全国外贸业务员证书，实现“双证”，从而实现顺利就业和优质就业的人才培养目标。

编者建议，教师在教学时，可以让学生以外贸业务员的职业身份，先自己尝试完成每个示范项目的工作任务；然后教师结合学生完成工作任务的情况，进行示范操作，并在示范操作的过程中，对业务操作进行系统梳理；最后让学生完成实训项目部分的工作任务，以进一步提升外贸业务操作能力。

本书可作为本科院校、高职院校、大专院校、成人高校等国际商贸类专业、商务英语专业的教学用书，也可作为全国外贸业务员培训认证考试的配套实训教材，还可作为外贸从业人员的业务参考书及培训用书。

为了紧贴外贸业务实际，本书中的图片、合同、单证等一般都仿照真实文件的外观样式，但涉及的原交易当事人、交易内容等关键信息均已隐去，换之以虚拟的公司机构名称、地址，交易内容等。所述内容如不慎与真实生活中的人物、组织或事件发生雷同，实属巧合，谨此声明。

本书由浙江金融职业学院章安平教授、张海燕副教授担任主编，全书由章安平教授进行统稿。参与编写的人员包括章安平、张海燕、牟群月、顾捷。本书在编写过程中，得到了全国外贸业务员考试中心赵惠林主任的大力帮助，得到了浙江省成套设备进出口有限公司郭春祥总经理、浙江东方集团轻工业品进出口有限公司杨跃胜总经理、中国浙江国际经济技术合作有限责任公司施闻雷副总经理、浙江省五金矿产进出口公司金文胜副总经理、中国出口信用保险公司浙江省分公司陈寅副处长等外贸业务专家的大力支持，在此一并表示衷心的感谢。

由于编者水平有限，书中难免出现一些疏漏和错误，真诚欢迎各界人士批评指正，以便再版时予以修正，使其日臻完善。

编　者

2014 年 1 月于杭州

目 录
CONTENTS

上篇 出口业务操作实训

下篇 进口业务操作实训

上篇

出口业务操作实训

导　论

出口业务包括自营出口业务和代理出口业务。自营出口业务是指外贸企业自行组织货源、自担风险、自负盈亏的出口业务，获取出口商品的对外成交价和对内购货企业结算价之间的差价利润。代理出口业务是指外贸企业接受国内供货企业或其他外贸企业的委托，利用自己的出口经营资格和出口业务优势代理国内供货企业或其他外贸企业办理出口业务，并收取出口代理费用。

下文重点介绍 CIF 价格术语条件下的自营出口业务流程（见图 0-1）。

1. 出口准备

外贸业务员首先要熟悉出口商品和了解其国内外市场行情，然后一方面通过国内外展销会、网络等有效途径寻找国外客户，另一方面选择若干信誉好、生产能力强又有合作意向的国内供货企业，为顺利开展出口业务提供稳定的货源保障。

2. 调查客户信用、贸易政策和打样、寄样

外贸业务员与新客户开展出口磋商之前，应先调查其信用。出口新商品前，应先了解该商品的海关商品编码、海关监管证件代码、反倾销等贸易政策。对于凭样成交的商品，还会涉及打样、寄样等样品处理工作。

3. 出口磋商和签约

出口磋商工作一般包括发盘、还盘、接受三项工作任务。当出口商与进口商就出口达成协议后，双方签订出口合同。

4. 审证和改证

在信用证结算方式下，外贸业务员要根据合同仔细审核信用证条款。若信用证中存在不合理条款，应要求进口商向开证行提出改证申请。

5. 签订国内购销合同和备货生产

在信用证结算方式下，外贸业务员确认信用证后，与国内供货企业签订国内购销合同。在装运前 T/T（电汇）结算方式下，外贸业务员收到进口商预付款后，与国内供货企业签订国内购销合同。在其他结算方式下，外贸业务员在签订出口合同后，直接与国内供货企业签订国内购销合同。签订国内购销合同后，国内供货企业开始备货生产，外贸业务员或外贸跟单员做好生产跟单工作。

6. 出口托运、报检、报关和投保

根据出口商备货情况，外贸业务员或指示外贸单证员通过国际货物运输代理企业（以下简称“国际货代企业”）向船公司办理租船订舱工作（CFR价格术语条件下，也需办理租船订舱工作；FOB价格术语条件下，无租船订舱工作任务），配舱成功后，安排货物装箱和集港工作。

如果出口货物为法定检验商品，外贸业务员还需办理出口报检工作。然后，外贸业务员或指示外贸单证员委托国际货代企业办理出口报关工作，海关同意放行后，装船出运。在出运前，外贸业务员或指示外贸单证员向保险公司办理货运险投保手续，保险公司同意承保后，签发保险单据（在CFR和FOB价格术语条件下，无投保工作）。

7. 出口制单、审单和收汇

外贸业务员或指示外贸单证员根据信用证或合同的单据要求制作或办理相关单据，然后审核单据，使其达到单证一致或单约一致、单单一致。

在信用证结算方式下，外贸业务员或指示外贸单证员在交单期内向开证行指定的银行进行交单收汇；在D/P（付款交单）或D/A（承兑交单）结算方式下，向托收行交单委托收汇；在装运前T/T结算方式下，向进口商直接寄单；在凭提单传真件T/T结算方式下，收到进口商付汇后寄单；在后T/T结算方式下，向进口商寄单后收汇。

8. 出口业务善后

若出现争议，外贸业务员需妥善处理争议，使出口商的损失降到最低；若顺利收汇，需给进口商书写善后函，为争取下一笔业务奠定基础。

外贸业务员或指示外贸单证员在收汇后，应及时向当地国家税务局办理出口退税。出口业务结束后，外贸业务员需把单证、信用证、合同等资料进行归档。

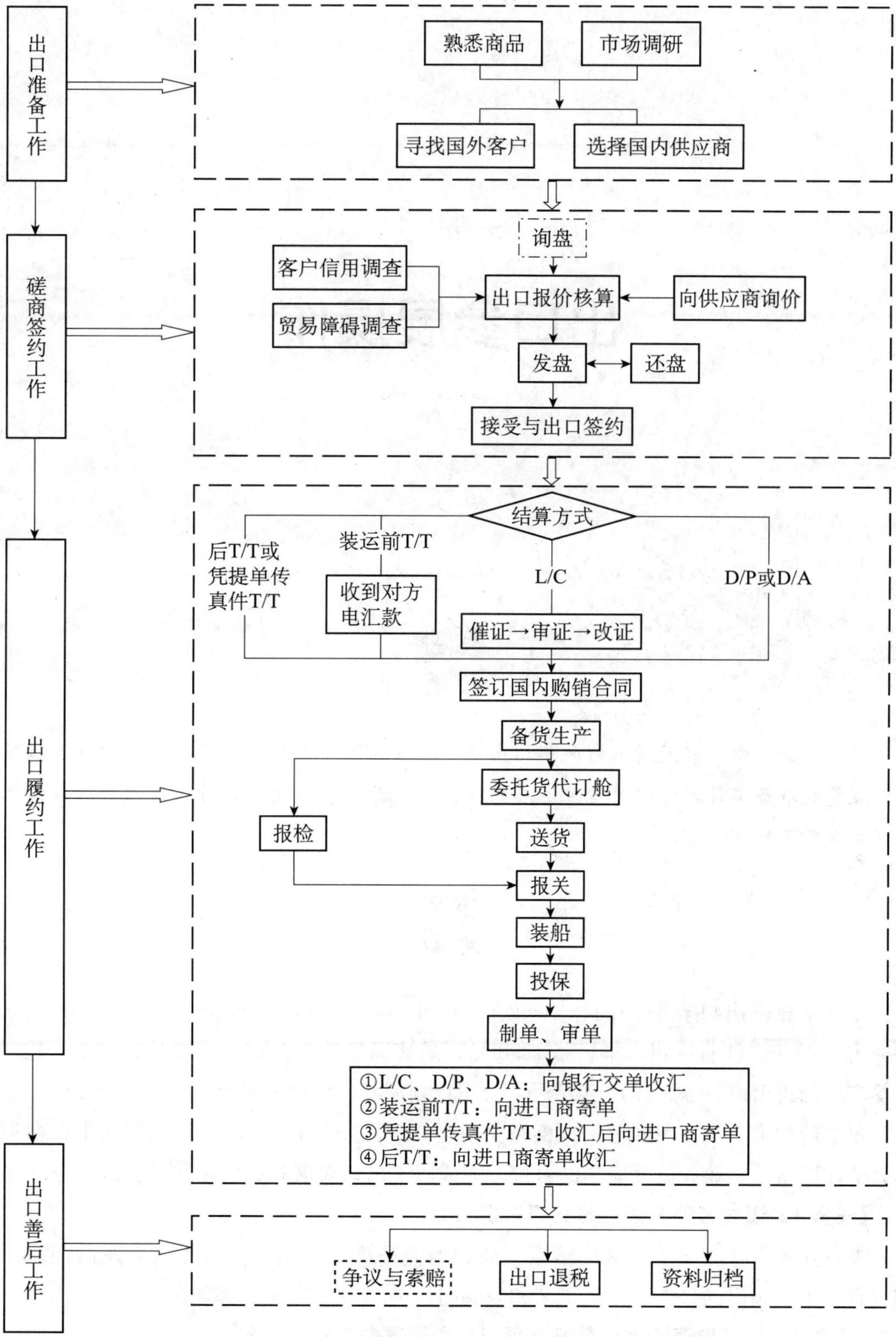

图 0－1　CIF 价格术语条件下的自营出口业务流程

实训 1

出口参展操作

实训目标

通过实训，学生能通过网络收集拟出口商品及其国内供应商信息，做好申请展位等出口参展前的准备工作，能以外贸业务员的身份顺利开展参展谈判工作，能做好展后的客户梳理和跟踪工作。

示范项目

浙江安妮进出口有限公司（Zhejiang Annie Import and Export Co.，Ltd.）成立于1988年，位于浙江省杭州市华星路1298号，是流通型外贸公司，主要从事五金、鞋、木材等产品的进出口业务。2018年7月，公司计划派新外贸业务员叶聪华参加2018年10月在广州举行的第124届中国进出口商品交易会（即广交会），让其负责阀门的出口参展工作。请你以新外贸业务员叶聪华的身份，完成以下出口参展相关的工作任务。

【任务1】通过多种方式熟悉阀门知识

外贸业务员叶聪华通过网络搜索、请教老业务员和实地调查等方式熟悉阀门基础知识，重点了解阀门的分类、生产工艺和与阀门相关的中英文专业术语等。

【任务2】根据申请的展位做好各项出口参展准备工作

外贸业务员叶聪华需做好以下出口参展准备工作：（1）申请展位；（2）确定参展阀门

的种类和明细；（3）收集阀门供应商及其产品信息；（4）其他出口参展准备工作。

【任务3】出口参展谈判

外贸业务员叶聪华与一名进口商（分别由一名学生扮演）围绕某一种阀门开展参展谈判。要求用英文进行谈判，并注意商务礼仪。

【任务4】展后客户跟踪

外贸业务员叶聪华对广交会积累的客户资源进行梳理及跟踪处理。

示范操作

任务1　通过多种方式熟悉阀门知识

外贸业务员叶聪华通过网络搜索、请教老业务员和实地调查等方式熟悉阀门基础知识，重点了解阀门的分类、生产工艺和与阀门相关的中英文专业术语等。

叶聪华主要掌握了阀门的以下知识：

（1）阀门的分类：根据原理、作用和结构，可以分为闸阀、截止阀、节流阀、仪表阀、柱塞阀、隔膜阀、旋塞阀、球阀、蝶阀、止回阀、减压阀、安全阀、疏水阀、调节阀、底阀、排污阀等；根据压力大小，可以分为真空阀、低压阀、中压阀、高压阀、超高压阀等；根据介质温度高低，可以分为高温阀、中温阀、常温阀、低温阀、超低温阀等；根据阀体材料，可以分为金属阀体衬里阀、非金属材料阀、金属材料阀等。

（2）阀门的结构：阀门主要包括阀门的主体、内件和紧固件。阀门的主体是指承受介质压力的阀体、阀盖（或端盖）、闸板（或阀瓣）。其中，阀体和阀盖是承受介质压力的承压件，闸板是控制介质流动的控压件。内件是指接触介质的阀杆和闸板、阀座两者之间的密封面。紧固件主要是指阀门中法兰用的螺栓和螺母，这个部位的紧固件是重要连接件。

此外，叶聪华还初步了解了阀门的主要生产工艺流程，如阀体一般需经过铸件采购、入厂检验、堆焊槽、超声波探伤、堆焊及焊后热处理、精加工、研磨密封面、密封面硬度检验、着色探伤等流程；总装一般需经过领取零件、清理与清洗、粗装配、水压测试、合格后拆开擦净、最终装配、电装或执行器调试（对电动阀门）、油漆、包装、发运等流程。

与阀门相关的中英文专业术语的掌握，需要一个长期的积累过程。叶聪华专门准备了一个笔记本，随时记录遇到的专业词汇，如 Ball Valve（球阀）、Gate Valve（闸阀）、Stop Valve（截止阀）、Angle Valve（角阀）、Butterfly Valve（蝶阀）、Choke Valve（节流阀）等。

叶聪华在了解各类阀门的主要生产工艺流程的基础上，基本掌握了主要类别阀门的料、工、费等生产成本构成情况，为日后与工厂货源价格谈判奠定了一定基础。

能够深入了解一类或一种产品的专业知识，对外贸业务员来讲是至关重要的，是顺利开展外贸业务的基础和前提。

任务 2　根据申请的展位做好各项出口参展准备工作

外贸业务员叶聪华需做好以下出口参展准备工作：（1）申请展位；（2）确定参展阀门的种类和明细；（3）收集阀门供应商及其产品信息；（4）其他出口参展准备工作。

1. 申请展位

广交会分为三期，展位分为品牌展位和一般性展位两种。一般性展位由地方交易团、国资委管理企业参展组团单位负责安排。广交会展馆商品及展区分类如表 1－1 所示。

表 1－1　广交会展馆商品及展区分类表

展期	展区	管理单位
第一期	电子消费品、电子电气产品、计算机及通信产品、家用电器、照明产品、自行车、摩托车、汽车配件、车辆（户外）、小型机械、大型机械及设备、工程机械（户外）、工具	中国机电产品进出口商会
	五金、建筑及装饰材料、卫浴设备、化工产品	中国五矿化工进出口商会
第二期	餐厨用具、日用陶瓷、家居用品、个人护理用具、浴室用品、钟表眼镜、玩具、礼品及赠品、节日用品、工艺陶瓷、玻璃工艺品、家居装饰品、家具	中国轻工工艺品进出口商会
	编织及藤铁工艺品	中国外商投资协会
	园林用品	中国食品土畜进出口商会
	铁石制品（户外）	中国五矿化工进出口商会
第三期	男女装、童装、内衣、运动服及休闲服、服装饰物与配件、家用纺织品、纺织原料面料	中国纺织品进出口商会
	鞋、办公文具、箱包、体育及旅游休闲用品	中国轻工工艺品进出口商会
	裘皮革羽绒及制品、地毯及挂毯、食品、土特产品	中国食品土畜进出口商会
	医药及保健品、医疗器械、耗材、辅料	中国医药保健品进出口商会

凡符合广交会参展资质标准的企业可在规定时限内通过“参展易捷通”网站（http://exhibitor.cantonfair.org.cn/cn）在线填报参展申请表，打印盖章后连同评审材料（如上年度出口额、行业自律情况、研发创新和自主知识产权、国际通行认证、境外商标注册、品牌荣誉、高新技术企业等）一并提交给所在行政区域或系统交易团参展组团单位，参展申请正式生效，获准后即可参展。企业在同一展区申请展位数至少为 1 个，标准展位面积为 9 平方米，化工产品展区 4 平方米为 1 个展位，铁石制品展区 20 平方米为 1 个展位，车辆展区 20 平方米为 1 个展位，工程机械展区 20 平方米为 1 个展位。

流通型企业仅限在申请某一展区的展位数量达到 2 个或以上时，才可与有联合经营或供货关系的非流通型企业（联营/供货单位）共同参展（联营参展），在线申请展位时，需一并提交联营参展申请表等有关材料。联营单位信息一经审核通过不能更改。同一展区最多可申请与两家联营/供货单位共同参展。展位申请与流程如图 1－1 所示。

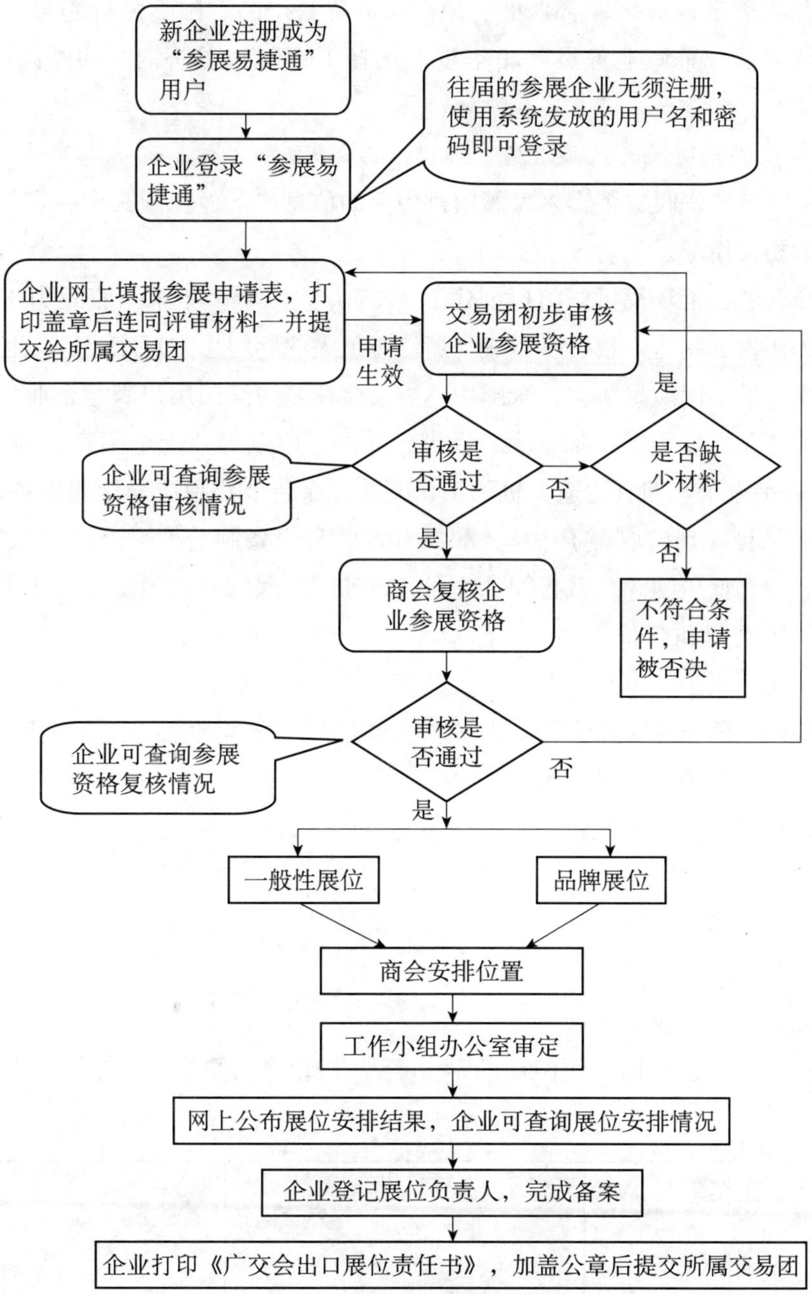

图 1-1　展位申请与流程图

2. 确定参展阀门的种类和明细

参展商品种类的确定要以“专业、针对性”为原则。新人在准备参展商品时有一种“唯恐产品带不全”的心理，这种心理是不正确的。广交会上同类商品的大量厂家集中在一起，如果你的参展样品种类繁多且毫无特色，很容易被淹没在展厅中，给人繁杂不专业的感觉。所以，参展商品的确定要有针对性，要体现出参展厂家的专业程度。当然，你的商品大类选择应该综合考虑货源厂家的优势产品、国际流行趋势、竞争者情况等多方面的因素。如外贸业务员叶聪华重点选择了铜制和不锈钢制的阀门，包括球阀、闸阀、蝶阀等。

3. 收集阀门供应商及其产品信息

外贸业务员叶聪华收集了十多家阀门供应商的信息，下面介绍其中一家——浙江玉环福可阀门厂的相关情况。

工厂简介：浙江玉环福可阀门厂创建于1987年，三十多年来一直致力于专业的阀门类产品设计、研发、制造，现已发展成为浙江省最大的阀门生产厂家之一，且在用户中享有较好的声誉，被中国质量协会、全国用户委员会命名为全国用户满意企业，是浙江省著名商标单位。产品出口美国、加拿大、欧洲、非洲、中东等几十个国家（地区）。公司占地面积70 000平方米，拥有铸造、机加工、装配、涂装全套制造与检测设备，于1999年通过ISO9001认证，现已取得了中华人民共和国特种设备制造许可证（阀门类）。公司生产的各类高、中、低压闸阀，截止阀、止回阀、球阀、蝶阀、高耐磨阀、水力控制阀、平衡阀、船用阀等阀门和管件产品，广泛应用于高层建筑给排水、空调、自来水工程、造纸、医药、化工、锅炉、电厂、船舶等设施管道上。公司拥有一支具备良好素质的员工队伍和一种积极向上的企业文化氛围，本着“信誉至上，顾客满意，永续经营”的理念，不断创新产品、创新服务，满足广大新老客户的需要。

地址：浙江省玉环市利民路35号

邮编：317601

电话：0576－89879980

传真：0576－89879987

电子邮箱：fukequ@sina. com

产品介绍：浙江玉环福可阀门厂的部分产品（球阀、闸阀、角阀等）如图1－2～图1－4所示。

V10033 Forged Brass Ball Valve Full port, Size:1/2″～4″

V10034 Forged Brass Ball Valve Standard port, Size:1/2″～2″

V10035 Lockable Ball Valve Size:1/2″～3/4″

图1－2 球阀

V20009 Forged Brass Gate Valve
Size:1/2″～2″

V20010 Forged Brass Gate Valve
Size:1/2″～4″

V20011 Forged Brass Gate Valve
Size:1/2″～1″

图 1-3 闸阀

V30012 Forged Brass Angle Valve
Size: 1/2″×3/8″ 1/2″×1/2″

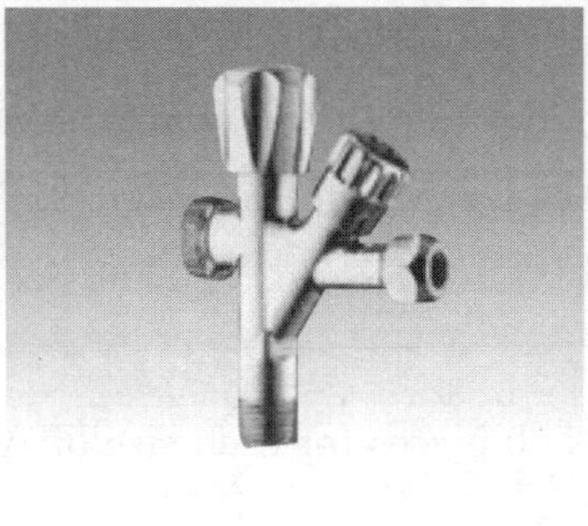

V30013 Forged Brass Angle Valve
Size:1/2″×1/2″ 1/2″×3/4″

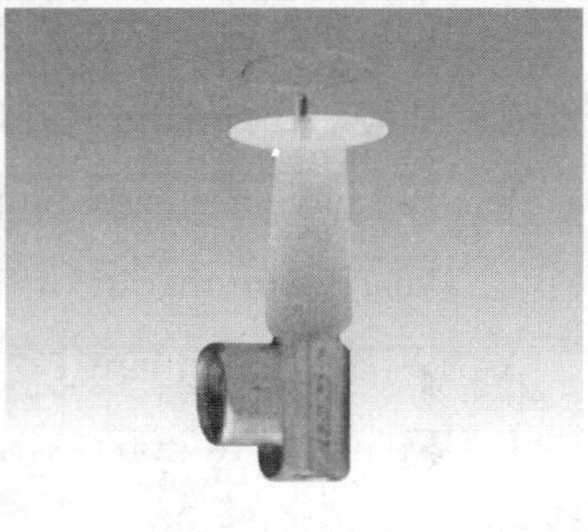

V30014 Forged Brass Angle Valve
Size:1/2″×1/2″ 1/2″×3/4″

图 1-4 角阀

4. 其他出口参展准备工作

外贸业务员叶聪华还需准备以下一些文件、资料：

（1）商品价格表，以备客商询问时查询用。

（2）主要产品的装箱尺寸，以备客商询问时查询用。

（3）空白的笔记本，用来整理客商名片。

（4）公司抬头的便笺纸，在交易会上可能会在很多场合派上用处，如记录客户需要的信息等。万一碰到在交易会上下单的客户，公司抬头的便笺纸可能有更大的用武之地。

（5）空白的形式发票，主要是为在交易会上下单的客户准备的。

（6）个人名片，分发给潜在的客户。广交会是积累商机的重要途径。

任务 3 出口参展谈判

外贸业务员叶聪华与一名进口商 Jack Smith（分别由一名学生扮演）围绕某一种阀门开展参展谈判。要求用英文进行谈判，并注意商务礼仪。

下面是叶聪华与 Jack Smith 的谈判情况（叶聪华用“Y”表示，Jack Smith 用“J”表示）：

Y：Good morning，sir. Can I help you?

J：Yes，I'm Jack Smith. I'd like to see the ball valve.

Y：OK. Here's my business card.

J：And here's mine. Glad to see you.

（双方握手，互递名片）

Y：Glad to see you. Let me show you the ball valve. There are many kinds of ball valves，for example，forged brass ball valve，stainless steel ball valve，double way ball valve，four way ball valve，etc.

J：Thank you. Could you show me your catalogue?

Y：Certainly. Here is a catalogue for some of our popular items.

J：It looks very nice. I am interested in Forged Brass Gate Valve Article No. V20009. How about the supply position of this item?

Y：We have a steady supply for Article No. V20009.

J：Please give me an offer for Article No. V20009 size 1/2 inch on FOB basis.

Y：What's the quantity?

J：We'd like to start with 500 pieces for each size of Article No. V20009. And we will pay by Letter of Credit.

Y：The price of Article No. V20009 size 1/2 inch is USD3. 00 per piece，FOB Shanghai.

J：The price is too high.

Y：The goods are high in quality and fashionable in style. Our cost is also higher. I think they will sell well. So the price is reasonable.

J：But your competitors give me the prices are cheaper than yours.

Y：OK. We can give you 5% discount，i. e. USD2. 85 per piece，in order to reach the first deal between us.

J：By the way，what about the terms of payment?

Y：30% of the proceeds are payed by T/T before shipment，the balance are payed by T/T against the fax of B/L.

J：Sorry，we usually pay by Letter of Credit.

Y：No problem.

J：But the price is not competitive. I can only accept USD2. 75 per piece.

Y：Let's meet each other half way. What about USD2. 80 per piece?

J：If you can give me USD2. 75 per piece，we will double the order quantity.

Y：You mean you order 1 000 pieces for each size of Article No. V20009? All right. We accept it.

J：It's OK. But you need deliver the goods a. s. a. p. Can you deliver the goods one month later?

Y：The ability of our production is good. We can manage it as per your demand.

J：That's settled. We will discuss the detail of contract term and sign it with you after the fair.

Y：OK. Let's call it a deal.

J：Hope we will have a successful cooperation. See you.

Y：Wish we have a good cooperation. See you.

（双方握手，互相道别）

任务 4　展后客户跟踪

首先，外贸业务员叶聪华对广交会积累的客户资源按以下五类进行梳理：（1）有明确交易意向，并成功在交易会上下单的客商；（2）有明确交易意向，但因交易条件不能洽谈一致而未能下单的客商；（3）交易商品明确，却未能在交易会上详细洽谈的客商；（4）只要求提供详细资料的客商；（5）走马观花的客商。

然后，外贸业务员叶聪华抓紧时间分类进行跟踪处理：对于第（1）类客商，按照客商要求寄送其所需的详细资料；对于第（2）类客商，仔细斟酌未能与对方取得共识的交易条件，进一步磋商，以促成交易；对于第（3）类客商，要及时联系，变潜在客户为现实客户；对于第（4）类客商，可以选择性地寄送客商要求的资料；对于第（5）类客商，可以进一步了解客商信息，以判断其是否有交易可能。

实训项目

『实训项目 1－1』

江苏汉典有限公司（Jiangsu Handian Corporation）成立于 1995 年，公司坐落在南京市，是流通型外贸公司，主要从事纺织服装、五金、鞋类、玩具等产品的出口业务。2018 年 7 月，公司招聘了一批新外贸业务员，分别安排其从事面料、服装、领带、鞋类、箱包、玩具、五金、办公文具等产品的出口业务工作。

在组织实训时，可以把一个班的学生分成若干个业务部，每个业务部作为一个团队分别布置不同的实训任务。如业务一部，可以从事面料的出口参展工作；业务二部，从事服装的出口参展工作；业务三部，从事领带的出口参展工作；业务四部，从事鞋类的出口参展工作；业务五部，从事箱包的出口参展工作；业务六部，从事玩具的出口参展工作；业务七部，从事五金的出口参展工作；业务八部，从事办公文具的出口参展工作等。

作为新外贸业务员，必须为独立开展出口业务做好充分的准备工作。他们的工作任务如下：

【任务 1】通过多种方式熟悉相关产品知识

外贸业务员通过网络搜索、请教老业务员和实地调查等方式熟悉相关产品基础知识，重点了解产品的分类、生产工艺和与产品相关的中英文专业术语等。

【任务 2】根据申请的展位做好各项出口参展准备工作

模拟的进出口商品交易会可以为国内的广交会、华交会等，或国外的纽约面料辅料接单展、米兰服装展、拉斯维加斯国际鞋业展览会、拉斯维加斯国际服装服饰博览会、美国国际纸制品及办公用品世界展览会、纽约国际玩具博览会、德国科隆五金展等。

外贸业务员需做好以下出口参展准备工作：(1) 申请展位；(2) 确定参展产品的种类和明细；(3) 收集参展产品供应商及其产品信息；(4) 其他出口参展准备工作。

【任务 3】出口参展谈判

外贸业务员与一名进口商（分别由一名学生扮演）围绕某一种参展产品开展参展谈判。要求用英文谈判，并注意商务礼仪。

实训 2

调查客户信用、贸易政策和打样、寄样操作

实训目标

通过实训，学生能查询出口商品的海关商品编码，能查询海关监管条件、出口退税率等相关贸易政策，能根据国外客户的要求安排打样、寄样等样品工作，能通过出口信用保险公司调查国外客户信用。

示范项目

在第 124 届广交会上，浙江安妮进出口有限公司外贸业务员叶聪华结识了来自德国的经营五金产品的 Dari GmbH & Co. KG（浙江安妮进出口有限公司的新客户）的经理 Phillip Duncan，Phillip Duncan 对 Article No. V10033 黄铜球阀非常感兴趣，留下了名片。2018 年 12 月 10 日，叶聪华收到了 Phillip Duncan 的电子邮件（见表 2－1），欲购买黄铜球阀。

表 2-1　　**电子邮件**

发件人：duncan@dari. com. de
收件人：conghuaye@annie. com. cn
日　期：2018-12-10　16：36：17
主　题：Enquiry on Forged Brass Ball Valves
附　件：

Dear Mr. Ye,

It was pity that we could not communicate with each other deeply during the 124th Chinese Import and Export Commodities Fair. We are one of German professional importer of hardware. Now we are interested in your Forged Brass Ball Valves, Article No. V10033, size ranged from 1/2″ to 2″. Please quote us your best price in USD/set on FOB Shanghai and CFR Hamburg. The payment will be made by L/C at sight and the period of shipment is within 1 month after the L/C date.

Furthermore, please mail one sample of Article No. V10033 size 1/2″ by DHL a. s. a. p. The courier charge will be paid by us via DHL No. 966785925. If the sample tests well and the price is reasonable, we will place the order as follows:

size	1/2″	3/4″	1″	$1\frac{1}{4}$″	$1\frac{1}{2}$″	2″	total
quantity	4 320sets	4 000sets	2 400sets	1 296sets	960sets	576sets	13 552sets

Waiting for your reply soon.
Best wishes.

Yours truly,
Phillip Duncan
Manager
Dari GmbH & Co. KG
Add：Domstrasse 99, D-20095 Hamburg, Germany
Tel：0049-40-3410239
Fax：0049-40-3410236
E-mail：duncan@dari. com. de

【任务 1】翻译并分析国外客户的电子邮件内容

外贸业务员叶聪华把国外客户的电子邮件内容翻译成中文，并分析该电子邮件的内容。

【任务 2】调查商品相关的贸易政策

外贸业务员叶聪华通过《中国海关报关实用手册》（2018）或通过海关总署网站查询该黄铜球阀的海关商品编码、海关监管证件代码、出口退税率等信息。

【任务 3】打样、寄样操作

2018 年 12 月 11 日，叶聪华给老供应商浙江玉环福可阀门厂书写并传真打样和询价函。12 月 13 日，收到其所寄的样品后，叶聪华登记了工厂来样登记表，并办理寄样手续。

示范操作

任务1　翻译并分析国外客户的电子邮件内容

（1）外贸业务员叶聪华把国外客户电子邮件的正文内容进行翻译，如表2-2所示。

表2-2　　电子邮件译文

亲爱的叶先生：

在第124届中国进出口交易会时非常遗憾，不能与您深谈。我司是专门从事五金进出口的德国公司。现对贵司货号V10033的黄铜球阀很感兴趣，规格从1/2英寸到2英寸。请贵司以FOB上海和CFR汉堡条件用美元报最优惠价，采用信用证即期支付，交货期为信用证开证日期后1个月内。

另外，请尽快通过DHL寄一套货号V10033、规格1/2英寸的样品，快递费由我司通过DHL协议号966785925支付。假如样品通过测试且价格合理，我司欲订购数量为：

规格	1/2英寸	3/4英寸	1英寸	$1\frac{1}{4}$英寸	$1\frac{1}{2}$英寸	2英寸	合计
订购数量	4 320套	4 000套	2 400套	1 296套	960套	576套	13 552套

期盼早日回复！

送上最诚挚的祝福！

你最真诚的，

菲利普·邓肯

经理

（公司信息略）

（2）外贸业务员叶聪华通过分析Phillip Duncan的电子邮件内容，可以对该公司得出一个初步的印象：1）需求明确，询价内容包括品名、款式、价格术语、报价货币、支付方式、交货期等，不像试探性询价；且该公司告知的信息较全，不仅告知其主营业务，还告诉其地址、电话、传真和电子邮箱等联系信息。2）索要寄样操作中规中矩，不是为了骗取样品。因为寄样要求非常合理，寄样费到付并告知该公司DHL协议号，而样品费远比寄样费便宜。为此，叶聪华应尽快开展出口商品相关贸易政策调查，打样、寄样和报价等工作。

任务2　调查商品相关的贸易政策

在开展出口磋商前，外贸业务员首先应了解该商品出口是否存在管制规定，否则若到出口报关时才发现出口商品属禁止出口商品而无法出口，将会遭受严重损失；其次应查询该商品的海关商品编码，确定其商品身份；再次查询其海关监管证件代码，以了解该商品在出口时需办理的出口批件情况；最后需根据该商品的海关商品编码查询出口退税率，为开展出口报价核算提供依据。

（1）外贸业务员叶聪华通过《中国海关报关实用手册》（2018）查询到该黄铜球阀的海关商品编码为8481804090，其归类名称为“其他阀门（用于管道、锅炉、罐、桶或类似品的）”，计量单位为套/千克。

（2）根据该黄铜球阀的海关商品编码8481804090，查到其海关监管证件代码为“无”，出口前无须向海关办理报检手续。

（3）进入国家税务总局网站（www.chinatax.gov.cn），点击“纳税服务”栏中的“出口退税率查询”项目后，输入海关商品编码8481804090，查得出口退税率为16%。

任务3 打样、寄样操作

1. 打样

2018年12月11日，外贸业务员叶聪华根据Phillip Duncan的电子邮件内容，给浙江玉环福可阀门厂书写并传真打样和询价函（见表2-3）。

表2-3 打样和询价函

浙江安妮进出口有限公司

浙江省杭州市华星路1298号

电话：0571-89991357 传真：0571-89991358

To：浙江玉环福可阀门厂
Attn：瞿福可
Fm：叶聪华

尊敬的瞿厂长：

您好！

我司接到国外客户关于贵厂黄铜球阀的询价函，欲订购货号V10033黄铜球阀共13 552套，欲订购的规格和数量为：

规格	1/2英寸	3/4英寸	1英寸	$1\frac{1}{4}$英寸	$1\frac{1}{2}$英寸	2英寸	合计
订购数量	4 320套	4 000套	2 400套	1 296套	960套	576套	13 552套

希望贵厂能在2天内提供2件货号V10033、规格1/2英寸的样品，并报以上各规格商品的含税价，同时要注明材料情况、包装方式、包装尺寸、毛净重、月生产能力、付款方式和交货地点等详细信息。

盼早日回复！

叶聪华
2018年12月11日

2. 工厂来样登记

2018年12月13日，外贸业务员叶聪华收到浙江玉环福可阀门厂寄来的货号V10033、规格1/2英寸的黄铜球阀样品2件。叶聪华在工厂来样登记表（见表2-4）中登记来样时间、业务员、来样编号、来样工厂、样品支付方式（自付/工厂付）、数量、预估含税单价和商业机会号等信息。

表2-4 工厂来样登记表

浙江安妮进出口有限公司
工厂来样登记表

第17页

来样时间	业务员	来样编号	来样工厂	样品支付方式	数量	预估含税单价（元/件）	商业机会号
181210	陈娇	CJ180035	苏州永久制衣有限公司	自付	4	800.00	CB1390
181212	唐杰	TJ180041	浙江湖州天棚五金厂	工厂付	2	60.00	HK908DA
181213	叶聪华	YCH180051	浙江玉环福可阀门厂	自付	2	20.00	DARI001

3. 寄样

考虑到2件样品的货值不高，浙江玉环福可阀门厂同意免费提供样品。叶聪华通过DHL把1套货号V10033、规格1/2英寸的黄铜球阀样品寄给德国的Dari GmbH & Co. KG，样品邮寄费到付，DHL协议号为966785925，快递单号为2721410987。该样品为测试样。

4. 留样

叶聪华把该黄铜球阀的另1套样品自己留存。留样时需制作样品标签，其内容一般包括样品的编号、品名、货号、规格、客户、快递公司、寄样时间、快递单号等重要信息，便于识别和日后与客户联系时用。叶聪华制作的样品标签如表2-5所示。

表2-5 样品标签

编　　号：YCH180051
品　　名：Forged Brass Ball Valve
货　　号：V10033
规　　格：1/2″
客　　户：Dari GmbH & Co. KG
快递公司：DHL
寄样时间：2018-12-13
快递单号：2721410987

之后，叶聪华把制作好的样品标签贴在对应的样品上，再把样品放入样品室。

实训项目

『实训项目 2-1』

上接『实训项目 1-1』，2018 年 12 月 20 日，江苏汉典有限公司外贸业务员陈惠收到印度老客户 KCC India Limited 的经理 Abdul Najeeb 的电子邮件（见表 2-6），欲购铝带（Aluminium Fin Strips）。

表 2-6 **电子邮件**

发件人：abdul@kcc. com. in 收件人：chenhui@hd. com. cn 日 期：2018-12-20 13：51：25 主 题：Enquiry on Aluminium Fin Strips 附 件：
Dear Miss Chen, During the International Hardware Fair of China, we have learned about your Aluminum Fin Strips. We are interested in your Aluminum Fin Strips 1mm×1 200mm and 4mm×320mm. We would be obliged if you would give us a quotation per MT CIF Nhava Sheva. We used to purchase Aluminum Fin Strips from other sources. We may now prefer to buy them from your company because we understand that you have these products and are able to supply larger quantities at more attractive prices. In addition, we have confidence in the quality of your products. As we are in a position to handle large quantities, we hope you will make an effort to submit us really competitive prices. We look forward to hearing from you by return E-mail. Best regards. Abdul Najeeb Manager KCC India Limited Add：11 Faiz-e-edroos 288/289 Narsi Natha Street，Mumbai，400009，India Tel：0091-22-40077945 Fax：0091-22-40077946 E-mail：abdul@kcc. com. in

【任务 1】翻译并分析国外客户的电子邮件内容

外贸业务员陈惠把国外客户的电子邮件内容翻译成中文，并分析该电子邮件的内容。

【任务2】调查商品相关的贸易政策

外贸业务员陈惠通过《中国海关报关实用手册》（2018）或通过海关总署网站查询该铝带的海关商品编码、海关监管证件代码、出口退税率等信息。

【任务3】工厂询价

外贸业务员陈惠给老供应商张家港市火红钢制品有限公司李青厂长书写并传真询价函。

江苏汉典有限公司 江苏省南京市天山路908号 电话：025－22482136　　传真：025－22482139 To：张家港市火红钢制品有限公司 Attn： Fm：

『实训项目2－2』

2018年5月10日，福建惠惠进出口有限公司（Fujian Huihui I/E Co.，Ltd.）外贸业务员吴俊峰（英文名Tony）收到美国老客户Martin Footwear Inc. 的总经理Martin Smith的电子邮件（见表2－7），要求按其所寄雪地靴样品打样并报价。

表 2－7　　**电子邮件**

发件人：martin@mfi. com
收件人：tonywu@hh. com
日　期：2018－05－09　16：43：16
主　题：Sample and Enquiry on the Pac Boots
附　件：

Hi Tony,

Thanks a lot for good cooperation between us in last deal. Now we want to order the Pac Boots. 2 samples of the Pac Boots Style No. 6001 and Style No. 6002 have been mailed to you by DHL, the Checking No. is 2727890523. After receiving it, please remake it and send us a. s. a. p. Meanwhile, please quote us the best price on FOB Shanghai and CFR Oakland respectively. The order quantity details as follows:

Size assortment for Style No. 6001: Outpost II Men 11 Brown　　Unit: pair

Size	8	9	10	11	12	13	14	Total
Quantity	192	360	648	672	480	288	72	2 712

Size assortment for Style No. 6002: Outpost II Women 10 Brown　　Unit: pair

Size	5	6	7	8	9	10	Total
Quantity	24	96	240	456	240	192	1 248

Half of the order quantity should be shipped in August, 2018. Half of the order quantity should be shipped in September, 2018. The quantity of each size and each style is the same.
Best regards.

Martin Smith
General Manager
Martin Footwear Inc.
Add: No. 30 SW Broadway Portland OR 97207, U. S. A.
Tel: 001－503－725－3568
Fax: 001－503－725－3576
E-mail: martin@mfi. com

【任务 1】翻译并分析国外客户的电子邮件内容

外贸业务员吴俊峰把国外客户的电子邮件内容翻译成中文，并分析该电子邮件的内容。

【任务 2】调查商品相关的贸易政策

外贸业务员吴俊峰通过《中国海关报关实用手册》（2018）或通过海关总署网站查询该雪地靴的海关商品编码、海关监管证件代码、出口退税率等信息。

【任务 3】打样和工厂询价

2018 年 5 月 11 日，外贸业务员吴俊峰收到了 Martin Footwear Inc. 的总经理 Martin Smith 邮寄的雪地靴样品，马上将其转寄给老供应商福州田园制鞋厂狄龙厂长，然后书写并传真打样和询价函，要求两个款式雪地靴各打两个样品。

福建惠惠进出口有限公司

福建省福州市胜利路 23 号

电话：0591－22889967　　传真：0591－22889969

To：福州田园制鞋厂

Attn：

Fm：

『实训项目 2－3』

2018 年 5 月 14 日，青岛管文有限公司（Qingdao Guanwen Co.，Ltd.）外贸业务员罗文斌（英文名 Andy）收到一个新客户 Soni Co.，Ltd. 的总经理 Soni 的电子邮件（见表 2－8），要求打样并报价。

表2-8　　电子邮件

发件人：soni@scl. com
收件人：andyluo@qdgw. com
日　期：2018-05-14　10：09：13
主　题：Sample and Enquiry on the Door Handle and the Spirit Level
附　件：

Hi Andy,

I know your company is the exporter of the Door Handle and the Spirit Level, from your company website. Now we want to order the Door Handle and the Spirit Level. Could you send us the catalog of the Door Handle and the Spirit Level? Please quote us the best price on FOB Chinese port in USD, the proceeds will be payed by D/P at sight. The order quantity details as follows:

Commodity	Door Handle		Spirit Level	
Article No.	DH5010	DH5020	19161	19163
Quantity	4 000pairs	5 000pairs	8 400pcs	14 400pcs

Meanwhile, please send us one sample of each item by DHL, the courier charge will be paid by us via DHL No. 966901380. If the sample tests well, we will pay the sample fee with proceeds together.
Best regards.

Soni
General Manager
Soni Co., Ltd.
Add: No. 9, Aza shinbo, Ohaza Yamaya, Osaka, Japan
Tel: 0081-665-39-3128
Fax: 0081-665-39-3129
E-mail: soni@scl. com

【任务1】翻译并分析国外客户的电子邮件内容

外贸业务员罗文斌把国外客户的电子邮件内容翻译成中文，并分析该电子邮件的内容。

【任务2】调查国外客户的信用状况

由于 Soni Co., Ltd. 是一个新客户，外贸业务员罗文斌填写如表2-9所示的信用限额申请表，通过中国出口信用保险公司山东省分公司调查 Soni Co., Ltd. 的信用状况，了解其信用限额情况。

表2-9　　　　信用限额申请表

<table>
<tr><td colspan="4">**中国出口信用保险公司**
China Export & Credit Insurance Corporation
适用于非信用证结算方式</td></tr>
<tr><td>被保险人名称</td><td>保险单号</td><td>买方信息</td><td>买方代码</td></tr>
<tr><td colspan="2"></td><td colspan="2" rowspan="3">买方国家：
名称：
地址：
城市：　　　　注册号：
电话：　　　　传真：
注册时间：　　年　　成立时间：　　年
被保险人申请本信用限额的买方与签订贸易合同的买方是否一致：

企业类型：□私营 □公营 □中资 □子公司 □联号
经营性质：□批发 □零售 □代理 □生产</td></tr>
<tr><td colspan="2">申请限额：
支付方式：　　期限：　天
金额：USD</td></tr>
<tr><td colspan="2">原批复限额：
支付方式：　　期限：　天
金额：USD
保险人批复时间：</td></tr>
<tr><td colspan="2">销售合同情况
1. 预计本年合同总金额
USD
2. 合同付款条件
支付方式：　　期限：　天
3. 当前合同总金额
USD
4. 合同执行时间
第1批从　　至
第2批从　　至
第3批从　　至
5. 预计出运批次共　次
6. 单批金额
最高 USD
最低 USD
7. 出口商品名称

8. 运输方式
□海运　□空运
□陆运　□海陆联运
9. 其他说明</td><td>与该买方以往交易情况
1. 以往最早成交年份：　年
2. 开始放账年份：　年
3. 上年交易情况：
L/C：USD
D/P：USD
D/A & OA：USD
4. 买方付款表现
○及时　○尚可　○较慢
5. 当前有无拖欠　○有　○无
<table><tr><td>序号</td><td>拖欠金额（USD）</td><td>拖欠天数（天）</td></tr><tr><td></td><td></td><td></td></tr><tr><td></td><td></td><td></td></tr><tr><td></td><td></td><td></td></tr></table></td><td>担保人信息
买方代码：
所在国家：
名称：
地址：
注册号：
城市：
电话：
传真：

买方指定托收银行信息
SWIFT：
名称：
地址：</td></tr>
<tr><td colspan="2">以下由保险人填写</td><td colspan="2" rowspan="3">被保险人声明：
以上内容正确无误，如有虚假，保险人有权拒赔有关损失。

（盖章）　　　　____年____月____日</td></tr>
<tr><td colspan="2">保险人收到时间____年____月____日</td></tr>
<tr><td colspan="2">保险人登记号</td></tr>
</table>

【任务 3】调查商品相关的贸易政策

经调查，发现 Soni Co.，Ltd. 信用状况良好。外贸业务员罗文斌通过《中国海关报关实用手册》（2018）或海关总署网站查询门把手（锌合金制的）和水平仪的海关商品编码、海关监管证件代码、出口退税率等信息。

【任务 4】打样和工厂询价

2018 年 5 月 14 日，外贸业务员罗文斌根据 Soni Co.，Ltd. 的要求，分别给门把手老供应商日照市虎门五金厂傅奇明经理和水平仪老供应商慈溪市迪山五金厂董峰经理书写并传真打样和询价函。

青岛管文有限公司

山东省青岛市和平街 21 号

电话：0532－88391921　　传真：0532－88391922

To：日照市虎门五金厂

Attn：

Fm：

青岛管文有限公司 山东省青岛市和平街21号 电话：0532－88391921　　传真：0532－88391922 To：慈溪市迪山五金厂 Attn： Fm：

5月16日，外贸业务员罗文斌收到以上两个供应商寄来的样品后，一半留样，一半寄给Soni Co.，Ltd.。

实训 3

核算出口报价和书写发盘函操作

实训目标

通过实训，学生能根据国内供应商的报价、国内外费用和预期利润率核算出口商品报价，书写出口发盘函。

示范项目

【任务 1】核算出口报价

2018 年 12 月 13 日，浙江安妮进出口有限公司外贸业务员叶聪华收到浙江玉环福可阀门厂的回函，如表 3－1 所示。

当日，叶聪华根据浙江玉环福可阀门厂的回函和以下信息，进行出口报价核算：

（1）黄铜球阀的出口退税率为 16%；

（2）国内费用为采购成本的 5%；

（3）以国内出口总成本（国内出口总成本＝采购成本－出口退税额＋国内费用）为基数的预期出口利润率为 10%，考虑讨价还价因素，因此报价时出口利润按 15%的预期出口利润率计算。

表 3-1 回函

浙江玉环福可阀门厂

浙江省玉环市利民路 35 号

电话：0576-89879980 传真：0576-89879987

To：浙江安妮进出口有限公司
Attn：叶聪华
Fm：瞿福可

尊敬的叶先生：

您好！

黄铜球阀货号 V10033 样品已于昨天寄出，请查收。

（1）产品描述：黄铜球阀，货号 V10033，全通径，镀镍，BSP 螺纹。

（2）产品报价及装箱信息如下：

规格（英寸）	含税价（元/套）	订购数量（套）	每套重量（千克）	数量/纸箱（套）	毛重/纸箱（千克）	净重/纸箱（千克）	纸箱/托盘（套）	毛重/托盘（千克）	净重/托盘（千克）
1/2	8.12	4 320	0.16	160	26.60	25.60	27	728.20	718.20
3/4	11.60	4 000	0.23	100	24.00	23.00	40	970.00	960.00
1	16.82	2 400	0.35	60	22.00	21.00	40	890.00	880.00
$1\frac{1}{4}$	27.84	1 296	0.54	36	20.50	19.50	36	748.00	738.00
$1\frac{1}{2}$	37.12	960	0.73	24	18.50	17.50	40	750.00	740.00
2	67.28	576	1.28	16	21.50	20.50	36	784.00	774.00
合计		13 552							

其中托盘为木托盘，托盘尺寸为 1.10 米×0.80 米×1.10 米=0.968 立方米。

增值税税率：16%。

月生产能力：50 000 套/月。

付款方式：交货后 1 周内付款。

交货地点：工厂交货。

若有其他要求，我厂会尽力给予满足。

祝工作愉快！

瞿福可

2018 年 12 月 13 日

【任务 2】书写发盘函

12 月 13 日，根据 Dari GmbH & Co. KG 2018 年 12 月 10 日的电子邮件内容和以上出口报价核算的结果，外贸业务员叶聪华给 Phillip Duncan 书写发盘函。

示范操作

任务 1 核算出口报价

1. 查询汇率信息

浙江安妮进出口有限公司外贸业务员叶聪华通过中国银行网站（http://www.boc.cn）

或其他银行网站，查询到 2018 年 12 月 13 日美元现汇买入价为：1 美元＝6.87元人民币。

2. 查询国外运费

根据浙江玉环福可阀门厂的回函，每种规格的黄铜球阀都装 1 个托盘，这批货的总体积为 5.808（＝0.968×6）立方米，总毛重为 4 870.20（＝728.20＋970.00＋890.00＋748.00＋750.00＋784.00）千克。因此，采用拼箱装。

叶聪华登录中国国际海运网（http://www.shippingchina.com），进入集装箱拼箱运价查询，选择上海装运港、德国汉堡目的港和中欧航线，查到拼箱运价为 30 美元/立方米。以上运价得到国际货代公司确认。

3. 核算出口报价

首先，核算货号 V10033、规格 1/2 英寸黄铜球阀的出口报价。[①]

(1) 核算进货成本。

进货成本＝采购成本－出口退税额
　　　　＝采购成本－采购成本÷（1＋增值税税率）×出口退税率
　　　　＝8.12－8.12÷（1＋16%）×16%
　　　　＝7.00（元/套）

(2) 核算出口费用。

国内费用＝8.12×5%＝0.406（元/套）

国外运费＝30×0.968÷4 320＝0.007（美元/套）

(3) 核算国内出口总成本。

国内出口总成本＝进货成本＋国内费用
　　　　　　　＝7.00＋0.406
　　　　　　　＝7.406（元/套）

(4) 核算出口利润。

出口利润＝国内出口总成本×出口利润率
　　　　＝7.406×15%
　　　　＝1.111（元/套）

(5) 核算出口价格。

FOB 价格＝进货成本＋国内费用＋出口利润
　　　　＝（7.406＋1.111）÷6.87
　　　　＝1.24（美元/套）

CFR 价格＝FOB 价格＋国外运费
　　　　＝1.24＋0.007
　　　　＝1.25（美元/套）

① 计算过程中保留至小数点后 3 位，计算结果保留至小数点后 2 位。其他实训项目计算同此规则。

同理核算，得到货号 V10033 所有规格黄铜球阀的出口报价表（见表 3-2）。

表 3-2　出口报价表

品名	规格（英寸）	FOB 价格（美元/套）	CFR 价格（美元/套）
黄铜球阀，货号 V10033，全通径，镀镍，BSP 螺纹	1/2	1.24	1.25
	3/4	1.77	1.78
	1	2.57	2.58
	$1\frac{1}{4}$	4.25	4.27
	$1\frac{1}{2}$	5.67	5.70
	2	10.27	10.32

任务 2　书写发盘函

2018 年 12 月 13 日，外贸业务员叶聪华根据 Dari GmbH & Co. KG 2018 年 12 月 10 日的电子邮件内容和出口报价核算结果，给 Phillip Duncan 书写发盘函。

电子邮件与普通信件相比，格式更为随意、简单，一般包括邮件头、尊称、正文、结尾套语和签署五部分内容。对于关系很好的老客户，有时可省略结尾套语。也有企业规定用 Word、PDF 等制作信函，以附件的形式将其附在电子邮件中。

1. 邮件头

邮件头一般包括发件人电邮地址（Fm）、收件人电邮地址（To）、抄送（Cc）、密件抄送（Bcc）、发信时间（Time）、主题（Subject）、优先级（Priority）、附件（Attach）等栏目。其中，发件人电邮地址和发信时间无须输入，由邮件系统自动生成。在实务中，一般情况下只填写收件人电邮地址和主题。若有图片、技术资料等材料，可通过附件发送。

2. 尊称

如果知道收件人姓名，男性可用 Mr. 称呼，已婚女性用 Ms. 称呼，未婚女性用 Miss 称呼；如果不知道收件人姓名，尊称可用 Dear Sirs，Dear Sir or Madam，Gentlemen 等。对于一些关系很好的老客户，可以采用比较亲切的问候语，如 Hi Jack。

3. 正文

正文是电子邮件的主体，常用每段顶格书写、段落之间空一行的格式。

外贸业务员叶聪华书写的发盘函的正文包括以下内容：

（1）“感谢贵司 2018 年 12 月 10 日的询盘，我司的报价如下：”，即 “Thanks for your inquiry on Dec. 10，2018. Our offer is as follows:”，使对方清楚本电子邮件是对其哪套商品询价的报价。

（2）书写商品名称、规格、包装、最低起订量、单价、付款、运输等主要交易条件。根据国外客户交货期的要求，结合供应商的月生产能力以及业务操作环节，把交货期定为收到信用证后的 1 个月。

（3）规定发盘在 2018 年 12 月 28 日前复到有效。

（4）告诉对方 2018 年 12 月 13 日一套样品已通过 DHL 邮寄，请对方查收，收到时通知我司。若样品需修改，我司会全力配合做好样品修改工作，直到对方满意为止。

（5）表达合作的诚意。

4. 结尾套语

结尾套语紧贴正文后书写，并加逗号。常见的表述有“Yours faithfully,” “Yours sincerely,”等。

5. 签署

外贸电子邮件的签署一般包括发件人姓名、头衔（若有），发件人的公司名称、地址、联系电话、传真和电子邮件。

叶聪华检查书写的发盘函内容正确无误后，发送电子邮件（见表 3－3）给 Dari GmbH & Co. KG 的 Phillip Duncan。为了加强业务函电管理，在发送电子邮件的同时保存所发电子邮件。

表 3－3　　发盘函

发件人：conghuaye@annie. com. cn
收件人：duncan@dari. com. de
日　期：2018－12－13　16：46：17
主　题：Offer on Forged Brass Ball Valves
附　件：

Dear Mr. Duncan,

Thanks for your inquiry on Dec. 10，2018. Our offer is as follows：

Commodity	Size (inch)	Quantity (sets)	Unit Price (USD/set)	
			FOB Shanghai	CFR Hamburg
Forged Brass Ball Valves，Article No. V10033，Full Port，Nickel Plated，BSP Thread	1/2	4 320	1. 24	1. 25
	3/4	4 000	1. 77	1. 78
	1	2 400	2. 57	2. 58
	$1\frac{1}{4}$	1 296	4. 25	4. 27
	$1\frac{1}{2}$	960	5. 67	5. 70
	2	576	10. 27	10. 32

Packing：Packed in carton，then in wooden pallet.
Payment：By L/C at sight.
Shipment：To be effected within 1 month after receipt of the relevant L/C.
This offer is valid subject to your reply here before Dec. 28，2018.
Besides，one sample for Article No. V10033 size 1/2″ has been mailed by DHL on Dec. 13，2018. Please check it and tell us if you have received the sample. If there are any amendments for the sample，we will remake the sample to meet your demand.

We wish we could become your good trade partner.

Yours faithfully,
Ye Conghua
Zhejiang Annie Import and Export Co., Ltd.
Tel: 0086-571-89991357
Fax: 0086-571-89991358
E-mail: conghuaye@annie.com.cn

实训项目

『实训项目3-1』

上接『实训项目2-1』，2018年12月21日，江苏汉典有限公司外贸业务员陈惠收到张家港市火红钢制品有限公司的回函，如表3-4所示。

表3-4　　回函

张家港市火红钢制品有限公司
江苏省张家港市亿乐路67号
电话：0512-58401338　传真：0512-58401336

To：江苏汉典有限公司
Attn：陈惠
Fm：李青

尊敬的陈小姐：
您好！
感谢您一直对我司的业务支持。铝带的报价如下：

品名	规格（每条的厚度×宽度）	价格（含税价）
铝带	1mm×1 200mm	6 148.00元/吨
	4mm×320mm	6 728.00元/吨

增值税税率：16%。
包装方式：铝带用专用包装纸包裹，平放在全新的木托盘上，然后用包装纸从上面覆盖，防雨防潮。（1个木托盘净重2 000千克左右，毛重2 050千克左右，体积约为1米×1.22米×1米=1.22立方米）
月生产能力：300吨/月。
最低起订量：20吨/规格。
付款方式：签约后1周内付款30%，交货后1周内付款70%。
交货地点：工厂交货。
若有其他要求，我厂会尽力给予满足。
祝工作顺利！

李青
2018年12月21日

【任务1】核算出口报价

2018年12月21日，外贸业务员陈惠根据张家港市火红钢制品有限公司的回函和以下信息，按20吨的最低起订量进行出口报价核算：

(1) 铝带（海关商品编码：7606125100）的出口退税率为13%。

(2) 国内费用为采购成本的1%。

(3) 以国内出口总成本为基数的预期出口利润率为10%，考虑讨价还价因素，因此报价时出口利润按15%的预期出口利润率计算。

(4) 到印度投保一切险的保险费率为1‰。

(5) 从上海港到Nhava Sheva港，1个20英尺的集装箱整箱海运价格为400美元。

(6) 2018年12月21日美元买入价为：1美元=6.89元人民币。

【任务2】书写发盘函

2018年12月21日，根据KCC India Limited 2018年12月20日的电子邮件内容、出口报价核算结果和以下信息，外贸业务员陈惠给Abdul Najeeb书写发盘函。

(1) 数量：最低起订量20吨；购买100～199吨，给予2%价格折扣；购买200吨及以上，给予3%价格折扣。

(2) 付款：全额即期信用证支付。

(3) 交货：每个月能交货150吨。

(4) 发盘有效期：2018年12月28日前复到有效。

『实训项目 3－2』

上接『实训项目 2－2』，2018 年 5 月 17 日，福建惠惠进出口有限公司外贸业务员吴俊峰收到福州田园制鞋厂的回函，如表 3－5 所示。

表 3－5　　回函

福州田园制鞋厂

福建省福州市北京路 42 号

电话：0591－27861356　　传真：0591－27861359

To：福建惠惠进出口有限公司

Attn：吴俊峰

Fm：狄龙

吴经理：

您好！

两款雪地靴样品各两双已于今天上午寄出，请查收。雪地靴的报价如下：

品名	规格	价格（含税价）
雪地靴	帮面：皮革 鞋底：橡胶 男款，款式号：6001 女款，款式号：6002	 116.00 元/双 110.20 元/双

增值税税率：16%。

包装方式：6 双装 1 个纸箱。这批货共装 2 个 40 英尺集装箱。

月生产能力：4 000 双/月。

付款方式：交货后 1 周内付款。

交货地点：工厂交货。

若有其他要求，我厂会尽力给予满足。

祝工作顺利！

狄龙

2018 年 5 月 17 日

【任务 1】核算出口报价

5 月 17 日，外贸业务员吴俊峰根据福州田园制鞋厂的回函和以下信息，进行出口报价核算：

（1）雪地靴的出口退税率为16%。

（2）国内费用为采购成本的3%。

（3）以国内出口总成本为基数的预期出口利润率为7%，考虑讨价还价因素，因此报价时出口利润按10%的预期出口利润率计算。

（4）从厦门港到奥克兰港的国外海运价格为1个40英尺集装箱1 000美元。

（5）2018年5月17日美元买入价为：1美元=6.35元人民币。

【任务2】书写发盘函

2018年5月17日，外贸业务员吴俊峰根据Martin Footwear Inc. 2018年5月9日的电子邮件内容、出口报价核算结果和以下信息，给总经理Martin Smith书写发盘函。

（1）付款：50%货款装运前T/T支付，50%货款采用即期信用证支付。

（2）发盘有效期：2018年5月24日前复到有效。

『实训项目3-3』

上接『实训项目2-3』，2018年5月14日，青岛管文有限公司外贸业务员罗文斌收到中国出口信用保险公司山东省分公司发来的信用限额审批单，如表3-6所示。

表3-6 **信用限额审批单**

审批单号：3300/201805312

<table>
<tr><td>保险单号：CH000814</td><td rowspan="2">被保险人名称：
青岛管文有限公司</td></tr>
<tr><td>保险人收到申请日期：2018年5月14日</td></tr>
<tr><td>买方代码：JPO/060752</td><td rowspan="2">买方名称及地址：
Soni Co.，Ltd.
No. 9，Aza Shinbo，Ohaza Yamaya，Osaka，Japan</td></tr>
<tr><td>买方注册号：0208976</td></tr>
<tr><td>担保人代码：无</td><td rowspan="2">担保人名称及地址：</td></tr>
<tr><td>担保人注册号：无</td></tr>
<tr><td colspan="2">审批结果
支付方式：D/P　　信用期限：　　金额：USD400 000.00
生效日期：2018年5月14日　　是否循环使用：循环
特别条件（以下所列特别条件是本信用限额的生效条件）：</td></tr>
<tr><td colspan="2">保险人声明：
（1）本信用限额一经生效，保险人以前对该买方所批准之同一支付方式的信用限额（如有）即告失效。保险人保留在情况变化时随时书面通知撤销该信用限额的权利。
（2）本信用限额在被保险人对该买方出口项下填报《可能损失通知书》后自动失效，而保险人无须另行通知。如本信用限额在失效日后180天内无相应申报，保险人将通知失效。
盖章：中国出口信用保险公司山东省分公司
孙建锋
日期：2018年5月14日</td></tr>
<tr><td colspan="2">被保险人签收：
被保险人已阅读、理解本单各项内容，特别是特别条件和特别提示的内容，并无异议。
盖章：
签字：　　日期：</td></tr>
</table>

填制要求：本单一式两份，经保险人盖章后送被保险人签收（可在本页签收并传真给保险人）并存查。

5月14日，青岛管文有限公司外贸业务员罗文斌收到日照市虎门五金厂和慈溪市迪山五金厂的回函，如表3-7和表3-8所示。

表3-7 **回函（1）**

日照市虎门五金厂

山东省日照市龙门镇玉珊路25号

电话：0633-89214436　传真：0633-89214439

To：青岛管文有限公司

Attn：罗文斌

Fm：傅奇明

罗先生：

您好！

门把手的报价如下：

品名	货号	价格（含税价）
门把手	DH5010	61.48 元/副
	DH5020	64.96 元/副

增值税税率：16%。

包装方式：每副装 1 个泡沫纸袋，装入 1 个出口标准内盒，每 20 个内盒装 1 个标准出口纸箱，9 000副装 1 个 20 英尺集装箱。具体情况如下：

货号	纸箱尺寸	每箱净重	每箱毛重	装箱量
DH5010	57 厘米×31 厘米×31 厘米	17.5 千克	18.5 千克	20 付/箱
DH5020	57 厘米×31 厘米×31 厘米	17 千克	18 千克	20 付/箱

月生产能力：12 000 副/月。

付款方式：交货后 5 个工作日内全额付款。

交货地点：工厂交货。

货号 DH5010、DH5020 门把手样品各两副今天已寄出，请查收！

祝工作顺利！

傅奇明

2018 年 5 月 14 日

表 3-8　　回函（2）

慈溪市迪山五金厂

浙江省慈溪市采网路 46 号

电话：0574-69698721　传真：0574-69698722

To：青岛管文有限公司

Attn：罗文斌

Fm：董峰

罗先生：

您好！

水平仪的报价如下：

品名	货号	价格（含税价）
水平仪	19161	83.52 元/把
	19163	95.12 元/把

增值税税率：16%。

包装方式：每把装 1 个泡沫纸袋，装入 1 个出口标准内盒，每 60 个内盒装 1 个标准出口纸箱，这批货共装 1 个 20 英尺集装箱。具体情况如下：

货号	纸箱尺寸	每箱净重	每箱毛重	装箱量
19161	60 厘米×32 厘米×30 厘米	15 千克	16 千克	60 把/箱
19163	80 厘米×32 厘米×30 厘米	16 千克	17 千克	60 把/箱

月生产能力：20 000 把/月。

付款方式：交货后 5 个工作日内全额付款。

交货地点：工厂交货。

货号 19161、19163 水平仪样品各两把今天已寄出，请查收！

祝工作顺利！

董峰

2019 年 5 月 14 日

【任务1】核算出口报价

2018年5月14日，外贸业务员罗文斌根据日照市虎门五金厂和慈溪市迪山五金厂的回函和以下信息进行出口报价核算：

（1）门把手和水平仪的出口退税率分别为10%和16%。

（2）由于该国外客户是新客户，计划把付款方式改为“30%货款合同签订日后15天内T/T支付，70%货款D/P即期支付”。

（3）国内费用为采购成本的2%。

（4）门把手和水平仪预期出口利润率（以国内出口总成本为基数）分别为6%和10%，考虑讨价还价因素，因此报价时出口利润分别按10%和15%的预期出口利润率计算。

（5）2018年5月14日美元买入价为：1美元=6.32元人民币。

【任务2】书写发盘函

2018年5月14日，根据Soni Co.，Ltd. 的电子邮件内容和出口报价核算结果，外贸业务员罗文斌给Soni书写发盘函，发盘有效期为2018年5月22日前复到有效，同时写上寄样情况。

实训 4

核算出口还价和书写还盘函操作

实训目标

通过实训，学生能根据国外客户还价和采购成本核算预期出口利润率，能根据国外客户还价和预期出口利润率核算采购成本，能根据出口还价核算和还价策略给国外客户书写还盘函。

示范项目

2018 年 12 月 20 日，浙江安妮进出口有限公司外贸业务员叶聪华收到了 Dari GmbH & Co. KG 的经理 Phillip Duncan 回复的电子邮件，如表 4－1 所示。

此时，外贸业务员叶聪华需完成以下工作任务：

【任务 1】核算出口还价

2018 年 12 月 20 日，叶聪华根据国外客户的还价和国内供应商的采购成本核算各货号黄铜球阀的以国内出口成本为基数的预期出口利润率和总预期出口利润率，以及根据国外客户的还价和 10％的预期出口利润率核算国内供应商的预期采购成本，为还价奠定基础。

表 4 - 1 **电子邮件**

发件人：duncan@dari. com. de
收件人：conghuaye@annie. com. cn
日　期：2018 - 12 - 20　00：51：29
主　题：Counter-offer on Forged Brass Ball Valves
附　件：

Dear Mr. Ye,

Thanks for your sample of Forged Brass Ball Valves and offer on Dec. 13，2018. We find out that the quality your offer is much higher than that in the Bangladesh market while the products are of the same types. Although we are satisfied with your sample，we cannot accept the price. We will place the firm order if the price can be reduced as follows：

Commodity	Size (inch)	Quantity (sets)	Unit Price (USD/set)
			CFR Hamburg
Forged Brass Ball Valves，Article No. V10033，Full Port，Nickel Plated，BSP Thread	1/2	4 320	1. 16
	3/4	4 000	1. 65
	1	2 400	2. 46
	$1\frac{1}{4}$	1 296	3. 99
	$1\frac{1}{2}$	960	5. 31
	2	576	9. 63

The other terms of your offer remain valid.
We are looking forward to receiving your early reply.
Best regards.

Yours truly,
Phillip Duncan
Manager
Dari GmbH & Co. KG
Add：Domstrasse 99，D - 20095 Hamburg，Germany
Tel：0049 - 40 - 3410239
Fax：0049 - 40 - 3410236
E-mail：duncan@dari. com. de

【任务 2】给国内供应商书写还盘函

12 月 20 日，叶聪华根据浙江玉环福可阀门厂压价弹性较小的报价风格，准备压价 3%。鉴于拼箱装运，要求浙江玉环福可阀门厂在上海港指定仓库交货。结合这笔业务特点，叶聪华给瞿厂长书写并传真还盘函。

【任务 3】给国外客户书写还盘函

12 月 20 日，浙江玉环福可阀门厂瞿厂长同意叶聪华的降价和改变交货地点的要求。然后，叶聪华按照 12% 的预期出口利润率计算还价后的出口价格，给 Dari GmbH &

Co. KG 的经理 Phillip Duncan 书写并发送还盘函。

示范操作

任务 1　核算出口还价

第一步，2018 年 12 月 20 日，外贸业务员叶聪华通过中国银行网站（http://www.boc.com）或其他银行网站，查询到 2018 年 12 月 20 日美元买入价为：1 美元＝6.87 元人民币。

首先，核算货号 V10033、规格 1/2 英寸黄铜球阀的以国内出口成本为基数的出口利润率。

（1）核算进货成本。

进货成本＝采购成本－出口退税额

＝采购成本－采购成本÷（1＋增值税税率）×出口退税率

＝8.12－8.12÷（1＋16%）×16%

＝7.00（元/套）

（2）核算出口费用。

国内费用＝8.12×5%＝0.406（元/套）

国外运费＝30×0.968÷4 320＝0.007（美元/套）

（3）核算国内出口总成本。

国内出口总成本＝进货成本＋国内费用

＝7.00＋0.406

＝7.406（元/套）

（4）核算出口利润率。

出口利润率＝出口利润÷国内出口总成本

＝（出口价格－国外运费－国内出口总成本）÷国内出口总成本

＝（1.16×6.87－0.007×6.87－7.406）÷7.406

＝6.95%

即若接受国外客户 1.16 美元/套的报价，则只能实现 6.95%的出口利润率。

同理核算，得到货号 V10033 所有规格黄铜球阀的出口利润率（见表 4－2）。

表 4-2　　出口利润率核算表

品名	规格（英寸）	国外还价（美元/套）	出口利润率
黄铜球阀，货号 V10033，全通径，镀镍，BSP 螺纹	1/2	1.16	6.95%
	3/4	1.65	6.68%
	1	2.46	9.63%
	$1\frac{1}{4}$	3.99	7.36%
	$1\frac{1}{2}$	5.31	7.14%
	2	9.63	7.25%

然后，计算这笔业务的总出口利润率。

（1）核算总进货成本。

总采购成本＝8.12×4 320＋11.60×4 000＋16.82×2 400＋27.84×1 296＋37.12×960＋67.28×576

＝232 315.52（元）

总进货成本＝总采购成本－总出口退税额

＝总采购成本－总采购成本÷（1＋增值税税率）×出口退税率

＝232 315.52－232 315.52÷（1＋16%）×16%

＝200 272.00（元）

（2）核算总出口费用。

总国内费用＝232 315.52×5%＝11 615.78（元）

总国外运费＝30×0.968×6＝174.24（美元）

（3）核算国内出口总成本。

国内出口总成本＝总进货成本＋总国内费用

＝200 272.00＋11 615.78

＝211 887.78（元）

（4）核算总出口利润率。

出口总金额＝1.16×4 320＋1.65×4 000＋2.46×2 400＋3.99×1 296＋5.31×960＋9.63×576

＝33 330.72（美元）

总出口利润率＝总出口利润÷国内出口总成本

＝（出口总金额－国内出口总成本－总国外运费）÷国内出口总成本

＝（33 330.72×6.87－211 887.78－174.24×6.87）÷211 887.78

＝7.50%

即若接受国外客户的报价，则这笔业务只能实现 7.50%的总出口利润率。

第二步，叶聪华根据国外客户的还价和10%的预期出口利润率核算国内供应商的预期采购成本。

首先，核算货号V10033、规格1/2英寸黄铜球阀的预期采购成本。设其预期采购成本为x元/套。

（1）核算进货成本。

出口退税额＝采购成本÷（1＋增值税税率）×出口退税率

＝x÷（1＋16%）×16%

＝0.138x（元/套）

进货成本＝采购成本－出口退税额

＝x－0.138x

＝0.862x（元/套）

（2）核算出口费用。

国内费用＝x×5%＝0.05x（元/套）

国外运费＝30×0.968÷4 320＝0.007（美元/套）

（3）核算出口利润。

出口利润＝国内出口成本×出口利润率

＝（进货成本＋国内费用）×出口利润率

＝（0.862x＋0.05x）×10%

＝0.091x（元/套）

（4）核算采购成本。

预期采购成本＝出口价格－出口利润－出口费用＋出口退税额

x＝1.16×6.87－0.091x－0.05x－0.007×6.87＋0.138x

x＝7.90（元/套）

即若接受国外客户1.16美元/套的报价，又要实现10%的预期出口利润率，需把货号V10033规格、1/2英寸黄铜球阀的预期采购成本降到7.90元/套。

同理核算，得到货号V10033所有规格黄铜球阀的预期采购成本（见表4-3）。

表4-3　预期采购成本核算表

品名	规格（英寸）	国外还价（美元/套）	预期采购成本（元/套）
黄铜球阀，货号V10033，全通径，镀镍，BSP螺纹	1/2	1.16	7.90
	3/4	1.65	11.25
	1	2.46	16.77
	$1\frac{1}{4}$	3.99	27.18
	$1\frac{1}{2}$	5.31	36.17
	2	9.63	65.62

任务2　给国内供应商书写还盘函

2018年12月20日，叶聪华根据浙江玉环福可阀门厂压价弹性较小的报价风格，压价3%。鉴于拼箱装运，要求浙江玉环福可阀门厂在上海港指定仓库交货。结合这笔业务特点，叶聪华给瞿厂长书写并传真如表4-4所示的还盘函。

表4-4　　**还盘函**

浙江安妮进出口有限公司

浙江省杭州市华星路1298号

电话：0571-89991357　　传真：0571-89991358

To：浙江玉环福可阀门厂

Attn：瞿福可

Fm：叶聪华

尊敬的瞿厂长：

您好！

非常感谢贵厂12月12日寄的货号V10033、规格1/2英寸黄铜球阀样品及其价格等信息。

国外客户已来函，贵厂样品已通过检测，但认为价格偏高。分析客户的来函，他们还与孟加拉国的企业在磋商，估计价格比我们便宜得多。

我们认为该订单对贵厂来讲，可以降低成本，因为该订单产品是贵厂一直在生产的产品，可以节省加工成本。另外，该客户的试订单量比较大，可见该客户是比较有实力的。若能成功接下这套试订单，可预见这将是我们将来的一个大客户。

为能顺利接下该订单，开拓新客户，与贵厂进一步加大合作力度，希望您能降价3%，即按如下价格发货：

品名	规格（英寸）	订购数量（套）	含税价（元/套）
黄铜球阀，货号V10033，全通径，镀镍，BSP螺纹	1/2	4 320	7.88
	3/4	4 000	11.25
	1	2 400	16.32
	$1\frac{1}{4}$	1 296	27.00
	$1\frac{1}{2}$	960	36.01
	2	576	65.26
合计		13 552	

另外，鉴于这批货是拼箱装运，建议贵厂在上海港指定仓库交货。

望贵厂能在今天答复，谢谢配合！

祝工作顺利！

叶聪华

2018年12月20日

任务3　给国外客户书写还盘函

第一步，计算对外还价的出口价格。

首先，核算货号V10033、规格1/2英寸黄铜球阀的出口报价。

（1）核算进货成本。

进货成本＝采购成本－出口退税额

＝采购成本－采购成本÷（1＋增值税税率）×出口退税率

＝7.88－7.88÷（1＋16％）×16％

＝6.793（元/套）

（2）核算出口费用。

国内费用＝7.88×5％＝0.394（元/套）

国外运费＝30×0.968÷4 320＝0.007（美元/套）

（3）核算国内出口总成本。

国内出口总成本＝进货成本＋国内费用

＝6.793＋0.394

＝7.187（元/套）

（4）核算出口利润。

出口利润＝国内出口总成本×出口利润率

＝7.187×12％

＝0.862（元/套）

（5）核算出口价格。

FOB价格＝进货成本＋国内费用＋出口利润

＝（6.793＋0.394＋0.862）÷6.87

＝1.172（美元/套）

CFR价格＝FOB价格＋国外运费

＝1.172＋0.007

＝1.18（美元/套）

同理核算，得到货号V10033所有规格黄铜球阀的出口还价表（见表4－5）。

表4－5　　出口还价表

品名	规格（英寸）	CFR价格（美元/套）
黄铜球阀，货号V10033，全通径，镀镍，BSP螺纹	1/2	1.18
	3/4	1.68
	1	2.46
	$1\frac{1}{4}$	4.04
	$1\frac{1}{2}$	5.38
	2	9.75

注：1英寸的黄铜球阀核算的CFR价格为2.44美元/套，因国外客户还价为2.46美元/套，此次还价维持2.46美元/套不变。

第二步，根据计算出的出口还价表书写还盘函，检查书写的还盘函（见表4－6）内容正确无误后，发送给 Dari GmbH & Co. KG 的经理 Phillip Duncan。在发电子邮件的同时保存所发电子邮件内容。

表 4-6　　　　还盘函

发件人：conghuaye@annie. com. cn
收件人：duncan@dari. com. de
日　期：2018-12-20　15：20：26
主　题：New Offer on Forged Brass Ball Valves
附　件：

Dear Mr. Duncan,

From your e-mail of Dec. 20, 2018, we know that you are not satisfied with our offer. We admit that the price in Bangladesh is lower than us, but you should know that the quality of our products is much higher than that in Bangladesh. Furthermore, the cost of man force in China is rising rapidly this year.

Since we want to be your trade partner and remain a good relationship with you, we agree to reduce the price as follows:

Commodity	Size (inch)	Quantity (sets)	Unit Price (USD/set)
			CFR Hamburg
Forged Brass Ball Valves, Article No. V10033, Full Port, Nickel Plated, BSP Thread	1/2	4 320	1. 18
	3/4	4 000	1. 68
	1	2 400	2. 46
	$1\frac{1}{4}$	1 296	4. 04
	$1\frac{1}{2}$	960	5. 38
	2	576	9. 75
Total		13 552	

Hope you will be satisfied with our new offer.
Best regards.

Yours sincerely,
Ye Conghua
Zhejiang Annie Import and Export Co., Ltd.
No. 1298 Huaxing Road, Hangzhou, China
Tel: 0086-571-89991357
Fax: 0086-571-89991358
E-mail: conghuaye@annie. com. cn

实训项目

『实训项目 4-1』

上接『实训项目 3-1』，2018 年 12 月 27 日，江苏汉典有限公司外贸业务员陈惠收到了 KCC India Limited 的经理 Abdul Najeeb 回复的电子邮件，具体内容如表 4-7 所示。

表 4-7 电子邮件

发件人：abdul@kcc. com. in 收件人：chenhui@hd. com. cn 日　期：2018-12-27　11:13:11 主　题：Counter-offer on Aluminum Fin Strips 附　件：
Dear Miss Chen, Thank you for your e-mail about the offer for the Aluminum Fin Strips. Their prices are too high to be acceptable. Accepting your present prices will mean great loss to us, let alone profit. We would like to place 60MT/each item with you if you could reduce your price to USD900. 00 per MT and USD990. 00 per MT CIF Nhava Sheva for 1mm×1 200mm and for 4mm×320mm respectively. Otherwise, we have to shift to the other suppliers for our similar request. We hope you take our suggestion into serious consideration and give us your reply as soon as possible. Best regards. Abdul Najeeb Manager KCC India Limited Add: 11 Faiz-e-edroos 288/289 Narsi Natha Street, Mumbai, 400009, India Tel: 0091-22-40077945 Fax: 0091-22-40077946 E-mail: abdul @kcc. com. in

【任务 1】核算出口还价

2018 年 12 月 27 日上午，外贸业务员陈惠根据国外客户的还价和国内供应商的采购成本核算以国内出口成本为基数的预期出口利润率，以及根据国外客户的还价和 10%的预期出口利润率核算国内供应商的预期采购成本，为还价奠定基础。（2018 年 12 月 27 日美元买入价为：1 美元=6. 85 元人民币）

【任务2】给国内供应商书写还盘函

12月27日下午，外贸业务员陈惠根据张家港市火红钢制品有限公司的报价风格，准备压价3%。结合这笔业务特点，陈惠给张家港市火红钢制品有限公司李青厂长书写并传真还盘函。

江苏汉典有限公司 江苏省南京市天山路908号 电话：025－22482136　　传真：025－22482139 To：张家港市火红钢制品有限公司 Attn： Fm：

【任务3】给国外客户书写还盘函

12月27日下午，张家港市火红钢制品有限公司李青厂长同意将规格1mm×1 200mm和4mm×320mm的铝带分别降价到5 963.56元/吨和6 526.16元/吨。然后，陈惠按照12%的预期出口利润率计算对外还价的出口价格，给KCC India Limited的经理Abdul Najeeb书写并发送还盘函。

『实训项目4－2』

上接『实训项目3－2』，2018年5月22日，福建惠惠进出口有限公司外贸业务员吴俊峰收到了Martin Footwear Inc. 的总经理Martin Smith回复的电子邮件，如表4－8所示。

表 4-8　　　　　　　　　　　　**电子邮件**

发件人：martin@mfi. com
收件人：tonywu@hh. com
日　期：2018-05-21　14：11：37
主　题：Counter-offer on the Pac Boots
附　件：

Hi Tony，

Thank you for your two samples of Pac Boots on May 17. the samples are in order. However，your offer for the Pac Boots seems to be too high. As you know，our country is still in the economy crisis and the market is depressed，so the price of the Pac Boots is declining. I think USD17. 15/pair and USD16. 31/pair CFR Oakland，U. S. A. for Style No. 6001 and Style No. 6002 are reasonable for the current market situation. Otherwise，can little customer afford it?
Looking forward to your reply soon.
Best regards.

Martin Smith
General Manager
Martin Footwear Inc.
Add：No. 30 SW Broadway Portland OR 97207，U. S. A.
Tel：001-503-725-3568
Fax：001-503-725-3576
E-mail：martin@mfi. com

【任务 1】核算出口还价

5 月 22 日，外贸业务员吴俊峰根据国外客户的还价和国内供应商的采购成本核算以国内出口总成本为基数的预期出口利润率，以及根据国外客户的还价和 7%的预期出口利润率核算国内供应商的预期采购成本，为还价奠定基础。（2018 年 5 月 22 日美元买入价为：1 美元=6. 35 元人民币）

【任务2】给国内供应商书写还盘函

5月22日，外贸业务员吴俊峰要求福州田园制鞋厂降价3%，并结合这笔业务特点，给福州田园制鞋厂狄龙厂长书写并传真还盘函。

<table><tr><td>
福建惠惠进出口有限公司
福建省福州市胜利路23号
电话：0591-22889967　　传真：0591-22889969

To：福州田园制鞋厂
Attn：
Fm：

</td></tr></table>

【任务3】给国外客户书写还盘函

5月23日，福州田园制鞋厂狄龙厂长同意货号6001和6002的雪地靴分别降价到112.52元/双和106.90元/双。然后，吴俊峰按照9%的预期出口利润率计算对外还价的出口价格，给Martin Footwear Inc.的总经理Martin Smith书写并发送还盘函。（2018年5月23日美元买入价为：1美元=6.37元人民币）

<table><tr><td>

</td></tr></table>

『实训项目4-3』

上接『实训项目3-3』，2018年5月21日，青岛管文有限公司外贸业务员罗文斌收到了Soni Co.，Ltd.的总经理Soni回复的电子邮件，如表4-9所示。

表 4-9 **电子邮件**

发件人：soni@scl. com
收件人：andyluo@qdgw. com
日　期：2018-05-21　9：38：18
主　题：Counter-offer on the Door Handle and the Spirit Level
附　件：

Dear Andy,

Thanks for your e-mail about the offer for the Door Handle and the Spirit Level on May 14. The samples are ok. But the price is too high. We can accept the prices as follows:

Commodity	Door Handle		Spirit Level	
Article No.	DH5010	DH5020	19161	19163
Quantity	4 000pairs	5 000pairs	8 400pcs	14 400pcs
Unit Price FOB Chinese Port	USD9. 37/pair	USD9. 75/pair	USD12. 37/pc	USD14. 14/pc

Besides, the above prices are based on the payment term: 20% of proceeds payable by T/T within 15 days after the Contract date, the balance payable by D/P at sight.
Waiting your reply as soon as possible.
Best regards.

Soni
General Manager
Soni Co., Ltd.
Add: No. 9, Aza Shinbo, Ohaza Yamaya, Osaka, Japan
Tel: 0081-665-39-3128
Fax: 0081-665-39-3129
E-mail: soni@scl. com

【任务 1】核算出口还价

2018 年 5 月 21 日，外贸业务员罗文斌根据国外客户的还价和国内供应商的采购成本核算以国内出口总成本为基数的预期出口利润率，以及根据国外客户的还价、门把手和水平仪分别为 6%和 10%的预期出口利润率核算国内供应商的预期采购成本，为还价奠定基础。(2018 年 5 月 21 日美元买入价为：1 美元＝6. 37 元人民币)

【任务2】给国内供应商书写还盘函

5月21日，外贸业务员罗文斌根据日照市虎门五金厂和慈溪市迪山五金厂的报价风格，准备都压价3%。结合这笔业务特点，罗文斌分别给日照市虎门五金厂和慈溪市迪山五金厂书写并传真还盘函。

青岛管文有限公司 山东省青岛市和平街21号 电话：0532－88391921　　传真：0532－88391922 To：日照市虎门五金厂 Attn： Fm：

青岛管文有限公司 山东省青岛市和平街21号 电话：0532－88391921　　传真：0532－88391922 To：慈溪市迪山五金厂 Attn： Fm：

【任务3】给国外客户书写还盘函

5月22日，日照市虎门五金厂傅奇明经理同意货号DH5010和DH5020门把手分别降价到60.00元/副和63.00元/副，慈溪市迪山五金厂董峰经理同意货号19161和19163水平仪分别降价到81.00元/把和93.00元/把。然后，罗文斌对门把手和水平仪分别按照8%和12%的预期出口利润率计算对外还价的出口价格，给Soni Co.，Ltd. 的总经理Soni书写并发送还盘函。（2018年5月22日美元买入价为：1美元＝6.36元人民币）

实训 5

接受和签订出口合同操作

实训目标

通过实训，学生能根据双方达成的价格核算出口利润率和换汇成本，能根据双方达成的协议条款拟定一份完整的出口合同。

示范项目

2019 年 1 月 7 日，浙江安妮进出口有限公司外贸业务员叶聪华通过与 Dari GmbH & Co. KG 的经理 Phillip Duncan 反复磋商，达成了一致协议，主要磋商谈判结果如表 5 - 1 所示。

【任务 1】接受时核算总出口利润率和换汇成本

2019 年 1 月 7 日，外贸业务员叶聪华根据与国外客户、国内供应商达成的价格，核算以国内出口总成本为基数的总出口利润率和换汇成本。

【任务 2】签订出口合同

2019 年 1 月 7 日，外贸业务员叶聪华根据与 Dari GmbH & Co. KG 达成的协议条款，拟定一份号码为 AN1900157 的出口合同，并办理签订出口合同手续。

表 5-1 **磋商谈判结果**

1. 商品品名、数量、单价和金额：

品名	规格（英寸）	数量（套）	单价（美元/套）	金额（美元）
			CFR 汉堡	
黄铜球阀，货号 V10033，全通径，镀镍，BSP 螺纹	1/2	4 320	1.18	5 097.60
	3/4	4 000	1.65	6 600.00
	1	2 400	2.40	5 760.00
	$1\frac{1}{4}$	1 296	4.00	5 184.00
	$1\frac{1}{2}$	960	5.30	5 088.00
	2	576	9.70	5 587.20
合计		13 552		33 316.80

2. 包装：先用纸箱包装，然后用木托盘包装。正唛包括 Dari、销售合同号码、目的港名称和箱号，侧唛包括货号、规格、纸箱尺寸和装箱量。

3. 运输：收到信用证后 1 个月内装运，从中国上海运至德国汉堡，允许转运和不分批装运。

4. 付款：即期付款信用证，要求在 2019 年 1 月 18 日之前开到卖方。

5. 保险：由买方投保。

6. 单据：

(1) 发票一式三份；

(2) 装箱单一式三份；

(3) 全套清洁已装船海运提单，做成空白指示抬头，空白背书，标注运费预付，通知买方；

(4) 由中国贸促会或商会出具的一般原产地证一式两份；

(5) 卖方在装运后 1 天内发给买方的装运通知传真副本，通知信用证号码、商品名称、数量、包装数量、金额、船名、航次和装运日期等信息。

7. 异议期限：买方或买方客户认为产品质量、数量、包装等与合同约定不符，应当在六个月之内提出书面异议，时间从卖方实际交货日期开始计算。在异议期内没有提出异议的视为货物符合合同约定。

8. 违约责任：

(1) 合同一经生效，任何一方不得单方无故变更、终止、解除合同，否则应赔偿对方的全部经济损失。

(2) 货物质量、包装等不符合合同约定，卖方应赔偿买方遭受的全部经济损失，包括因买方客户的索赔而造成的一切损失。

(3) 交期拖延限制：如果交期拖延六天到十天，买方有权根据合同对因此造成的损失要求货值 10%的赔偿或者取消合同；如果交期拖延十一天到二十五天，买方有权根据合同要求货值 20%的赔偿或者卖方负责把货物空运到客户指定港口，或者取消合同；如果交期拖延二十五天以上，买方有权根据合同要求卖方不仅负责把货物空运到客户指定港口，而且要承担货值 30%的赔偿，或者取消合同。

9. 不可抗力：卖方不承担因不可抗力而无法如期交货的责任，但必须及时通知买方并提供证据。

10. 争议解决：友好协商；协商不成的，双方通过中国经济贸易仲裁委员会仲裁解决，仲裁裁决对双方都是最终的和有法律约束力的，仲裁费用由败诉一方承担。

示范
操作

任务1　接受时核算总出口利润率和换汇成本

2019年1月7日，外贸业务员叶聪华通过中国银行网站（http://www.boc.com）或其他银行网站，查询到当日的美元买入价为：1美元＝6.84元人民币。

（1）核算总进货成本。

总采购成本＝7.88×4 320＋11.25×4 000＋16.32×2 400＋27.00×1 296＋36.01×960＋65.26×576
＝225 360.96（元）

总进货成本＝总采购成本－总出口退税额
＝总采购成本－总采购成本÷（1＋增值税税率）×出口退税率
＝225 360.96－225 360.96÷（1＋16%）×16%
＝194 276.69（元）

（2）核算总出口费用。

总国内费用＝225 360.96×5%＝11 268.048（元）

总国外运费＝30×0.968×6＝174.24（美元）

（3）核算国内出口总成本。

国内出口总成本＝总进货成本＋总国内费用
＝194 276.69＋11 268.048
＝205 544.738（元）

（4）核算总出口利润率。

总出口利润率＝总出口利润÷国内出口总成本
＝（出口总金额－国内出口总成本－总国外运费）÷国内出口总成本
＝(33 316.80×6.84－205 544.738－174.24×6.84）÷205 544.738
＝10.29%

（5）核算换汇成本。

FOB价格＝CFR价格－总国外运费
＝33 316.80－174.24
＝33 142.56（美元）

换汇成本＝国内出口总成本（本币）÷FOB价格（外币）
＝205 544.738÷33 142.56
＝6.20（元/美元）

任务 2 签订出口合同

2019 年 1 月 7 日，外贸业务员叶聪华根据与 Dari GmbH & Co. KG 达成的协议拟定出口合同，经总经理蔡海峰签字后，把出口合同传真给 Dari GmbH & Co. KG，当天收到对方公司签名的出口合同传真件（见表 5－2），该合同开始生效。

表 5－2 出口合同

SALES CONTRACT

NO.：AN1900157 DATE：Jan. 7，2019

THE SELLER：Zhejiang Annie Import and Export Co.，Ltd.
No. 1298 Huaxing Road，Hangzhou，China
TEL：0086－571－89991357
FAX：0086－571－89991358

THE BUYER：Dari GmbH & Co. KG
Domstrasse 99，D-20095 Hamburg，Germany
TEL：0049－40－3410239
FAX：0049－40－3410236

This Contract is made by and between the Buyer and the Seller，whereby the Buyer agrees to buy and the Seller agrees to sell the under-mentioned commodity according to the terms and conditions stipulated below：

1. ARTICLE NO.，NAME OF COMMODITY，QUANTITY AND AMOUNT：

Commodity	Size (inch)	Quantity (sets)	Unit Price CFR Hamburg	Amount
Forged Brass Ball Valves，Article No. V10033，Full Port，Nickel Plated，BSP Thread	1/2	4 320	USD1. 18/set	USD5 097. 60
	3/4	4 000	USD1. 65/set	USD6 600. 00
	1	2 400	USD2. 40/set	USD5 760. 00
	$1\frac{1}{4}$	1 296	USD4. 00/set	USD5 184. 00
	$1\frac{1}{2}$	960	USD5. 30/set	USD5 088. 00
	2	576	USD9. 70/set	USD5 587. 20
Total		13 552		USD33 316. 80
TOTAL CONTRACT VALUE：SAY U. S. DOLLARS THIRTY THREE THOUSAND THREE HUNDRED AND SIXTEEN AND EIGHTY CENTS ONLY.				

2. PACKING：
Packed in carton，then in wooden pallet.
Shipping mark includes Dari，S/C No.，port of destination and carton No.
Side mark must show the Article No.，the size of goods，the size of carton and sets per carton.

3. SHIPMENT：
Within 1 month upon receipt of the L/C which accord with relevant clauses of this Contract. Shipped from Shanghai，China to Hamburg，Germany. Transhipment is allowed and partial shipment is prohibited.

4. TERMS OF PAYMENT：
By Letter of Credit at sight，reaching the Seller before Jan. 18，2019.

5. INSURANCE:
To be covered by the Buyer.

6. DOCUMENTS:
+ Invoice in triplicate.
+ Packing List in triplicate.
+ Full set of clean on board ocean Bill of Lading marked "freight prepaid" made out to order blank endorsed notifying the Buyer.
+ CERTIFICATE OF ORIGIN IN DUPLICATE ISSUED BY CHAMBER OF COMMERCE OR CCPIT.
+ Seller's Certified Copy of Fax dispatched to the Buyer within one day after shipment advising L/C No., name, quantity and amount of goods, number of packages, name of vessel and voyage No., and date of shipment, etc.

7. PERIOD OF OBJECTION:
In case that the Buyer or the customers of the Buyer consider that the quality, quantity, packaging, etc. of the goods does not conform to the contractual stipulations, they shall raise a written objection within six months beginning from the actual delivery date of the Seller. The case of no objection raised within the period of objection shall be deemed as that the goods conform to the contractual stipulations.

8. LIABILITIES FOR BREACH OF CONTRACT:
(1) In case the Contract goes into effect, any part shall not change, terminate or cancel it without reason, otherwise he or she shall compensate for all the economic losses suffered by the other part.
(2) In case the quality, packaging, etc. of the goods does not conform to the contractual stipulations, the Seller shall compensate for all the economic losses suffered by the Buyer, including all the losses caused due to the claim lodged by the customers of the Buyer.
(3) Time limit of delivery: In case of eventual delay of delivery penalties will be as follow:
From the 6th to the 10th day of delay from the latest delivery date, shown in Sales Contract between the Buyer and its customers, the Buyer has the right to ask as liquidation of damages and penalties 10% of the total amount of the Contract or cancel the Contract.
From the 11th to the 25th day of delay from the latest delivery date, shown in Sales Contract between the Buyer and its customers, the Buyer has the right to ask as liquidation of damages and penalties 20% of the total amount of the Contract or to undertake the freight cost or cancel the Contract.
After 25 days delay from the latest delivery date, shown in Sales Contract between Buyer and its customers, the Buyer has the right to ask as liquidation of damages and penalties to undertake the freight cost and 30% of the total amount of the Contract or cancel the Contract.

9. FORCE MAJEURE:
The Seller shall not held responsibility if they, owing to Force Majeure cause or causes, fail to make delivery within the time stipulated in the Contract or cannot deliver the goods. However, in such a case, the Seller shall inform the Buyer immediately by cable and if it is requested by the Buyer, the Seller shall also deliver to the Buyer by registered letter, a certificate attesting the existence of such a cause or causes.

10. SETTLEMENT OF DISPUTES:
All disputes in connection with this Contract or the execution thereof shall be settled amicably by negotiation. In case no settlement can be reached, the case shall then be submitted to the China International Economic Trade Arbitration Commission for settlement by arbitration in accordance with the Commission's arbitration rules. The award rendered by the commission shall be final and binding on both parties. The fees for arbitration shall be borne by the losing party unless otherwise awarded.

This Contract is made in two original copies and becomes valid after signature, one copy to be held by each party.

Signed by:

THE SELLER:	**THE BUYER:**
Zhejiang Annie Import and Export Co., Ltd.	Dari GmbH & Co. KG
蔡海峰	Phillip Duncan

实训项目

『实训项目5-1』

上接『实训项目4-1』，2019年1月4日，江苏汉典有限公司外贸业务员陈惠通过与KCC India Limited的经理Abdul Najeeb反复磋商，只达成了对规格1mm×1 200mm铝带一致的买卖协议，主要磋商结果如表5-3所示。

表5-3　磋商谈判结果

1. 商品：铝带，规格1mm×1 200mm；
   技术参数：厚度1mm，宽度1 200mm，承压150MPa，无焊接。
2. 数量：120吨。
3. 价格：900.00美元/吨，CIF Nhava Sheva。
4. 金额：108 000.00美元。
   数量和金额都允许有5%以内的增减。
5. 包装：铝带用专用包装纸包裹，平放在全新的木托盘上，然后用包装纸从上面覆盖，防雨防潮。
6. 运输：收到信用证后1个月内装运，从中国上海运至印度Nhava Sheva，不允许转运和分批装运。
7. 付款：即期付款信用证，要求在2019年1月12日之前开到卖方，交单期为装运日后15天内。
8. 保险：由卖方按发票金额的110%投保中国保险条款的一切险。
9. 单据：
   （1）手签发票一式五份，证实所装运货物是属本合同；
   （2）装箱单一式五份；
   （3）全套清洁已装船海运提单，做成开证行指示抬头，标注运费预付，通知开证行；
   （4）保险单一式两份；
   （5）由中国国际商会或中国国际贸易促进委员会签发的一般原产地证书一式两份；
   （6）卖方在装运后3天内发给买方的装运通知传真副本，通知信用证号码、商品名称、数量、包装数量、金额、集装箱号码、船名、航次和装运日期等信息；
   （7）由船公司或其代理签发的劳合社船级证书，证实承载船只适合海运、船龄不超过20年和相当于劳合社100A1级。

【任务1】接受时核算总出口利润率和换汇成本

2019年1月4日，外贸业务员陈惠根据与国外客户、国内供应商达成的价格，核算以国内出口总成本为基数的总出口利润率和换汇成本。（2019年1月4日美元买入价为：1美元=6.85元人民币）

【任务2】签订出口合同

2019年1月4日，外贸业务员陈惠根据与KCC India Limited达成的协议条款，填写号码为HD19076的出口合同（见表5－4）条款，使其完整。

表5－4　　出口合同

SALES CONTRACT

NO.：HD19076　　DATE：Jan. 4，2019

THE SELLER：Jiangsu Handian Corporation
No. 908 Tianshan Rd.，Nanjing，210018，China
TEL：0086－25－22482136
FAX：0086－25－22482139

THE BUYER：KCC India Limited
11 Faiz-e-edroos 288/289 Narsi Natha Street，Mumbai，400009，India
TEL：0091－22－40077945
FAX：0091－22－40077946

This Contract is made and signed by the Buyer and the Seller for under mentioned goods and conditions：

Commodity & Specification	Quantity	Unit Price	Amount
Total			
TOTAL CONTRACT VALUE：			
MORE OR LESS CLAUSE：			

PACKING：

TIME OF SHIPMENT：

PORT OF LOADING AND DESTINATION:

INSURANCE:

TERMS OF PAYMENT:

DOCUMENTS:

+
+
+
+
+

INSPECTION:
The Certificate of Quality issued by the China Customs shall be taken as the basis of delivery.

CLAIMS:
In case discrepancy on the quality or quantity (weight) of the goods is found by the Buyer, after arrival of the goods at the port of destination, the Buyer may, within 30 days after arrival of the goods at the port of destination, lodge with the Seller a claim which should be supported by an Inspection Certificate issued by a public surveyor approved by the Seller. The Seller shall, on the merits of the claim, either make good the loss sustained by the Buyer or reject their claim. It being agreed that the Seller shall not be held responsible for any loss or losses due to natural cause failing within the responsibility of Ship-owners or the Underwriters. The Seller shall reply to the Buyer within 30 days after receipt of the claim.

LATE DELIVERY AND PENALTY:
In case of late delivery, the Buyer shall have the right to cancel this Contract, reject the goods and lodge a claim against the Seller. Except for Force Majeure, if late delivery occurs, the Seller must pay a penalty, and the Buyer shall have the right to lodge a claim against the Seller. The rate of penalty is charged at 0.1% for every day. The total penalty amount will not exceed 5% of the shipment value. The penalty shall be deducted by the paying bank or the Buyer from the payment.

FORCE MAJEURE:
The Seller shall not held responsible if they, owing to Force Majeure cause or causes, fail to make delivery within the time stipulated in the Contract or cannot deliver the goods. However, in such a case, the Seller shall inform the Buyer immediately by cable and if it is requested by the Buyer, the Seller shall also deliver to the Buyer by registered letter, a certificate attesting the existence of such a cause or causes.

ARBITRATION:
All disputes in connection with this Contract or the execution thereof shall be settled amicably by negotiation. In case no settlement can be reached, the case shall then be submitted to the China International Economic Trade Arbitration Commission for settlement by arbitration in accordance with the Commission's arbitration rules. The award rendered by the commission shall be final and binding on both parties. The fees for arbitration shall be borne by the losing party unless otherwise awarded.
This Contract is made in two original copies and becomes valid after signature, one copy to be held by each party.

Signed by:

THE SELLER:	**THE BUYER:**
Jiangsu Handian Corporation	KCC India Limited
王鸣	*Abdul Najeeb*

『实训项目 5－2』

上接『实训项目 4－2』，2018 年 6 月 11 日，福建惠惠进出口有限公司外贸业务员吴俊峰通过与 Martin Footwear Inc. 的总经理 Martin Smith 反复磋商，最终达成了一致协议，主要磋商结果如表 5－5 所示。

表 5－5　　磋商结果

1. 商品：雪地靴，帮面为皮革，鞋底为橡胶。
2. 数量：

款式号 6001：Outpost II Men 11 Brown　　单位：双

尺码	8	9	10	11	12	13	14	小计
数量	192	360	648	672	480	288	72	2 712

款式号 6002：Outpost II Women 10 Brown　　单位：双

尺码	5	6	7	8	9	10	小计
数量	24	96	240	456	240	192	1 248

3. 价格：款式号 6001：17.50 美元/双，CFR 美国奥克兰；
　　款式号 6002：16.50 美元/双，CFR 美国奥克兰。
4. 金额：68 052.00 美元。
5. 包装：每个纸箱装 6 双相同款式和相同尺码的雪地靴。
　唛头：Martin/销售合同号/奥克兰/箱号/中国制造
6. 运输：分两批运输：
　第一批：1 356 双款式号 6001 和 624 双款式号 6002 在 2018 年 8 月装运；
　第二批：1 356 双款式号 6001 和 624 双款式号 6002 在 2018 年 9 月装运。
　注意：两批货每一个尺码鞋子的数量是一样的。
7. 付款：30%货款在合同日后 15 天内电汇支付；余款采用即期付款信用证支付，要求在 2018 年 7 月 1 日之前开到卖方，交单期为装运日后 15 天内。
8. 保险：由买方投保。
9. 单据：
　（1）手签发票一式四份；
　（2）装箱单一式四份；
　（3）全套清洁已装船海运提单，做成开证行指示抬头，标注运费预付，通知开证行；
　（4）由生产厂家签发的一般原产地证书一式两份；
　（5）卖方在提单日后 1 天内发给买方的装运通知，显示船名、航次，装运日期，唛头，这批货的数量、毛重和净重。

【任务 1】接受时核算总出口利润率和换汇成本

2018 年 6 月 11 日，外贸业务员吴俊峰根据与国外客户、国内供应商达成的价格，核算以国内出口总成本为基数的整笔业务的总出口利润率和换汇成本。（2018 年 6 月 11 日美元买入价为：1 美元＝6.39 元人民币）

【任务2】签订出口合同

6月11日，外贸业务员吴俊峰根据与 Martin Footwear Inc. 达成的协议条款，填写号码为 HH18130 出口合同（见表5-6）条款，使其完整。

表5-6 出口合同

SALES CONTRACT

NO.：HH18130 DATE：June 11，2018

THE SELLER：Fujian Huihui I/E Co.，Ltd.
No. 23 Shengli Rd.，Fuzhou，China
TEL：0086-591-22889967
FAX：0086-591-22889969

THE BUYER：Martin Footwear Inc.
No. 30 SW Broadway Portland OR 97207，U. S. A.
TEL：001-503-725-3568
FAX：001-503-725-3576

This Contract is made by and between the Buyer and the Seller，whereby the Buyer agrees to buy and the Seller agrees to sell the under mentioned commodity according to the terms and conditions stipulated below：

Commodity & Specification	Quantity	Unit Price	Amount
Total			
TOTAL CONTRACT VALUE：			

Size assortment for Style No. 6001： Unit：pair

Size	8	9	10	11	12	13	14	Total
Quantity								

Size assortment for Style No. 6002： Unit：pair

Size	5	6	7	8	9	10	Total
Quantity							

PACKING:

MARKS:

PORT OF LOADING AND DESTINATION:

TIME OF SHIPMENT:

TERMS OF PAYMENT:

INSURANCE:
Covered by the Buyer.

DOCUMENTS:
+
+
+
+
+

OTHER CLAUSES: OMITTED.

In witness thereof, this S/C is signed by both parties in two original copies, each party holds one copy.

Signed by:

THE SELLER:	**THE BUYER:**
Fujian Huihui I/E Co., Ltd.	Martin Footwear Inc.
李惠惠	Martin Smith

『实训项目5-3』

上接『实训项目4-3』，2018年6月11日，青岛管文有限公司外贸业务员罗文斌通过与Soni Co., Ltd. 的总经理Soni反复磋商，最终达成了一致协议，主要磋商结果如表5-7所示。

表5-7　　磋商结果

1. 品名、数量、单价和金额：

品名		数量	单价 FOB中国港口	金额
门把手	DH5010	4 000副	9.50美元/副	38 000美元
	DH5020	5 000副	9.80美元/副	49 000美元
水平仪	19161	8 400把	12.50美元/把	105 000美元
	19163	14 400把	14.20美元/把	204 480美元

2. 包装：每副门把手装1个泡沫纸袋，装入1个出口标准内盒，每20个内盒装1个标准出口纸箱；每把水平仪装1个泡沫纸袋，装入1个出口标准内盒，每60个内盒装1个标准出口纸箱。
3. 运输：最迟在2018年7月31日装运，不允许转运，不允许分批装运。
4. 付款：20%货款合同签订日后15天内T/T支付，80%货款D/P即期支付。
5. 保险：由买方投保。
6. 装运通知：卖方在提单日后3天内发给买方装运通知，显示船名、航次，装运日期，唛头，这批货物的数量、毛重和净重。

【任务1】接受时核算总出口利润率和换汇成本

罗文斌根据与国外客户、国内供应商达成的价格，核算以国内出口总成本为基数的整笔业务的总出口利润率和换汇成本。(2018年6月11日美元买入价为：1美元=6.39元人民币)

【任务2】签订出口合同

2018年6月11日，罗文斌根据与Soni Co., Ltd. 达成的协议条款，填写号码为GW2018059出口合同（见表5-8）条款，使其完整。

表5-8　　出口合同

QINGDAO GUANWEN CO., LTD.

No. 21 Heping St., Qingdao, China

Tel: 0086-532-8391921　Fax: 0086-532-8391922

S/C No.: GW2018059　　Date: June 11, 2018

SALES CONTRACT

TO: Soni Co., Ltd.

No. 9, Aza Shinbo, Ohaza Yamaya, Osaka, Japan

Tel: 0081-665-39-3128

Fax: 0081-665-39-3129

Dear sirs,

We hereby confirm having sold to you the following goods on terms and conditions as specified below:

1. Commodity	2. Quantity	3. Unit Price	4. Amount
Total			
Total Contract Value:			

5. Packing：

6. Shipment：

7. Payment：

8. Shipping Advice：

9. Other Clauses： Omitted.

This S/C is signed by both parties in two original copies，each party holds one copy.

THE BUYER：
Soni Co.，Ltd.
soni

THE SELLER：
QINGDAO GUANWEN CO.，LTD.
管文

实训 6

审证和改证业务操作

实训目标

通过实训，学生能根据外贸合同审出信用证中的问题条款，能针对问题条款提出修改意见，能书写信用证改证函。

示范项目

2019 年 1 月 14 日，浙江安妮进出口有限公司外贸业务员叶聪华收到了中国银行浙江省分行国际业务部发来的信用证通知书（见表 6 - 1），告知 Dari GmbH & Co. KG 已经通过中国银行汉堡分行（Bank of China Hamburg Branch）开来信用证（见表 6 - 2）。

表 6－1　　信用证通知书

中国银行股份有限公司浙江省分行
BANK OF CHINA LIMITED
ZHEJIANG BRANCH
ADDRESS：321 FENGQI ROAD，HANGZHOU　　ED09

信用证通知书
NOTIFICATION OF DOCUMENTARY CREDIT

CABLE：6892
TELEX：35019 BOCHZ CN
SWIFT：BKCH CNBJ910
FAX：85010842　　2019－01－14

<table>
<tr><td colspan="2">To：致
ZHEJIANG ANNIE IMPORT AND EXPORT CO.，LTD.</td><td colspan="2">WHEN CORRESPONDING AD91005305427
PLEASE QUTOTE REF. NO.</td></tr>
<tr><td colspan="2">ISSUING BANK 开证行
BANK OF CHINA HAMBURG BRANCH</td><td colspan="2">TRANSMITTED TO US THROUGH 传递行
REF. NO.
REIM BANK</td></tr>
<tr><td>L/C NO. 信用证号
LC－520－046789</td><td>DATED 开证日期
2019－01－14</td><td>AMOUNT 金额
USD33 316.80</td><td>EXPIRY PLACE 有效地
LOCAL</td></tr>
<tr><td>EXPIRY DATE 有效期
2019－02－14</td><td>TENOR 期限
30 DAYS</td><td>CHARGE 未付费用
RMB200.00</td><td>CHARGE BY 费用承担人
ANNIE</td></tr>
<tr><td>RECEIVED VIA 来证方式
SWIFT</td><td>AVAILABLE 信用证是否有效
VALID</td><td>TEST/SIGN 印押是否相符
YES</td><td>CONFIRM 我行是否保兑
NO</td></tr>
</table>

DEAR SIRS，迳启者：
WE HAVE PLEASURE IN ADVISING YOU THAT WE HAVE RECEIVED FROM BANK OF CHINA HAMBURG BRANCH A(N) LETTER OF CREDIT，CONTENTS OF WHICH ARE AS PER ATTACHED SHEET(S). THIS ADVICE AND THE ATTACHED SHEET(S) MUST ACCOMPANY THE RELATIVE DOCUMENTS WHEN PRESENTED FOR NEGOTIATION.
兹通知贵司，我行收到自上述银行发来信用证一份，现随附通知。贵司交单时，请将本通知书及信用证一并提交。

REMARK 备注：
PLEASE NOTE THAT THIS ADVICE DOES NOT CONSTITUTE OUR CONFIRMATION OF THE ABOVE L/C NOR DOES IT CONVEY ANY ENGAGEMENT OR OBLIGATION ON OUR PART.
限制中行议付。
THIS L/C CONSISTS OF TWO SHEETS，INCLUDING THE COVERING LETTER AND ATTACHMENT(S).
本信用证连同面函及附件共 2 张。
IF YOU FIND ANY TERMS AND CONDITIONS IN THE L/C WHICH YOU ARE UNABLE TO COMPLY WITH AND/OR ANY ERRORS，IT IS SUGGESTED THAT YOU CONTACT APPLICANT DIRECTLY FOR NECESSARY AMENDMENT(S) SO AS TO AVOID ANY DIFFICULTIES WHICH MAY ARISE WHEN DOCUMENTS ARE PRESENTED.
如本信用证中有无法办到的条款及/或错误，请迳与开证申请人联系，进行必要的修改，以排除交单时可能发生的问题。
THIS L/C IS ADVISED SUBJECT TO ICC UCP PUBLICATION NO. 600.
本信用证之通知系遵循国际商会《跟单信用证统一惯例》第 600 号出版物办理。

YOURS FAITHFULLY，
FOR **BANK OF CHINA ZHEJIANG BRANCH**

表 6－2　　信用证

MT 700	ISSUE OF A DOCUMENTARY CREDIT
SENDER	BANK OF CHINA HAMBURG BRANCH
RECEIVER	BANK OF CHINA ZHEJIANG BRANCH
SEQUENCE OF TOTAL	27　: 1/1
FORM OF DOC. CREDIT	40A: IRREVOCABLE
DOC. CREDIT NUMBER	20　: LC－520－046789
DATE OF ISSUE	31C: 190114
DATE AND PLACE OF EXPIRY	31D: DATE 190214 PLACE IN CHINA
APPLICANT	50　: DARI GMBH & CO. KG DOMSTRASSE 99, D－20095 HAMBURG, GERMANY
BENEFICIARY	59　: ZHEJIANG ANNIE IMPORT AND EXPORT CO., LTD. NO. 1298 HUAXING ROAD, HANGZHOU, CHINA
AMOUNT	32B: CURRENCY USD AMOUNT 33 316.80
AVAILABLE WITH/BY	41D: ANY BANK IN CHINA, BY NEGOTIATION
DRAFTS AT ...	42C: 30 DAYS AFTER SIGHT
DRAWEE	42A: BANK OF CHINA, NEW YORK
PARTIAL SHIPMENT	43P: PROHIBITED
TRANSHIPMENT	43T: PROHIBITED
PORT OF LOADING/ AIRPORT OF DEPARTURE	44E: SHANGHAI, CHINA
PORT OF DISCHARGE	44F: HAMBURG, GERMANY
LATEST DATE OF SHIPMENT	44C: 190214
DESCRIPTION OF GOODS AND/OR SERVICES	45A: FORGED BRASS BALL VALVES, ARTICLE NO. V10033, FULL PORT, NICKEL PLATED, BSP THREAD

SIZE	QUANTITY	UNIT PRICE	AMOUNT
1/2″	4 320SETS	USD1.18/SET	USD5 097.60
3/4″	4 000SETS	USD1.65/SET	USD6 600.00
1″	2 400SETS	USD2.40/SET	USD5 760.00
$1\frac{1}{4}''$	1 296SETS	USD4.00/SET	USD5 184.00
$1\frac{1}{2}''$	960SETS	USD5.30/SET	USD5 088.00
2″	576SETS	USD9.70/SET	USD5 587.20

TRADE TERMS: FOB SHANGHAI

DOCUMENTS REQUIRED	46A: + COMMERCIAL INVOICE SIGNED IN TRIPLICATE. + PACKING LIST IN TRIPLICATE. + CERTIFICATE OF ORIGIN IN DUPLICATE ISSUED BY CHAMBER OF COMMERCE OR CCPIT. + FULL SET (3/3) OF CLEAN ON BOARD OCEAN BILL OF LADING MADE OUT TO APPLICANT MARKED "FREIGHT COLLECT" AND NOTIFY APPLICANT.

		+ CERTIFICATE'S CERTIFIED COPY OF FAX DISPATCHED TO THE BUYER WITHIN ONE DAY AFTER SHIPMENT ADVISING L/C NO., NAME, QUANTITY AND AMOUNT OF GOODS, NUMBER OF PACKAGES, NAME OF VESSEL AND VOYAGE NO., AND DATE OF SHIPMENT.
ADDITIONAL CONDITION	47A :	+ THE NUMBER AND THE DATE OF THIS CREDIT MUST BE QUOTED ON ALL DOCUMENTS. + TELEGRAPHIC REIMBUESEMENT CLAIM PROHIBTED. + A DISCREPANCY FEE OF USD60.00 OR EQUIVALENT SHOULD BE DEDUCTED FROM THE PROCEEDS IF DOCUMENTS ARE PRESENTED WITH DISCREPANCY/IES. + BENEFICIARY'S CERTIFICATE IS REQUIRIED STATING THAT ORIGINAL CERTIFICATE OF ORIGIN FORM A HAS BEEN SENT TO THE APPLICANT BY SPEED POST.
CHARGES	71B :	ALL CHARGES AND COMMISSIONS ARE FOR ACCOUNT OF BENEFICIARY.
CONFIRMATION INSTRUCTION	49 :	WITHOUT
INFORMATION TO PRESENTING BANK	78 :	ALL DOCUMENTS ARE TO BE REMITTED IN ONE LOT BY COURIER TO BANK OF CHINA HAMBURG BRANCH, TRADE SERVICES, RATHAUSMARKT 5, 20095 HAMBURG, GERMANY.

此时，外贸业务员叶聪华的工作任务包括：

【任务 1】审证

外贸业务员叶聪华根据 AN1900157 出口合同，审核 LC－520－046789 信用证，找出问题条款，并针对问题条款提出修改意见。

【任务 2】改证

外贸业务员叶聪华根据审证结果，给 Dari GmbH & Co. KG 的经理 Phillip Duncan 拟写并发送信用证改证函。

示范操作

任务 1　审证

1. 读懂信用证条款

外贸业务员叶聪华熟悉了 LC－520－046789 信用证条款内容，特别是信用证开证日期、有效期、交单地点、金额、交单期、装运期、单据要求等主要条款的含义。

2. 审核信用证，找出问题条款

外贸业务员叶聪华对照 AN1900157 出口合同条款，逐条审核 LC－520－046789 信用证各条款，发现如下不符情况：

(1) 信用证规定的有效期与最迟装运期为同一天，即双到期。由于信用证未规定交单期，根据《UCP600》的规定，交单期为装运期后21天内，但不迟于信用证有效期。受益人要在信用证有效期内交单，则必须比有效期提前几天装运，这就会使实际装运期早于合同规定的装运期，容易造成受益人迟装运，对受益人不利。

(2) 信用证中汇票的付款期限“30 DAYS AFTER SIGHT”错误，正确的是“AT SIGHT”。

(3) 信用证中规定禁止转运，与出口合同规定不一致。

(4) 信用证货物描述栏中，贸易术语“FOB SHANGHAI”错误，合同规定为“CFR HAMBURG”。

(5) 信用证海运提单条款中，提单抬头“TO APPLICANT”对受益人非常不利，应该为“TO ORDER”，“FREIGHT COLLECT”应该为“FREIGHT PREPAID”。

(6) 信用证费用条款“ALL CHARGES AND COMMISSIONS ARE FOR ACCOUNT OF BENEFICIARY.”不合理，因为开证行费用理应由开证申请人承担。

(7) 信用证增加了一般产地证直接寄开证申请人的受益人证明单据。

3. 对信用证的问题条款提出修改意见

外贸业务员叶聪华对于以上审核出来的问题条款，分别按以下原则处理如下：

▲对我方不利，但是在不增加或基本不增加成本的情况下可以完成，可以不改。

问题条款：

(1) 信用证中规定禁止转运，与出口合同规定不一致。

(2) 信用证增加了一般产地证直接寄开证申请人的受益人证明单据。

▲对我方不利，在增加较大成本的情况下可以完成，若对方愿意承担成本，则不改；否则，要改。

问题条款：

(1) 信用证中汇票的付款期限“30 DAYS AFTER SIGHT”错误，正确的是“AT SIGHT”。

(2) 信用证费用条款“ALL CHARGES AND COMMISSIONS ARE FOR ACCOUNT OF BENEFICIARY.”不合理，因为开证行费用理应由开证申请人承担。

▲对我方不利，若不改会严重影响安全收汇，则坚决要改。

问题条款：

(1) 信用证规定的有效期与最迟装运期为同一天，即双到期。由于信用证未规定交单期，根据《UCP600》的规定，交单期为装运期后21天内，但不迟于信用证有效期。受益人要在信用证有效期内交单，则必须比有效期提前几天装运，这就会使实际装运期早于合同规定的装运期，容易造成受益人迟装运，对受益人不利。

（2）信用证货物描述栏中，贸易术语“FOB SHANGHAI”错误，合同规定为“CFR HAMBURG”。

（3）信用证海运提单条款中，提单抬头“TO APPLICANT”对受益人非常不利，应该为“TO ORDER”，“FREIGHT COLLECT”应该为“FREIGHT PREPAID”。

最后，外贸业务员叶聪华提出的修改意见为：

（1）信用证规定的有效期改为2019年3月7日，比最迟装运期2019年2月14日晚21天，与交单期相匹配；

（2）信用证中汇票的付款期限“30 DAYS AFTER SIGHT”错误，改为“AT SIGHT”；

（3）信用证货物描述栏中，贸易术语“FOB SHANGHAI”错误，改为“CFR HAMBURG”；

（4）信用证海运提单条款中，提单抬头“TO APPLICANT”对受益人非常不利，改为“TO ORDER”，“FREIGHT COLLECT”改为“FREIGHT PREPAID”；

（5）信用证费用条款改为“ALL CHARGES AND COMMISSIONS OUTSIDE ISSUING BANK ARE FOR ACCOUNT OF BENEFICIARY.”。

任务2　改证

外贸业务员叶聪华给Dari GmbH & Co. KG的经理Phillip Duncan书写并发送信用证改证函（见表6-3）。

表6-3　信用证改证函

Dear Mr. Duncan, We are glad to receive your L/C No. LC-520-046789 issued by Bank of China Hamburg Branch. But we found that it contained some discrepancies with S/C No. AN1900157. Please instruct the issuing bank to amend the L/C a. s. a. p. The L/C should be amended as follows: (1) Under field 31D, the date of expiry amends to "190307". (2) Under field 42C, the tenor of draft is "AT SIGHT" instead of "30 DAYS AFTER SIGHT". (3) Under field 45A, "FOB SHANGHAI" amends to "CFR HAMBURG". (4) Under field 46A, the consignee of B/L should be "TO ORDER" not "TO APPLICANT", "FREIGHT COLLECT" amends to "FREIGHT PREPAID". (5) Under field 71B, the charge clause amends to "ALL CHARGES AND COMMISSIONS OUTSIDE ISSUING BANK ARE FOR ACCOUNT OF BENEFICIARY.". Thank you for your kind cooperation. Please see to it that L/C amendment reach us not later than Jan. 21, 2019. Failing which we shall not be able to effect shipment. Waiting for your reply soon. Yours faithfully, Ye Conghua Zhejiang Annie Import and Export Co., Ltd. No. 1298 Huaxing Road, Hangzhou, China Tel: 0086-571-89991357 Fax: 0086-571-89991358 E-mail: conghuaye@annie.com.cn

实训
项目

『实训项目 6 - 1』

上接『实训项目 5 - 1』，2019 年 1 月 9 日，江苏汉典有限公司外贸业务员陈惠收到了中国农业银行南京市分行国际业务部发来的信用证通知书，告知 KCC India Limited 已经通过 Ing Vysya Bank Ltd. 开来信用证（见表 6 - 4）。

表 6 - 4　　信用证

RECEIVED FROM		VYSAINBBOSB ING VYSYA BANK LTD.
MESSAGE TYPE		MT 700 ISSUE OF A DOCUMENTARY CREDIT
DATE		JAN. 9, 2019
SEQUENCE OF TOTAL	27 :	1/1
FORM OF DOCUMENTARY CREDIT	40A :	IRREVOCABLE
DOCUMENTARY CREDIT NUMBER	20 :	98097656
DATE OF ISSUE	31C :	190109
APPLICABLE RULES	40E :	UCP LATEST VERSION
DATE AND PLACE OF EXPIRY	31D :	DATE 190209 PLACE IN CHINA
APPLICANT	50 :	KCC INDIA LIMITED 11 FAIZ-E-EDROOS 288/289 NARSI NATHA STREET, MUMBAI, 400009, INDIA
BENEFICIARY	59 :	JIANGSU HANDIAN CORPORATION NO. 908 TIANSHAN RD., NANJING, 210018, CHINA
AMOUNT	32B :	CURRENCY USD AMOUNT 108 000. 00
AVAILABLE WITH/BY	41D :	THE AGRICULTURAL BANK OF CHINA NANJING BRANCH, BY NEGOTIATION
DRAFTS AT ...	42C :	60 DAYS AFTER SIGHT
DRAWEE	42A :	APPLICANT
PARTIAL SHIPMENT	43P :	PROHIBITED
TRANSHIPMENT	43T :	PROHIBITED
PORT OF LOADING/AIRPORT OF DEPARTURE	44E :	SHANGHAI, CHINA
PORT OF DISCHARGE	44F :	NHAVA SHEVA, INDIA
DESCRIPTION OF GOODS AND/OR SERVICES	45A :	120MT OF ALUMINIUM FIN STRIPS, 1MM×1 200 MM, 150MPA, SEAMLESS, AT USD900. 00/MT, CFR NHAVA SHEVA
DOCUMENTS REQUIRED	46A :	+ COMMERCIAL INVOICE SIGNED IN INK IN QUINTUPLICATE CERTIFYING THAT THE GOODS SHIPPED ARE AS PER CONTRACT NUMBER HD19067 DATED JAN. 4, 2019. + PACKING LIST IN QUINTUPLICATE. + CERTIFICATE OF ORIGIN IN DUPLICATE ISSUED BY CHAMBERS OF COMMERCE OR CCPIT.

		+ 2/3 SET OF CLEAN ON BOARD OCEAN BILL OF LADING MADE OUT TO THE ORDER OF ING VYSYA BANK LTD., TRADE FINANCE UNIT, PATEL CHAMBERS, OPERA HOUSE, MUMBAI, 400007, INDIA MARKED "FREIGHT PREPAID" AND NOTIFYING ING VYSYA BANK LTD., TRADE FINANCE UNIT, PATEL CHAMBERS, OPERA HOUSE, MUMBAI, 400007, INDIA AND APPLICANT BEARING L/C NO. AND DATE. SHORT FORM OF BILL OF LADING IS NOT ACCEPTABLE. + INSURANCE POLICY/CERTIFICATE IN DUPLICATE MADE OUT TO ORDER ENDORSED IN BLANK FOR 120% INVOICE VALUE, COVERING ALL RISKS AND WAR RISKS OF CIC OF PICC INCL. WAREHOUSE TO WAREHOUSE AND I.O.P AND SHOWING THE CLAIMING CURRENCY IS THE SAME AS THE CURRENCY OF CREDIT. + BENEFICIARY'S CERTIFICATE CERTIFYING THAT ONE ORIGINAL OF BILL OF LADING, ONE COPY OF COMMERCIAL INVOICE AND PACKING LIST RESPECTIVELY HAVE MAILED TO THE APPLICANT BY DHL WITHIN THREE WORKING DAYS AFTER BILL OF LADING DATE. + LLOYD'S/OR STEAMER COMPANY'S CERTIFICATE ISSUED BY THE SHIPPING COMPANY OR ITS AGENTS CERTIFYING THAT THE CARRYING VESSEL IS SEAWORTHY AND IS NOT MORE THAN 20 YEARS OLD AND IS REGISTERED WITH AN APPROVED CLASSIFICATION SOCIETY AS PER THE INSTITUTE CLASSIFICATION CLAUSE AND CLASS MAINTAINED IS EQUIVALENT TO LLOYD 100A1. + CERTIFICATE'S CERTIFIED COPY OF FAX DISPATCHED TO THE BUYER WITHIN THREE DAYS AFTER SHIPMENT ADVISING L/C NUMBER, NAME, QUANTITY AND AMOUNT OF GOODS, NUMBER OF PACKAGES, CONTAINER NUMBER, NAME OF VESSEL AND VOYAGE NUMBER, AND DATE OF SHIPMENT.
ADDITIONAL CONDITIONS	47A:	+ ALL DOCUMENTS SHOULD BE DATED ON OR LATER OF THIS LETTER OF CREDIT AND BEAR THE LETTER OF CREDIT NUMBER AND DATE. + SHIPMENT TO BE EFFECTED NOT EARLIER THAN 7 DAYS BEFORE LATEST DATE OF SHIPMENT AS PER THIS CREDIT.

		+ ALL PRESENTATIONS CONTAINING DISCREPANCIES WILL ATTRACT A DISCREPANCY FEE OF USD50.00 PLUS TELEX COSTS OR OTHER CURRENCY EQUIVALENT. THIS CHARGE WILL BE DEDUCTED FROM THE BILL AMOUNT WHETHER OR NOT WE ELECT TO CONSULT THE APPLICANT FOR A WAIVER. + BENEFICIARY'S USANCE DRAFTS MUST BE NEGOTIATED AT SIGHT BASIS AND ACCEPTANCE COMMISSION AND DISCOUNT CHARGE ARE FOR APPLICANT'S ACCOUNT.
CHARGES	71B	: ALL BANK CHARGES OUTSIDE INDIA ARE FOR ACCOUNT OF BENEFICIARY.
PERIOD FOR PRESENTATION	48	: WITHIN 5 DAYS AFTER THE DATE OF SHIPMENT, BUT WITHIN THE VALIDITY OF THIS CREDIT.
CONFIRMATION INSTRUCTION	49	: WITHOUT
INSTRUCTION TO THE PAYING/ACCEPTING/NEGOTIATING BANK	78	: + NEGOTIATION INVOLVING INVOICE EXCEEDING L/C AMOUNT IS STRICTLY PROHIBITED. + ALL DOCUMENTS TO BE DESPATCHED IN ONE SET BY COURIER TO ING VYSYA BANK LTD., TRADE FINANCE UNIT, PATEL CHAMBERS, OPERA HOUSE, MUMBAI, 400007, INDIA. + UPON PRESENTATION TO US OF DRAFTS AND DOCUMENTS IN STRICT COMPLIANCE WITH TERMS AND CONDITIONS OF THIS CREDIT, WE WILL REMIT THE PROCEEDS ON DUE DATE AS PER THE NEGOTIATING BANK'S INSTRUCTIONS. + EXCEPT AS OTHERWISE EXPRESSLY STATED, THIS CREDIT IS SUBJECT TO UCPDC (2007 VERSION) ICC PUBLICATION NO. 600.
SENDER TO RECEIVER INFORMATION	72	: PLEASE ADVISE AND ACKNOWLEDGE THE RECEIPT.

【任务 1】审证

陈惠根据 HD19076 出口合同，审核以上信用证，找出问题条款，并针对问题条款提出修改意见。

【任务 2】改证

陈惠根据审证结果，给 KCC India Limited 的经理 Abdul Najeeb 拟写并发送信用证改证函。

『实训项目 6-2』

上接『实训项目 5-2』，2018 年 6 月 20 日，福建惠惠进出口有限公司收到美国 Martin Footwear Inc. 电汇过来的 20 415.60 美元预付款，并于 6 月 29 日收到中国银行福建省分行国际业务部开来的信用证通知书，告知 Martin Footwear Inc. 已经通过中国银行纽约分行开来信用证（见表 6-5）。

表 6-5　　信用证

MT 700	ISSUE OF A DOCUMENTARY CREDIT
SEQUENCE OF TOTAL	27 : 1 / 1
FORM OF DOC. CREDIT	40A : IRREVOCABLE
DOC. CREDIT NUMBER	20 : LC8900023
DATE OF ISSUE	31C : 180628
APPLICABLE RULES	40E : UCP LATEST VERSION
DATE AND PLACE OF EXPIRY	31D : DATE 180921 PLACE IN U. S. A.
APPLICANT	50 : MARTIN FOOTWEAR INC. NO. 30 SW BROADWAY PORTLAND OR 97207, U. S. A.
BENEFICIARY	59 : FUJIAN HUIHUI I/E CO., LTD. NO. 23 SHENGLI RD., FUZHOU, CHINA
AMOUNT	32B : CURRENCY USD AMOUNT 68 052.00
AVAILABLE WITH/BY	41D : ANY BANK IN CHINA, BY NEGOTIATION
DRAFTS AT...	42C : 30 DAYS AFTER SIGHT
DRAWEE	42A : BANK OF CHINA, NEW YORK
TRANSHIPMENT	43T : ALLOWED
PORT OF LOADING/ AIRPORT OF DEPARTURE	44E : XIAMEN, CHINA

PORT OF DISCHARGE	44F :	OAKLAND, U. S. A.
SHIPMENT PERIOD	44D :	1 356PAIRS OF STYLE NO. 6001 AND 624PAIRS OF STYLE NO. 6002 SHIPPED IN JULY 2018. 1 356 PAIRS OF STYLE NO. 6001 AND 624PAIRS OF STYLE NO. 6002 SHIPPED IN AUGUST 2018.
DESCRIPTION OF GOODS AND/OR SERVICES	45A :	PAC BOOTS STY. NO.　QUANTITY　UNIT PRICE 6001　2 712PAIRS　USD16. 50/PAIR 6002　1 248PAIRS　USD17. 50/PAIR AT FOB SHANGHAI
DOCUMENTS REQUIRED	46A :	+ SIGNED IN INK INVOICE IN QUADRUPLICATE. + FULL SET OF CLEAN ON BOARD OCEAN BILL OF LADING MARKED "FREIGHT COLLECT" MADE OUT TO ORDER OF ISSUING BANK NOTIFYING C. H. JACKSON INTERNATIONAL INC., 1 400 CHARLSON ROAD SUITE 400 EDEN PRAIRIE, MN 55346, PHONE: 952 - 352 - 1101, FAX: 952 - 352 - 1111. + PACKING LIST IN QUADRUPLICATE. + CERTIFICATE OF ORIGIN IN DUPLICATE ISSUED BY THE MANUFACTURER. + SHIPPING ADVICE SHOWING THE NAME OF THE CARRYING VESSEL, DATE OF SHIPMENT, MARKS, QUANTITY, NET WEIGHT AND GROSS WEIGHT OF THE SHIPMENT TO APPLICANT WITHIN 1 DAY AFTER THE DATE OF BILL OF LADING.
ADDITIONAL CONDITION	47A :	+ ALL DOCUMENTS MUST INDICATE THE NUMBER OF THIS CREDIT. + ALL PRESENTATIONS CONTAINING DISCREPANCIES WILL ATTRACT A DISCREPANCY FEE OF USD50. 00 PLUS TELEX COSTS OR OTHER CURRENCY EQUIVALENT. THIS CHARGE WILL BE DEDUCTED FROM THE BILL AMOUNT WHETHER OR NOT WE ELECT TO CONSULT THE APPLICANT FOR A WAIVER.
CHARGES	71B :	ALL CHARGES OUT OF ISSUING BANK ARE FOR ACCOUNT OF BENEFICIARY.
CONFIRMATION INSTRUCTION	49 :	WITHOUT
INFORMATION TO PRESENTING BANK	78 :	ALL DOCUMENTS ARE TO BE REMITTED IN ONE LOT BY COURIER TO BANK OF CHINA, NEW YORK, 410 MADISON AVENUE, THE 48th STREET, NEW YORK, NY 10017, U. S. A.

【任务 1】审证

吴俊峰根据 HH18130 出口合同，审核以上信用证，找出问题条款，并针对问题条款提出修改意见。

【任务 2】改证

吴俊峰根据审证结果，给 Martin Footwear Inc. 的总经理 Martin Smith 拟写并发送信用证改证函。

实训 7

签订国内购销合同和生产跟单操作

实训目标

通过实训，学生能根据出口合同条款以及与国内供应商的谈判结果拟定国内购销合同，能进行原材料采购、生产进度、产品质量、产品包装等生产跟单工作。

示范项目

2019 年 1 月 15 日，浙江安妮进出口有限公司叶聪华收到 Dari GmbH & Co. KG 的经理 Phillip Duncan 的回函，同意修改信用证。1 月 18 日，中国银行浙江省分行通知浙江安妮进出口有限公司，中国银行汉堡分行的信用证修改书（见表 7－1）已到。

表 7－1　信用证修改书

MT 707	AMENDMENT TO A DOCUMENTARY CREDIT
SENDER	BANK OF CHINA HAMBURG BRANCH
RECEIVER	BANK OF CHINA ZHEJIANG BRANCH
SENDER'S REFERENCE	20 ：LC－520－046789
RECEIVER'S REFERENCE	21 ：NON
DATE OF ISSUE	31C ：190118
NUMBER OF AMENDMENT	26E ：01

BENEFICIARY (BEFORE THIS AMENDMENT)	59 :	ZHEJIANG ANNIE IMPORT AND EXPORT CO., LTD. NO. 1298 HUAXING ROAD, HANGZHOU, CHINA
NEW DATE AND PLACE OF EXPIRY	31E :	DATE 190307 PLACE IN CHINA
NARRATIVE	79 :	①UNDER FIELD 42C, THE TENOR OF DRAFT IS "AT SIGHT" INSTEAD OF "30 DAYS AFTER SIGHT". ②UNDER FIELD 45A, "FOB SHANGHAI" AMENDS TO "CFR HAMBURG". ③UNDER FIELD 46A, THE CONSIGNEE OF B/L SHOULD BE "TO ORDER" NOT "TO APPLICANT","FREIGHT COLLECT" AMENDS TO "FREIGHT PREPAID". ④ UNDER FIELD 71B, THE CHARGE CLAUSE AMENDS TO " ALL CHARGES AND COMMISSIONS OUTSIDE ISSUING BANK ARE FOR ACCOUNT OF BENEFICIARY. ". OTHER TERMS AND CONDITIONS REMAIN UNCHANGED. AMENDMENT FEE USD25.00 AND CABLE FEE USD30.00 ARE FOR A/C OF APPLICANT. SUBJECT TO UCPDC (2007 REVISION) ICC PUB. NO. 600.

在接受改证后，信用证修改书成了原信用证的组成部分，并替代原信用证对应条款而使其失效。为了以后更好地操作业务，可以用信用证修改书替代原信用证对应条款，进而产生一份新的信用证（见表7-2）。

表7-2　　新信用证

MT 700		ISSUE OF A DOCUMENTARY CREDIT
SENDER		BANK OF CHINA HAMBURG BRANCH
RECEIVER		BANK OF CHINA ZHEJIANG BRANCH
SEQUENCE OF TOTAL	27 :	1 / 1
FORM OF DOC. CREDIT	40A :	IRREVOCABLE
DOC. CREDIT NUMBER	20 :	LC-520-046789
DATE OF ISSUE	31C :	190114
DATE AND PLACE OF EXPIRY	31D :	DATE 190307 PLACE IN CHINA
APPLICANT	50 :	DARI GMBH & CO. KG DOMSTRASSE 99, D-20095 HAMBURG, GERMANY
BENEFICIARY	59 :	ZHEJIANG ANNIE IMPORT AND EXPORT CO., LTD. NO. 1298 HUAXING ROAD, HANGZHOU, CHINA
AMOUNT	32B :	CURRENCY USD AMOUNT 33 316.80
AVAILABLE WITH/BY	41D :	ANY BANK IN CHINA, BY NEGOTIATION
DRAFTS AT...	42C :	AT SIGHT
DRAWEE	42A :	BANK OF CHINA, NEW YORK
PARTIAL SHIPMENT	43P :	PROHIBITED

TRANSHIPMENT	43T：PROHIBITED
PORT OF LOADING/ AIRPORT OF DEPARTURE	44E：SHANGHAI, CHINA
PORT OF DISCHARGE	44F：HAMBURG, GERMANY
LATEST DATE OF SHIPMENT	44C：190214
DESCRIPTION OF GOODS AND/OR SERVICES	45A：FORGED BRASS BALL VALVES, ARTICLE NO. V10033, FULL PORT, NICKEL PLATED, BSP THREAD

SIZE	QUANTITY	UNIT PRICE	AMOUNT
1/2″	4 320SETS	USD1.18/SET	USD5 097.60
3/4″	4 000SETS	USD1.65/SET	USD6 600.00
1″	2 400SETS	USD2.40/SET	USD5 760.00
$1\frac{1}{4}$″	1 296SETS	USD4.00/SET	USD5 184.00
$1\frac{1}{2}$″	960SETS	USD5.30/SET	USD5 088.00
2″	576SETS	USD9.70/SET	USD5 587.20

TRADE TERMS: CFR HAMBURG

DOCUMENTS REQUIRED	46A：+ COMMERCIAL INVOICE SIGNED IN TRIPLICATE. + PACKING LIST IN TRIPLICATE. + CERTIFICATE OF ORIGIN IN DUPLICATE ISSUED BY CHAMBER OF COMMERCE OR CCPIT. + FULL SET (3/3) OF CLEAN ON BOARD OCEAN BILL OF LADING MADE OUT TO ORDER MARKED "FREIGHT PREPAID" AND NOTIFY APPLICANT. + CERTIFICATE'S CERTIFIED COPY OF FAX DISPATCHED TO THE BUYER WITHIN ONE DAY AFTER SHIPMENT ADVISING L/C NO., NAME, QUANTITY AND AMOUNT OF GOODS, NUMBER OF PACKAGES, NAME OF VESSEL AND VOYAGE NO., AND DATE OF SHIPMENT.
ADDITIONAL CONDITION	47A：+ THE NUMBER AND THE DATE OF THIS CREDIT MUST BE QUOTED ON ALL DOCUMENTS. + TELEGRAPHIC REIMBUESEMENT CLAIM PROHIBTED. + A DISCREPANCY FEE OF USD60.00 OR EQUIVALENT SHOULD BE DEDUCTED FROM THE PROCEEDS IF DOCUMENTS ARE PRESENTED WITH DISCREPANCY/IES. + BENEFICIARY'S CERTIFICATE IS REQUIRIED STATING THAT ORIGINAL CERTIFICATE OF ORIGIN FORM A HAS BEEN SENT TO THE APPLICANT BY SPEED POST.
CHARGES	71B：ALL CHARGES AND COMMISSIONS OUTSIDE ISSUING BANK ARE FOR ACCOUNT OF BENEFICIARY.
CONFIRMATION INSTRUCTION	49：WITHOUT

INFORMATION TO PRESENTING BANK	78 :	ALL DOCUMENTS ARE TO BE REMITTED IN ONE LOT BY COURIER TO BANK OF CHINA HAMBURG BRANCH, TRADE SERVICES, RATHAUSMARKT 5, 20095 HAMBURG, GERMANY.

【任务1】签订国内购销合同

2019年1月15日，外贸业务员叶聪华需根据出口合同以及与浙江玉环福可阀门厂达成的主要协议条款（见表7-3），拟定一份号码为19AN89的国内购销合同。

表7-3　　主要协议条款

1. 商品、数量、单价：

品名	规格（英寸）	数量（套）	含税价（元/套）
黄铜球阀，货号V10033，全通径，镀镍，BSP螺纹	1/2	4 320	7.88
	3/4	4 000	11.25
	1	2 400	16.32
	$1\frac{1}{4}$	1 296	27.00
	$1\frac{1}{2}$	960	36.01
	2	576	65.26
合计		13 552	

2. 包装：先用出口标准纸箱包装，纸箱达到以下技术要求：耐破强度为1 500kPa，边压强度为8 500 N/M，戳穿强度为100kg/cm。然后用木托盘装。正唛包括Dari、销售合同号码、目的港名称和箱号，侧唛包括货号、规格、纸箱尺寸和装箱量。
3. 交货地点：在上海港指定仓库交货。
4. 交货期：2019年2月2日前。
5. 付款：交货后1周内支付。

【任务2】生产跟单操作

浙江玉环福可阀门厂的包装方案是先用出口标准纸箱包装，然后用木托盘装。出口纸箱包装情况如表7-4所示。

表7-4　　出口纸箱包装情况

规格（英寸）	纸箱尺寸	每箱净重（千克）	每箱毛重（千克）	装箱量（套）	箱数（箱）
1/2	36厘米×26厘米×36厘米	25.60	26.60	160	27
3/4	39厘米×22厘米×27厘米	23.00	24.00	100	40
1	39厘米×22厘米×27厘米	21.00	22.00	60	40
$1\frac{1}{4}$	36厘米×20厘米×36厘米	19.50	20.50	36	36
$1\frac{1}{2}$	39厘米×22厘米×27厘米	17.50	18.50	24	40
2	36厘米×20厘米×36厘米	20.50	21.50	16	36
合计					219

除了订单中提到的装箱要求之外，Dari GmbH & Co. KG 还要求纸箱达到以下技术要求：耐破强度为 1 500kPa，边压强度为 8 500N/M，戳穿强度为 100kg/cm。如果以上三种纸箱采用同一种瓦楞纸箱：

（1）请外贸业务员叶聪华查表 7－5 和表 7－6，选择最合适的包装材料。

（2）根据出口合同的要求设计唛头。

表 7－5　　瓦楞纸箱分类

种类	内装物最大重量(kg)	最大综合尺寸(mm)	代号						
			瓦楞结构	1类		2类		3类	
				纸板	纸箱	纸板	纸箱	纸板	纸箱
单瓦楞纸箱	5	700	单瓦楞	S－1.1	BS－1.1	S－2.1	BS－2.1	S－3.1	BS－3.1
	10	1 000		S－1.2	BS－1.2	S－2.2	BS－2.2	S－3.2	BS－3.2
	20	1 400		S－1.3	BS－1.3	S－2.3	BS－2.3	S－3.3	BS－3.3
	30	1 750		S－1.4	BS－1.4	S－2.4	BS－2.4	S－3.4	BS－3.4
	40	2 000		S－1.5	BS－1.5	S－2.5	BS－2.5	S－3.5	BS－3.5
双瓦楞纸箱	15	1 000	双瓦楞	D－1.1	BD－1.1	D－2.1	BD－2.1	D－3.1	BD－3.1
	20	1 400		D－1.2	BD－1.2	D－2.2	BD－2.2	D－3.2	BD－3.2
	30	1 750		D－1.3	BD－1.3	D－2.3	BD－2.3	D－3.3	BD－3.3
	40	2 000		D－1.4	BD－1.4	D－2.4	BD－2.4	D－3.4	BD－3.4
	55	2 500		D－1.5	BD－1.5	D－2.5	BD－2.5	D－3.5	BD－3.5

表 7－6　　各类纸箱对瓦楞纸板的技术要求

纸箱种类		纸板代号	耐破强度（kPa）	边压强度（N/M）	戳穿强度（kg/cm）	含水量（%）
单瓦楞	1类	S－1.1	588	4 900	35	10±2
		S－1.2	784	5 880	50	
		S－1.3	1 177	6 860	65	
		S－1.4	1 569	7 840	85	
		S－1.5	1 961	8 820	100	
	2类	S－2.1	409	4 410	30	
		S－2.2	686	5 390	45	
		S－2.3	980	6 370	60	
		S－2.4	1 373	7 350	70	
		S－2.5	1 764	8 330	80	
	3类	S－3.1	392	3 920	30	
		S－3.2	588	4 900	45	
		S－3.3	784	5 880	60	
		S－3.4	1 177	6 860	70	
		S－3.5	1 569	7 840	80	
双瓦楞	1类	D－1.1	784	6 860	75	
		D－1.2	1 177	7 840	90	
		D－1.3	1 569	8 820	105	
		D－1.4	1 961	9 800	128	
		D－1.5	2 550	10 780	140	

续前表

纸箱种类		纸板代号	耐破强度（kPa）	边压强度（N/M）	戳穿强度（kg/cm）	含水量（%）
双瓦楞	2类	D-2.1	686	6 370	90	10±2
		D-2.2	980	7 350	85	
		D-2.3	1 373	8 330	100	
		D-2.4	1 764	9 310	110	
		D-2.5	2 158	10 290	130	
	3类	D-3.1	588	5 880	70	
		D-3.2	784	6 860	85	
		D-3.3	1 177	7 840	100	
		D-3.4	1 569	8 820	110	
		D-3.5	1 961	9 800	130	

示范操作

任务1　签订国内购销合同

2019年1月15日，外贸业务员叶聪华根据出口合同以及与浙江玉环福可阀门厂达成的主要协议条款，拟定如表7-7所示的购销合同，经双方盖章签字确认，合同开始生效。

表7-7　购销合同

购销合同

合同编号：19AN89

签约日期：2019年1月15日
签约地点：杭州

需方：浙江安妮进出口有限公司
地址：浙江省杭州市华星路1298号
电话：0571-89991357
传真：0571-89991358

供方：浙江玉环福可阀门厂
地址：浙江省玉环市利民路35号
电话：0576-89879980
传真：0576-89879987

根据《中华人民共和国合同法》和有关法规，经双方协商签订本合同，并信守下列条款：
1. 商品：

品名	规格	数量（套）	含税价(元/套)	金额（元）	交货期
黄铜球阀，货号V10033，全通径，镀镍，BSP螺纹	1/2″	4 320	7.88	34 041.60	2019年2月2日前
	3/4″	4 000	11.25	45 000.00	
	1″	2 400	16.32	39 168.00	
	$1\frac{1}{4}''$	1 296	27.00	34 992.00	
	$1\frac{1}{2}''$	960	36.01	34 569.60	
	2″	576	65.26	27 589.76	
合计		13 552		225 360.96	
人民币贰拾贰万伍仟叁佰陆拾元玖角陆分					

2. 包装要求：先用出口标准纸箱包装，纸箱达到以下技术要求：耐破强度为 1 500kPa，边压强度为 8 500N/M，戳穿强度为 100kg/cm。然后用木托盘装。 3. 唛头：正唛包括 Dari、销售合同号码、目的港名称和箱号，侧唛包括货号、规格、纸箱尺寸和装箱量。 4. 交货地点：在上海港指定仓库。 5. 付款方式：交货后 1 周内支付。 6. 责任条款： （1）因供方的责任造成国外客户索赔的，其索赔款及因索赔产生的费用由供方承担。 （2）需方已安排供方生产的商品，因外销变化需要作出某些调整或变更的，其修改部分为合同的组成部分。 7. 本合同有效期从 2019 年 1 月 15 日至 2020 年 1 月 14 日。 8. 纠纷处理方法及地点：执行本合同过程中如有争议，双方通过友好协商解决；如协商未能取得一致，则由需方住所地人民法院管辖。 9. 本协议双方签字盖章生效。合同一式两份，供需双方各执一份。 10. 备注： 需方授权代表：叶聪华　　　　供方授权代表：瞿福可 盖章：浙江安妮进出口有限公司　　　　盖章：浙江玉环福可阀门厂

任务 2　生产跟单操作

1. 选择纸箱

由于计划采用同一种瓦楞纸箱，只要内装物重量最大和综合尺寸最大的纸箱能满足国外客户的纸箱技术要求即可。由于规格 1/2 英寸的纸箱综合尺寸为 360＋260＋360＝980 毫米，净重为 25.60 千克，都比另外两种纸箱的综合尺寸和净重要大，因此分析规格 1/2 英寸的纸箱即可。根据规格 1/2 英寸的纸箱综合尺寸和净重情况，可以选择的纸板和对应的纸箱分别为 S－1.4 和 BS－1.4、S－2.4 和 BS－2.4、S－3.4 和 BS－3.4、D－1.3 和 BD－1.3、D－2.3 和 BD－2.3、D－3.3 和 BD－3.3。

由于纸箱要达到以下技术要求：耐破强度为 1 500kPa，边压强度为 8 500N/M，戳穿强度为 100kg/cm。通过分析，D－1.3 是最佳选择。因为 S－2.4、S－3.4、D－2.3 和 D－3.3的耐破强度都低于 1 500kPa 的要求；而 S－1.4 尽管在耐破强度上达到了要求，但是在边压强度和戳穿强度上都低于要求的标准；只有 D－1.3 能同时满足这三项技术要求。

2. 设计唛头

外贸业务员叶聪华根据出口合同中关于唛头的规定："Shipping mark includes Dari, S/C No., port of destination and carton No. Side mark must show the Article No., the size of carton and sets per carton." 设计如表 7－8 和表 7－9 所示的唛头。

表 7－8　　正唛

Dari S/C No.：AN1900157 Port of destination：Hamburg Carton No.：1－219

侧唛有 6 种情况。

表 7 - 9　　侧唛

V10033 1/2″ 36CM×26CM×36CM 160SETS	V10033 3/4″ 39CM×22CM×27CM 100SETS	V10033 1″ 39CM×22CM×27CM 60SETS
V10033 1″～1/4″ 36CM×20CM×36CM 36SETS	V10033 1″～1/2″ 39CM×22CM×27CM 24SETS	V10033 2″ 36CM×20CM×36CM 16SETS

实训项目

『实训项目 7 - 1』

上接『实训项目 6 - 1』，2019 年 1 月 14 日，中国农业银行南京市分行通知江苏汉典有限公司，Ing Vysya Bank Ltd. 的信用证修改书（见表 7 - 10）已到。另外，陈惠同意对方开立假远期信用证。

表 7 - 10　　信用证修改书

MT 707		AMENDMENT TO A DOCUMENTARY CREDIT
SENDER'S REFERENCE	20	: 98097656
RECEIVER'S REFERENCE	21	: NON
DATE OF ISSUE	31C	: 190114
NUMBER OF AMENDMENT	26E	: 01
BENEFICIARY (BEFORE THIS AMENDMENT)	59	: JIANGSU HANDIAN CORPORATION NO. 908 TIANSHAN RD., NANJING, 210018, CHINA
NEW DATE AND PLACE OF EXPIRY	31E	: DATE 190301 PLACE IN CHINA
PERCENTAGE CREDIT AMOUNT TOLERANCE	39A	: 05/05
LATEST DATE OF SHIPMENT	44C	: 190214
NARRATIVE	79	: ①UNDER FIELD 42A, THE DRAWEE OF DRAFT IS "ISSUING BANK" INSTEAD OF "APPLICANT". ②UNDER FIELD 45A, "CFR NHAVA SHEVA" AMENDS TO "CIF NHAVA SHEVA". ③UNDER FIELD 46A, FOR THE COMMERCIAL INVOICE, THE CORRECT CONTRACT NUMBER IS HD13076. ④UNDER FIELD 46A, FOR THE B/L, "2/3 SET" AMENDS TO "FULL SET". ⑤UNDER FIELD 46A, FOR THE INSURANCE POLICY, THE AMOUNT INSURED IS "110% INVOICE

	VALUE" NOT "120% INVOICE VALUE", THE RISK COVERED IS "ALL RISKS" NOT "ALL RISKS AND WAR RISKS". ⑥ UNDER FIELD 46A, FOR THE BENEFICIARY'S CERTIFICATE, IT AMENDS TO "BENEFICIARY'S CERTIFICATE CERTIFYING THAT ONE COPY OF BILL OF LADING, COMMERCIAL INVOICE AND PACKING LIST RESPECTIVELY HAVE MAILED TO THE APPLICANT BY DHL WITHIN THREE WORKING DAYS AFTER BILL OF LADING DATE.". ⑦ UNDER FIELD 47A, INCREASE THE CLAUSE "MORE OR LESS 5 PERCENTAGE OF QUANTITY OF GOODS IS ALLOWED." . ⑧ UNDER FIELD 48, THE PERIOD OF PRESENTATION AMENDS TO "WITHIN 15 DAYS AFTER THE DATE OF SHIPMENT, BUT WITHIN THE VALIDITY OF THIS CREDIT.". OTHER TERMS AND CONDITIONS REMAIN UNCHANGED. AMENDMENT FEE USD25.00 AND CABLE FEE USD30.00 ARE FOR A/C OF APPLICANT. SUBJECT TO UCPDC (2007 REVISION) ICC PUB. NO. 600.

在接受改证后，信用证修改书成了原信用证的组成部分，并替代原信用证对应条款而使其失效。为了以后更好地操作业务，可以用信用证修改书替代原信用证对应条款，进而产生一份新的信用证（见表 7－11）。

表 7－11　　　　新信用证

RECEIVED FROM		VYSAINBBOSB ING VYSYA BANK LTD.
MESSAGE TYPE		MT 700 ISSUE OF A DOCUMENTARY CREDIT
DATE		JAN. 9, 2019
SEQUENCE OF TOTAL	27 :	1 / 1
FORM OF DOCUMENTARY CREDIT	40A :	IRREVOCABLE
DOCUMENTARY CREDIT NUMBER	20 :	98097656
DATE OF ISSUE	31C :	190109
APPLICABLE RULES	40E :	UCP LATEST VERSION
DATE AND PLACE OF EXPIRY	31D :	DATE 190301 PLACE IN CHINA
APPLICANT	50 :	KCC INDIA LIMITED 11 FAIZ-E-EDROOS 288/289 NARSI NATHA STREET, MUMBAI, 400009, INDIA
BENEFICIARY	59 :	JIANGSU HANDIAN CORPORATION NO. 908 TIANSHAN RD., NANJING, 210018, CHINA
AMOUNT	32B :	CURRENCY USD AMOUNT 108 000.00

PERCENTAGE CREDIT AMOUNT TOLERANCE	39A：	05/05
AVAILABLE WITH/BY	41D：	THE AGRICULTURAL BANK OF CHINA NANJING BRANCH, BY NEGOTIATION
DRAFTS AT...	42C：	60 DAYS AFTER SIGHT
DRAWEE	42A：	ISSUING BANK
PARTIAL SHIPMENT	43P：	PROHIBITED
TRANSHIPMENT	43T：	PROHIBITED
LATEST DATE OF SHIPMENT	44C：	190214
PORT OF LOADING/ AIRPORT OF DEPARTURE	44E：	SHANGHAI, CHINA
PORT OF DISCHARGE	44F：	NHAVA SHEVA, INDIA
DESCRIPTION OF GOODS AND/OR SERVICES	45A：	120MT OF ALUMINIUM FIN STRIPS, 1MM × 1 200 MM, 150MPA, SEAMLESS, AT USD900.00/MT, CIF NHAVA SHEVA
DOCUMENTS REQUIRED	46A：	+ COMMERCIAL INVOICE SIGNED IN INK IN QUINTUPLICATE CERTIFYING THAT THE GOODS SHIPPED ARE AS PER CONTRACT NUMBER HD19076 DATED JAN. 4, 2019. + PACKING LIST IN QUINTUPLICATE. + CERTIFICATE OF ORIGIN IN DUPLICATE ISSUED BY CHAMBERS OF COMMERCE OR CCPIT. + FULL SET OF CLEAN ON BOARD OCEAN BILL OF LADING MADE OUT TO THE ORDER OF ING VYSYA BANK LTD., TRADE FINANCE UNIT, PATEL CHAMBERS, OPERA HOUSE, MUMBAI, 400007, INDIA MARKED "FREIGHT PREPAID" AND NOTIFYING ING VYSYA BANK LTD., TRADE FINANCE UNIT, PATEL CHAMBERS, OPERA HOUSE, MUMBAI, 400007, INDIA AND APPLICANT BEARING L/C NO. AND DATE. SHORT FORM OF BILL OF LADING IS NOT ACCEPTABLE. + INSURANCE POLICY/CERTIFICATE IN DUPLICATE MADE OUT TO ORDER ENDORSED IN BLANK FOR 110% INVOICE VALUE, COVERING ALL RISKS OF CIC OF PICC INCL. WAREHOUSE TO WAREHOUSE AND I. O. P AND SHOWING THE CLAIMING CURRENCY IS THE SAME AS THE CURRENCY OF CREDIT. + BENEFICIARY'S CERTIFICATE CERTIFYING THAT ONE COPY OF BILL OF LADING, COMMERCIAL INVOICE AND PACKING LIST RESPECTIVELY HAVE MAILED TO THE APPLICANT BY DHL WITHIN THREE WORKING DAYS AFTER BILL OF LADING DATE. + LLOYD'S/OR STEAMER COMPANY'S CERTIFICATE ISSUED BY THE SHIPPING COMPANY OR ITS AGENTS CERTIFYING THAT THE CARRYING VESSEL IS SEAWORTHY AND IS NOT MORE THAN 20 YEARS OLD AND IS REGISTERED WITH AN APPROVED CLASSIFICATION SOCIETY AS PER THE INSTITUTE CLASSIFICATION CLAUSE AND CLASS MAINTAINED IS EQUIVALENT TO LLOYD 100A1.

		+ CERTIFICATE'S CERTIFIED COPY OF FAX DISPATCHED TO THE BUYER WITHIN THREE DAYS AFTER SHIPMENT ADVISING L/C NUMBER, NAME, QUANTITY AND AMOUNT OF GOODS, NUMBER OF PACKAGES, CONTAINER NUMBER, NAME OF VESSEL AND VOYAGE NUMBER, AND DATE OF SHIPMENT.
ADDITIONAL CONDITIONS	47A :	+ ALL DOCUMENTS SHOULD BE DATED ON OR LATER OF THIS LETTER OF CREDIT AND BEAR THE LETTER OF CREDIT NUMBER AND DATE. + SHIPMENT TO BE EFFECTED NOT EARLIER THAN 7 DAYS BEFORE LATEST DATE OF SHIPMENT AS PER THIS CREDIT. + MORE OR LESS 5 PERCENTAGE OF QUANTITY OF GOODS IS ALLOWED. + ALL PRESENTATIONS CONTAINING DISCREPANCIES WILL ATTRACT A DISCREPANCY FEE OF USD50.00 PLUS TELEX COSTS OR OTHER CURRENCY EQUIVALENT. THIS CHARGE WILL BE DEDUCTED FROM THE BILL AMOUNT WHETHER OR NOT WE ELECT TO CONSULT THE APPLICANT FOR A WAIVER. + BENEFICIARY'S USANCE DRAFTS MUST BE NEGOTIATED AT SIGHT BASIS AND ACCEPTANCE COMMISSION AND DISCOUNT CHARGE ARE FOR APPLICANT'S ACCOUNT.
CHARGES	71B :	ALL BANK CHARGES OUTSIDE INDIA ARE FOR ACCOUNT OF BENEFICIARY.
PERIOD FOR PRESENTATION	48 :	WITHIN 15 DAYS AFTER THE DATE OF SHIPMENT, BUT WITHIN THE VALIDITY OF THIS CREDIT.
CONFIRMATION INSTRUCTION	49 :	WITHOUT
INSTRUCTION TO THE PAYING/ACCEPTING/NEGOTIATING BANK	78 :	+ NEGOTIATION INVOLVING INVOICE EXCEEDING L/C AMOUNT IS STRICTLY PROHIBITED. + ALL DOCUMENTS TO BE DESPATCHED IN ONE SET BY COURIER TO ING VYSYA BANK LTD., TRADE FINANCE UNIT, PATEL CHAMBERS, OPERA HOUSE, MUMBAI, 400007, INDIA. + UPON PRESENTATION TO US OF DRAFTS AND DOCUMENTS IN STRICT COMPLIANCE WITH TERMS AND CONDITIONS OF THIS CREDIT, WE WILL REMIT THE PROCEEDS ON DUE DATE AS PER THE NEGOTIATING BANK'S INSTRUCTIONS. + EXCEPT AS OTHERWISE EXPRESSLY STATED, THIS CREDIT IS SUBJECT TO UCPDC (2007 VERSION) ICC PUBLICATION NO. 600.
SENDER TO RECEIVER INFORMATION	72 :	PLEASE ADVISE AND ACKNOWLEDGE THE RECEIPT.

【任务1】签订国内购销合同

2019年1月14日，外贸业务员陈惠需根据出口合同以及与张家港市火红钢制品有限公司达成的主要协议条款（见表7-12），拟定一份号码为19HD49的国内购销合同（见表7-13）。

表7-12　　主要协议条款

1. 商品：铝带，规格1mm×1 200mm。
   技术参数：厚度1mm，宽度1 200mm，承压150MPa，无焊接。
2. 数量：120吨。
3. 价格（含增值税）：5 963.56元/吨。
4. 金额：715 627.20元
   数量和金额都允许有5%以内的增减。
5. 包装：铝带用专用包装纸包裹，平放在全新的木托盘上，然后用包装纸从上面覆盖，防雨防潮。
6. 交货地点：工厂交货。
7. 交货期：2019年2月3日前。
8. 付款：签约后1周内付款30%，交货后1周内付款70%。

表7-13　　购销合同

购销合同

合同编号：19HD49　　签约日期：2019年1月14日
　　签约地点：南京

需方：江苏汉典有限公司
地址：江苏省南京市天山路908号
电话：025-22482136
传真：025-22482139

供方：张家港市火红钢制品有限公司
地址：江苏省张家港市亿乐路67号
电话：0512-58401338
传真：0512-58401336

根据《中华人民共和国合同法》和有关法规，经双方协商签订本合同，并信守下列条款：

1. 商品：

品名及规格	数量	单位	单价（含税）	金额	交货期
合计					
总金额（大写）	人民币				

注：数量和金额都允许有____%以内的增减。

2. 包装要求：
3. 交货地点：
4. 付款方式：
5. 责任条款：

（1）因供方的责任造成国外客户索赔的，其索赔款及因索赔而产生的费用由供方承担。

（2）需方已安排供方生产的商品，因外销变化需要作出某些调整或变更的，其修改部分为合同的组成部分。

6. 本合同有效期至2020年1月13日。
7. 纠纷处理方法及地点：执行本合同过程中如有争议，双方通过友好协商解决；如协商未能取得一致，则由需方住所地人民法院管辖。

8. 本协议双方签字盖章生效。合同一式两份，供需双方各执一份。
9. 备注：在国外客户确认产前样之后开始生产。

需方授权代表：王鸣　　　　供方授权代表：李青
盖章：江苏汉典有限公司　　　　盖章：张家港市火红钢制品有限公司

【任务 2】生产跟单操作

2019 年 1 月 17 日，江苏汉典有限公司签约后向张家港市火红钢制品有限公司支付预付款 214 688.16（=715 627.20×30%）元人民币。2019 年 1 月 25 日，外贸业务员陈惠收到张家港市火红钢制品有限公司的通知，2019 年 1 月 31 日将完成 121.2 吨铝带的生产，共 216 043 条。若产品质量抽检使用 GB2828，且 MAJOR（重大缺陷）和 MINOR（次要缺陷）的 AQL（接收质量限）分别为 0.15 和 1.0，检验水平（IL）为 I（正常检验）。该批订单需要抽检多少根铝带？请分别找出 MAJOR 和 MINOR 的 Ac、Re。如果实际抽检中 MAJOR 和 MINOR 的不合格产品数量分别为 1 条和 6 条，检验能否通过？

『实训项目 7－2』

上接『实训项目 6－2』，2018 年 7 月 5 日，中国银行福建省分行国际业务部通知福建惠惠进出口有限公司，中国银行纽约分行的信用证修改书已到。信用证已按要求进行了修改，吴俊峰接受改证。在接受改证后，信用证修改书成了原信用证的组成部分，并替代原信用证对应条款而使其失效。

【任务 1】签订国内购销合同

2018 年 7 月 5 日，外贸业务员吴俊峰需根据出口合同以及与福州田园制鞋厂达成的主要协议条款（见表 7－14），拟定一份号码为 18TY90 的国内购销合同（见表 7－15）。

表 7-14　　主要协议条款

1. 商品：雪地靴，帮面为皮革，鞋底为橡胶，具体质量按照确认样确定。
2. 数量：

款式号 6001　　单位：双

尺码	8	9	10	11	12	13	14	小计
数量	192	360	648	672	480	288	72	2 712

款式号 6002　　单位：双

尺码	5	6	7	8	9	10	小计
数量	24	96	240	456	240	192	1 248

3. 价格（含增值税）：
   货号 6001：112.52 元/双
   货号 6002：106.90 元/双。
4. 金额：438 565.44 元。
5. 包装：每个纸箱装 6 双相同款式和相同尺码的雪地靴。
6. 交货地点：工厂交货。
7. 交货期：分两批运输：
   第一批：1 356 双款式号 6001 和 624 双款式号 6002 在 2018 年 8 月 20 日前装运。
   第二批：1 356 双款式号 6001 和 624 双款式号 6002 在 2018 年 9 月 20 日前装运。
   注意：两批货每一个尺码鞋子的数量是一样的。
8. 付款：交货付款。

表 7-15　　购销合同

购销合同

合同编号：18TY90　　签约日期：2018 年 7 月 5 日
签约地点：福州

需方：福建惠惠进出口有限公司
地址：福建省福州市胜利路 23 号
电话：0591-22889967
传真：0591-22889969

供方：福州田园制鞋厂
地址：福建省福州市北京路 42 号
电话：0591-27861356
传真：0591-27861359

根据《中华人民共和国合同法》和有关法规，经双方协商签订本合同，并信守下列条款：

1. 商品：

品名及规格	数量	单位	单价（含税）	金额	交货期
合计					
总金额（大写）	人民币				

注：数量和金额都允许有____%以内的增减。
2. 包装要求：
3. 交货地点：
4. 付款方式：

5. 责任条款：
(1) 因供方的责任造成国外客户索赔的，其索赔款及因索赔而产生的费用由供方承担。
(2) 需方已安排供方生产的商品，因外销变化需要作出某些调整或变更的，其修改部分为合同的组成部分。
6. 本合同有效期至 2019 年 7 月 4 日。
7. 纠纷处理方法及地点：执行本合同过程中如有争议，双方通过友好协商解决；如协商未能取得一致，则由需方住所地人民法院管辖。
8. 本协议双方签字盖章生效。合同一式两份，供需双方各执一份。
9. 备注：在国外客户确认产前样之后开始生产。

需方授权代表：李惠惠　　　　供方授权代表：狄龙
盖章：福建惠惠进出口有限公司　　　　盖章：福州田园制鞋厂

【任务 2】生产跟单操作

若福建惠惠进出口有限公司外贸业务员吴俊峰在 2018 年 8 月 13 日上午 9 点获悉，福州田园制鞋厂因 7 月底接了其他业务订单，一半生产能力被占用，即只留给福建惠惠进出口有限公司 80 双/工作日的生产量，一共才生产了 480 双雪地靴，预计无法按时完成交货，请问吴俊峰该如何处理这个问题以保证如期交货？（福州田园制鞋厂每周的正常工作时间是 6 天，每天的工作时间是 9 小时）

福州田园制鞋厂狄龙厂长针对这种情况，提出第一批先交 1 300 双、第二批交 2 660 双的建议，如果你是吴俊峰，你觉得可行吗？为什么？

『实训项目7-3』

上接『实训项目5-3』。

【任务1】签订国内购销合同

2018年6月15日，青岛管文有限公司外贸业务员罗文斌收到Soni Co., Ltd. 的预付款79 296.00美元后，马上根据出口合同以及与日照市虎门五金厂达成的主要协议条款（见表7-16），拟定一份号码为13GW146的国内购销合同（见表7-17）。

表7-16　主要协议条款

1. 商品、数量、单价和金额：

品名		数量	单价	金额
门把手	货号DH5010	4 000副	60.00元/副	240 000.00元
	货号DH5020	5 000副	63.00元/副	315 000.00元

2. 包装：每副门把手装1个泡沫纸袋，装入1个出口标准内盒，每20个内盒装1个标准出口纸箱。
3. 交货地点：工厂交货。
4. 交货期：最迟2018年7月18日交货。
5. 付款：交货后5个工作日内全额付款。

表7-17　购销合同

购销合同

合同编号：18GW146　　签约日期：2018年6月15日
签约地点：青岛

需方：青岛管文有限公司
地址：山东省青岛市和平街21号
电话：0532-88391921
传真：0532-88391922

供方：日照市虎门五金厂
地址：山东省日照市龙门镇玉珊路25号
电话：0633-89214436
传真：0633-89214439

根据《中华人民共和国合同法》和有关法规，经双方协商签订本合同，并信守下列条款：

1. 商品：

品名及规格	数量	单位	单价（含税）	金额	交货期
合计					
总金额（大写）	人民币				

2. 包装要求：
3. 交货地点：
4. 付款方式：
5. 责任条款：

(1) 因供方的责任造成国外客户索赔的，其索赔款及因索赔而产生的费用由供方承担。

(2) 需方已安排供方生产的商品，因外销变化需要作出某些调整或变更的，其修改部分为合同的组成部分。
6. 本合同有效期至 2018 年 12 月 14 日。
7. 纠纷处理方法及地点：执行本合同过程中如有争议，双方通过友好协商解决；如协商未能取得一致，则由需方住所地人民法院管辖。
8. 本协议双方签字盖章生效。合同一式两份，供需双方各执一份。
9. 备注：在国外客户确认产前样之后开始生产。

需方授权代表：管文　　　　供方授权代表：傅奇明
盖章：青岛管文有限公司　　　　盖章：日照市虎门五金厂

同时，外贸业务员罗文斌根据出口合同以及与慈溪市迪山五金厂达成的主要协议条款（见表 7－18），拟定一份号码为 18GW147 的国内购销合同（见表 7－19）。

表 7－18　主要协议条款

1. 商品、数量、单价和金额：

品名		数量	单价	金额
水平仪	货号 19161	8 400 把	81.00 元/把	680 400.00 元
	货号 19163	14 400 把	93.00 元/把	1 339 200.00 元

2. 包装：每把水平仪装 1 个泡沫纸袋，装入 1 个出口标准内盒，每 60 个内盒装 1 个标准出口纸箱。
3. 交货地点：工厂交货。
4. 交货期：最迟 2018 年 7 月 18 日交货。
5. 付款：交货后 5 个工作日内全额付款。

表 7－19　购销合同

购销合同

合同编号：18GW147　　　　签约日期：2018 年 6 月 15 日
签约地点：青岛

需方：青岛管文有限公司
地址：山东省青岛市和平街 21 号
电话：0532－88391921
传真：0532－88391922
供方：慈溪市迪山五金厂
地址：浙江省慈溪市采网路 46 号
电话：0574－69698721
传真：0574－69698722

根据《中华人民共和国合同法》和有关法规，经双方协商签订本合同，并信守下列条款：
1. 商品：

品名及规格	数量	单位	单价（含税）	金额	交货期
合计					
总金额（大写）		人民币			

2. 包装要求：
3. 交货地点：
4. 付款方式：
5. 责任条款：
(1) 因供方的责任造成国外客户索赔的，其索赔款及因索赔而产生的费用由供方承担。
(2) 需方已安排供方生产的商品，因外销变化需要作出某些调整或变更的，其修改部分为合同的组成部分。
6. 本合同有效期至 2018 年 12 月 14 日。
7. 纠纷处理方法及地点：执行本合同过程中如有争议，双方通过友好协商解决；如协商未能取得一致，则由需方住所地人民法院管辖。
8. 本协议双方签字盖章生效。合同一式两份，供需双方各执一份。
9. 备注：在国外客户确认产前样之后开始生产。

需方授权代表：管文　　　　供方授权代表：董峰
盖章：青岛管文有限公司　　　　盖章：慈溪市迪山五金厂

【任务 2】生产跟单操作

7 月 12 日，外贸业务员罗文斌收到日照市虎门五金厂的通知，7 月 16 日将完成全部门把手生产。同日，外贸业务员罗文斌获悉，慈溪市迪山五金厂因 7 月 11 日被洪水淹，半个月无法正常生产，7 月 26 日才能恢复正常生产，估计到 8 月 12 日才能完成全部水平仪的生产任务。

(1) 外贸业务员罗文斌在慈溪市迪山五金厂的生产跟单操作上存在哪些问题?

(2) 7 月 26 日，外贸业务员罗文斌根据慈溪市迪山五金厂的情况，给 Soni Co., Ltd. 的总经理 Soni 书写并发送电子邮件，提出因不可抗力，请求先装运门把手，并请求把水平仪的交货期推迟到 8 月 17 日前。

当日，Soni 回函同意把交货期推迟到 8 月 17 日前，但不同意分批装运；同时，要求提单制作成以买方为收货人，并采用电放形式。罗文斌回函同意 Soni 的要求。

实训 8

出口托运、报检、报关和投保操作

实训目标

通过实训，学生能根据 L/C 和/或出口合同条款以及实际备货情况，及时办理出口托运、报检、报关和投保业务。

示范项目

2019 年 1 月 25 日，浙江玉环福可阀门厂通知浙江安妮进出口有限公司，预计在 2 月 1 日能完成全部黄铜球阀的生产，具体备货情况如表 8－1 所示。

表 8－1　备货情况

规格（英寸）	数量（套）	每箱数量（套）	纸箱数（箱）	每箱毛重（千克）	每箱净重（千克）	箱数/托盘（箱）	毛重/托盘（千克）	净重/托盘（千克）	体积（立方米）
1/2	4 320	160	27	26.60	25.60	27	728.20	718.20	0.968
3/4	4 000	100	40	24.00	23.00	40	970.00	960.00	0.968
1	2 400	60	40	22.00	21.00	40	890.00	880.00	0.968
$1\frac{1}{4}$	1 296	36	36	20.50	19.50	36	748.00	738.00	0.968
$1\frac{1}{2}$	960	24	40	18.50	17.50	40	750.00	740.00	0.968
2	576	16	36	21.50	20.50	36	784.00	774.00	0.968
合计	13 552		219				4 870.20	4 810.20	5.808

根据浙江玉环福可阀门厂提供的备货信息以及信用证相关条款，叶聪华制作了商业发票（见表 8－2）和装箱单（见表 8－3）。

表 8－2　　商业发票

ZHEJIANG ANNIE IMPORT AND EXPORT CO., LTD.
NO. 1298 HUAXING ROAD, HANGZHOU, CHINA
TEL: 0086－571－89991357　　FAX: 0086－571－89991358

COMMERCIAL INVOICE

To: DARI GMBH & CO. KG DOMSTRASSE 99, D-20095 HAMBURG, GERMANY	Invoice No.: AN2019069 Invoice Date: JAN. 25, 2019 S/C No.: AN1900157 S/C Date: JAN. 7, 2019
From: SHANGHAI, CHINA	To: HAMBURG, GERMANY
L/C No.: LC－520－046789 Date of Issue: JAN. 14, 2019	Issued By: BANK OF CHINA HAMBURG BRANCH

Marks and Numbers	Number and Kind of Package, Description of Goods	Quantity	Unit Price	Amount
DARI AN1900157 HAMBURG CARTON NO.: 1－219	FORGED BRASS BALL VALVES, ARTICLE NO. V10033, FULL PORT, NICKEL PLATED, BSP THREAD SIZE		CFR HAMBURG, GERMANY	
	1/2″	4 320SETS	USD1.18/SET	USD5 097.60
	3/4″	4 000SETS	USD1.65/SET	USD6 600.00
	1″	2 400SETS	USD2.40/SET	USD5 760.00
	$1\frac{1}{4}''$	1 296SETS	USD4.00/SET	USD5 184.00
	$1\frac{1}{2}''$	960SETS	USD5.30/SET	USD5 088.00
	2″	576SETS	USD9.70/SET	USD5 587.20
	TOTAL	13 552SETS		USD33 316.80

SAY TOTAL: U. S. DOLLARS THIRTY THREE THOUSAND THREE HUNDRED AND SIXTEEN AND EIGHTY CENTS ONLY.

ZHEJIANG ANNIE IMPORT AND EXPORT CO., LTD.
蔡海峰

表 8－3 **装箱单**

ZHEJIANG ANNIE IMPORT AND EXPORT CO.，LTD.
NO. 1298 HUAXING ROAD，HANGZHOU，CHINA
TEL：0086－571－89991357　　FAX：0086－571－89991358

PACKING LIST

To： DARI GMBH & CO. KG DOMSTRASSE 99，D-20095 HAMBURG，GERMANY	Invoice No.：AN2019069 Invoice Date：JAN. 25，2019 S/C No.：AN1900157 S/C Date：JAN. 7，2019
From： SHANGHAI，CHINA	To： HAMBURG，GERMANY
L/C No.：LC-520-046789 Date of Issue：JAN. 14，2019 Issued By：BANK OF CHINA HAMBURG BRANCH	Marks and Numbers：DARI AN1900157 HAMBURG CARTON NO.：1-219

Description of Goods：FORGED BRASS BALL VALVES，ARTICLE NO. V10033，FULL PORT，NICKEL PLATED，BSP THREAD

Size	Quantity	Qty/Ctn	Package	G. W. /Ctn	N. W. /Ctn	Ctn/Pallet	G. W. /Pallet	N. W. /Pallet	Meas.
1/2″	4 320SETS	160SETS	27CTNS	26. 60KGS	25. 60KGS	27CTNS	728. 20KGS	718. 20KGS	0. 968M^3
3/4″	4 000SETS	100SETS	40CTNS	24. 00KGS	23. 00KGS	40CTNS	970. 00KGS	960. 00KGS	0. 968M^3
1″	2 400SETS	60SETS	40CTNS	22. 00KGS	21. 00KGS	40CTNS	890. 00KGS	880. 00KGS	0. 968M^3
$1\frac{1}{4}''$	1 296SETS	36SETS	36CTNS	20. 50KGS	19. 50KKS	36CTNS	748. 00KGS	738. 00KGS	0. 968M^3
$1\frac{1}{2}''$	960SETS	24SETS	40CTNS	18. 50KGS	17. 50KGS	40CTNS	750. 00KGS	740. 00KGS	0. 968M^3
2″	576SETS	16SETS	36CTNS	21. 50KGS	20. 50KGS	36CTNS	784. 00KGS	774. 00KGS	0. 968M^3
TOTAL	13 552SETS		219CTNS				4 870. 20KGS	4 810. 20KGS	5. 808M^3

SAY TOTAL：TWO HUNDRED AND NINETEEN CARTONS ONLY.

PALLETS DIMENSION：110CM×80CM×110CM
TOTALLY SIX PALLETS.

【任务 1】办理出口托运

2019 年 1 月 26 日，外贸业务员叶聪华或指示外贸单证员根据浙江玉环福可阀门厂提供的备货信息、商业发票、装箱单和其他相关信息，制作订舱委托书，办理订舱手续。

浙江玉环福可阀门厂的相关信息为：

（1）地址：浙江省玉环市利民路 35 号。

（2）联系人：唐政。

（3）联系电话：0576－89879980。

【任务 2】办理出口报关

2月1日，外贸业务员叶聪华或指示外贸单证员根据出口合同、信用证、商业发票、装箱单和相关信息马上办理、制作和备齐出口货物报关单、报关委托书等报关单证，寄给浙江双马国际货运有限公司，委托其办理报关手续。其中，浙江安妮进出口有限公司的登记号是3101003826。

示范操作

任务1　办理出口托运

1. 查找船期和比较运价，选择国际货运代理公司

2019年1月26日，外贸业务员叶聪华或指示外贸单证员登录中国国际海运网（http://www.shippingchina.com）。

首先，进入船期查询，输入上海装运港、汉堡目的港和中国—欧洲航线，查到若干家国际货代公司的船期。

其次，点击各国际货代公司网站或进行电话联系，获得上海港至汉堡港的运价表。

最后，通过比较，选择浙江双马国际货运有限公司代理中海集装箱运输股份有限公司2019年2月3日的船期，船名为XIN YA ZHOU、航次为0023W，报价为10美元/立方米。预计货物将于2月28日到达汉堡港。

2. 制作订舱委托书

根据信用证、合同、商业发票、装箱单和浙江玉环福可阀门厂提供的备货信息制作如表8－4所示的订舱委托书。

3. 办理订舱手续

外贸业务员叶聪华或指示外贸单证员把订舱委托书传真给浙江双马国际货运有限公司，指示其代理向中海集装箱运输股份有限公司订船期为2019年2月3日、船名为XIN YA ZHOU、航次为0023W的拼箱。

4. 送货

订妥舱位后，1月31日，外贸业务员叶聪华收到浙江双马国际货运有限公司发来的货物进仓通知单（见表8－5）后，马上转通知浙江玉环福可阀门厂做好送货准备。

2月1日11点，浙江玉环福可阀门厂按照货物进仓通知单的要求将货物送达指定仓库，取得货物进仓接收单（见表8－6），完成送货工作。

表 8-4 订舱委托书

<table>
<tr><td colspan="5">订舱委托书
2019年1月26日</td></tr>
<tr><td rowspan="4">托运人</td><td colspan="2" rowspan="4">ZHEJIANG ANNIE IMPORT AND EXPORT CO.，LTD.
NO. 1298 HUAXING ROAD，HANGZHOU，CHINA</td><td>合同号</td><td>AN1900157</td></tr>
<tr><td>发票号</td><td>AN2019069</td></tr>
<tr><td>信用证号</td><td>LC-520-046789</td></tr>
<tr><td>运输方式</td><td>BY SEA</td></tr>
<tr><td rowspan="3">收货人</td><td colspan="2" rowspan="3">TO ORDER</td><td>起运港</td><td>SHANGHAI</td></tr>
<tr><td>目的港</td><td>HAMBURG</td></tr>
<tr><td>装运期</td><td>NOT LATER THEN
FEB. 14，2019</td></tr>
<tr><td rowspan="4">通知人</td><td colspan="2" rowspan="4">DARI GMBH & CO. KG
DOMSTRASSE 99，D-20095 HAMBURG，GERMANY
TEL：0049-40-3410239
FAX：0049-40-3410236</td><td>可否转运</td><td>NO</td></tr>
<tr><td>可否分批</td><td>NO</td></tr>
<tr><td>运费支付方式</td><td>PREPAID</td></tr>
<tr><td>正本提单</td><td>THREE</td></tr>
<tr><td>唛头</td><td>货名</td><td>包装件数</td><td>总毛重</td><td>总体积</td></tr>
<tr><td>DARI
AN1900157
HAMBURG
CARTON NO.：1-219</td><td>FORGED BRASS
BALL VALVES</td><td>6PALLETS
(219CTNS)</td><td>4 870.20KGS</td><td>5.808M³</td></tr>
<tr><td>注意事项</td><td colspan="4">1. 请订2019年2月3日船期，拼箱。
2. 提单上要显示以下内容：
（1）L/C NO.：LC-520-046789；
（2）L/C DATE：JAN. 14，2019。
3. 仓库地址：浙江省玉环县利民路35号浙江玉环福可阀门厂。
联系人：唐政。
电话：0576-89879980。</td></tr>
<tr><td colspan="2">受托人</td><td colspan="3">委托人</td></tr>
<tr><td colspan="2"></td><td colspan="3">ZHEJIANG ANNIE IMPORT AND EXPORT CO.，LTD.</td></tr>
<tr><td colspan="2">电话： 传真：</td><td colspan="3">电话：0571-89991357 传真：0571-89991358</td></tr>
<tr><td colspan="2">联系人：</td><td colspan="3">联系人：叶聪华</td></tr>
</table>

表 8-5 货物进仓通知单

浙江双马国际货运有限公司

货物进仓通知单

TO：浙江安妮进出口有限公司

进仓编号	SM09E00190897	客户编号	AN19C00789
货名	FORGED BRASS BALL VALVES	件数	13 552SETS
毛重	4 870.20KGS	体积	5.808M^3
起运港	SHANGHAI	目的港	HAMBURG
开航日期	2019-02-03		

货物请务必于2月1日12时前进仓。

唛头：

如有问题，请与我司联系。联系人：李红玲；电话：0571-82379057。

进仓要求：

1. 进仓截止时间为报关前一天中午12:00，遇节假日则顺延。
2. 凭本通知单在规定时间内将有关单据及货物送至我司仓库。如不能在规定时间内送达，我们将不能保证货物如期运出。
3. 所送货物需按规定货号分票理清进仓，否则将被收取分票费。
4. 对于受潮受湿和外包装损坏的货物，仓库将不予受理，特殊情况需货代出具保函。
5. 仓库对进仓货物将收取进仓费：一般货物5元/立方吨，特殊货物10元/立方吨，托盘10元/托盘。现金付清。

仓库名称	上海飞杰储运有限公司	仓库地址	上海市浦东新区五洲大道79号
联系人	冯小姐	电话	021-50401828

表 8-6 货物进仓接收单

浙江双马国际货运有限公司

货物进仓接收单

送货单位：浙江安妮进出口有限公司

进仓编号：SM09E00190897

实收件数	陆个托盘	送货人签名	李明
仓库安排卸货	☑是　　☐否	收货人签名	039
接受日期	2019年2月1日11:00	铲车	049
金额		装卸	

订单号	件数	尺码	仓位号	潮湿	破损
54995	6	110CM×80CM×110CM			

任务2 办理出口报关

1. 制作出口货物报关单

2月1日，外贸业务员叶聪华制作了出口货物报关单（见表8-7），并加盖报关专用章。

表 8-7

中华人民共和国海关出口货物报关单

预录入编号： 海关编号： （申报地海关） 页码/页数：

境内发货人（91330000142811133P） 浙江安妮进出口有限公司	出境关别 上海海关	出口日期 2019-2-3	申报日期	备案号
境外收货人 DARI GMBH & CO. KG	运输方式 水路运输	运输工具名称及航次号 XIN YA ZHOU / 0023W	提运单号	
生产销售单位（91330000142811133P） 浙江安妮进出口有限公司	监管方式 一般贸易	征免性质 一般征税	许可证号	
合同协议号 AN1900157	贸易国（地区） 德国	运抵国（地区） 德国	指运港 汉堡	离境口岸 上海

包装种类 纸箱	件数 219	毛重（千克） 4 870.20	净重（千克） 4 810.20	成交方式 CFR	运费 58.08 美元	保费	杂费

随附单证及编号

标记唛码及备注

DARI
AN1900157
HAMBURG
CARTON NO.：1-219

项号	商品编号	商品名称及规格型号	数量及单位	单价/总价/币制	原产国（地区）	最终目的国（地区）	境内货源地	征免
01	8481804090	黄铜阀门 1/2 英寸	4 320 套 691.20 千克	1.18/5 097.60/美元	中国	德国	浙江玉环	照章征税
02	8481804090	黄铜阀门 3/4 英寸	4 000 套 920.00 千克	1.65/6 600.00/美元	中国	德国	浙江玉环	照章征税
03	8481804090	黄铜阀门 1 英寸	2 400 套 840.00 千克	2.40/5 760.00/美元	中国	德国	浙江玉环	照章征税
04	8481804090	黄铜阀门 1-1/4 英寸	1 296 套 699.84 千克	4.00/5 184.00/美元	中国	德国	浙江玉环	照章征税
05	8481804090	黄铜阀门 1-1/2 英寸	960 套 700.80 千克	5.30/5 088.00/美元	中国	德国	浙江玉环	照章征税
06	8481804090	黄铜阀门 2 英寸	576 套 737.28 千克	9.70/5 587.20/美元	中国	德国	浙江玉环	照章征税

特殊关系确认：否 价格影响确认：否 支付特许权使用费确认：否 自报自缴：否

报关人员 叶聪华 报关人员证号 22002200 电话 0571-89991357 兹声明对以上内容承担如实申报、依法纳税之法律责任

浙江安妮进出口有限公司 报关专用章

申报单位 申报单位（签章）

海关批注及签章

2. 制作报关委托书

在实务中，考虑实际装运时货物数量可变动，一般只在报关委托书上盖章，而不填写详细内容，详细内容由报关员报关时填写。报关委托书正反两面都印有内容，如表 8-8 和表 8-9 所示。

表 8-8　　报关委托书正面

代理报关委托书

编号：00082827061

我单位现____（A. 逐票；B. 长期）委托贵公司代理____（A. 填单申报；B. 辅助查验；C. 垫缴税款；D. 办理海关证明联；E. 审批手册；F. 核销手册；G. 申办减免税手续；H. 其他）等通关事宜。详见“委托报关协议”。

我单位保证遵守《中华人民共和国海关法》和国家有关法规，保证所提供的情况真实、完整、单货相符。否则，愿承担相关法律责任。

本委托书自签字之日起至____年____月____日止。

委托方（盖章）：

法定代表人或其授权签署“代理报关委托书”的人（签字）：

年　　月　　日

委托报关协议

为明确委托报关具体事项和各自责任，双方经平等协商签订协议如下：

委托方		被委托方		
主要货物名称		*报关单编码	No.	
HS 编码		收到单证日期	年　　月　　日	
货物总价		收到单证情况	合同□	发票□
进出口日期	年　　月　　日		装箱清单□	提(运)单□
提单号			加工贸易手册□	许可证件□
贸易方式			其他	
原产地/货源地		报关收费	人民币：　　元	
其他要求：		承诺说明：		
背面所列通用条款是本协议不可分割的一部分，对本协议的签署构成了对背面通用条款的同意。		背面所列通用条款是本协议不可分割的一部分，对本协议的签署构成了对背面通用条款的同意。		
委托方业务签章： 经办人签章： 联系电话： 年　　月　　日		被委托方业务签章： 经办报关员签章： 联系电话： 年　　月　　日		

（白联：海关留存；黄联：被委托方留存；红联：委托方留存）

表8-9　　报关委托书背面

委托报关协议通用条款
委托方责任　委托方应及时提供报关、报检所需的全部单证，并对单证的真实性、准确性和完整性负责。 委托方负责在报关企业办结海关手续后，及时、履约支付代理报关费用，支付垫支费用，以及因委托方责任产生的滞报金、滞纳金和海关等执法单位依法处以的各种罚款。 负责按照海关要求将货物运抵指定场所。 负责与被委托方报关员一同协助海关进行查验，回答海关的询问，配合相关调查，并承担产生的相关费用。 在被委托方无法做到报关前提取货样的情况下，承担单货相符的责任。 **被委托方责任**　负责解答委托方有关向海关申报的疑问。 负责对委托方提供的货物情况和单证的真实性、完整性进行“合理审查”，审查内容包括：(一) 证明进出口货物实际情况的资料，包括进出口货物的品名、规格、用途、产地、贸易方式等；(二) 有关进出口货物的合同、发票、运输单据、装箱单等商业单据；(三) 进出口所需的许可证件及随附单据；(四) 海关要求的加工贸易手册（纸质或电子数据的）及其他进出口单证。 因确定货物的品名、归类等原因，海关批准，可以看货或提取货样。 在接到委托方交付齐备的随附单据后，负责依据委托方提供的单证，按照《中华人民共和国海关进出口报关单填制规范》认真填制报关单，承担“单单相符”的责任，在海关规定和本委托报关协议中约定的时间内报关，办理海关手续。 负责及时通知委托方共同协助海关进行查验，并配合海关开展相关调查。 负责支付因报关企业的责任给委托方造成的直接经济损失，所产生的滞报金、滞纳金和海关等执法单位依法处以的各种罚款。 负责在本委托书约定的时间内将办结海关手续的有关委托内容的单证、文件交还委托方或其指定的人员（详见“委托报关协议”“其他要求”栏）。 **赔偿原则**　被委托方不承担因不可抗力给委托方造成损失的责任。因其他过失造成的损失，由双方自行约定或按国家有关法律法规的规定办理。由此造成的风险，委托方可以投保方式自行规避。 **不承担的责任**　签约双方各自不承担因另一方原因造成的直接经济损失，以及滞报金、滞纳金和相关罚款。 **收费原则**　一般货物报关收费原则上按当地《报关行业收费指导价格》规定执行。特殊商品可由双方另行商定。 **法律强制**　本“委托报关协议”的任一条款与《中华人民共和国海关法》及有关法律、法规不一致时，应以法律、法规为准，但不影响“委托报关协议”其他条款的有效性。 **协商解决事项**　变更、中止本协议或双方发生争议时，按照《中华人民共和国合同法》有关规定及程序处理。因签约双方以外的原因产生的问题或报关业务需要修改协议条款，应协商订立补充协议。双方可以在法律、行政法规准许的范围内另行签署补充条款，但补充条款不得与本协议的内容相抵触。

3. 换取出境货物通关单并报关

2月1日，外贸业务员叶聪华或指示外贸单证员整理报关单证，然后把出口货物报关单、报关委托书、商业发票、装箱单、换证凭条寄给浙江双马国际货运有限公司，委托其代理报关。

实训
项目

『实训项目8-1』

上接『实训项目7-1』，2019年1月25日，张家港市火红钢制品有限公司通知江苏汉典有限公司，预计在1月31日能完成121.2吨铝带的生产，共216 043条。具体备货情况为：净重2 020千克/托盘，毛重2 070千克/托盘，木托盘体积为1米×1.2米×1米=1.2立方米。

【任务1】制作商业发票和装箱单

1月25日，外贸业务员陈惠根据以上备货信息和信用证条款制作商业发票（见表8-10）和装箱单（见表8-11），商业发票号码为HD2019097。

表8-10　　商业发票

<table>
<tr><td colspan="5">COMMERCIAL INVOICE</td></tr>
<tr><td colspan="3" rowspan="4">To:</td><td colspan="2">Invoice No. :</td></tr>
<tr><td colspan="2">Invoice Date:</td></tr>
<tr><td colspan="2">S/C No. :</td></tr>
<tr><td colspan="2">S/C Date:</td></tr>
<tr><td colspan="2">From:</td><td colspan="3">To:</td></tr>
<tr><td colspan="2">L/C No. :</td><td colspan="3" rowspan="2">Issued By:</td></tr>
<tr><td colspan="2">Date of Issue:</td></tr>
<tr><td>Marks and Numbers</td><td>Number and Kind of Package,
Description of Goods</td><td>Quantity</td><td>Unit Price</td><td>Amount</td></tr>
<tr><td></td><td></td><td></td><td></td><td></td></tr>
<tr><td colspan="2">TOTAL</td><td></td><td></td><td></td></tr>
<tr><td colspan="5">SAY TOTAL:</td></tr>
<tr><td colspan="5"></td></tr>
</table>

表 8-11 装箱单

<table>
<tr><td colspan="7">PACKING LIST</td></tr>
<tr><td colspan="5" rowspan="4">To:</td><td colspan="2">Invoice No.:</td></tr>
<tr><td colspan="2">Invoice Date:</td></tr>
<tr><td colspan="2">S/C No.:</td></tr>
<tr><td colspan="2">S/C Date:</td></tr>
<tr><td colspan="3">From:</td><td colspan="4">To:</td></tr>
<tr><td colspan="3">L/C No.:</td><td colspan="4" rowspan="2">Issued By:</td></tr>
<tr><td colspan="3">Date of Issue:</td></tr>
<tr><td>Marks and Numbers</td><td>Number and Kind of Package, Description of Goods</td><td>Quantity</td><td>Package</td><td>N. W.</td><td>G. W.</td><td>Meas.</td></tr>
<tr><td></td><td></td><td></td><td></td><td></td><td></td><td></td></tr>
<tr><td colspan="3">TOTAL</td><td></td><td></td><td></td><td></td></tr>
<tr><td colspan="7">SAY TOTAL:</td></tr>
<tr><td colspan="7"></td></tr>
</table>

【任务2】办理出口托运

1月25日，外贸业务员陈惠或指示外贸单证员根据张家港市火红钢制品有限公司提供的备货信息、商业发票、装箱单和其他相关信息制作订舱委托书（见表8-12），向上海锦海捷亚国际货运代理有限公司办理订舱手续。计划订中远集装箱运输有限公司2019年2月3日的HYUNDAI BRIDGE船，航次为234W，6个20英尺的集装箱。

张家港市火红钢制品有限公司的相关信息：

（1）地址：江苏省张家港市亿乐路67号。

（2）联系人：叶静。

（3）联系电话：0512-58401339。

表 8 - 12　　　　　　　　　　**订舱委托书**

年　月　日

<table>
<tr><td rowspan="4">托运人</td><td colspan="2" rowspan="4"></td><td>合同号</td><td></td></tr>
<tr><td>发票号</td><td></td></tr>
<tr><td>信用证号</td><td></td></tr>
<tr><td>运输方式</td><td></td></tr>
<tr><td rowspan="3">收货人</td><td colspan="2" rowspan="3"></td><td>起运港</td><td></td></tr>
<tr><td>目的港</td><td></td></tr>
<tr><td>装运期</td><td></td></tr>
<tr><td rowspan="4">通知人</td><td colspan="2" rowspan="4"></td><td>可否转运</td><td></td></tr>
<tr><td>可否分批</td><td></td></tr>
<tr><td>运费支付方式</td><td></td></tr>
<tr><td>正本提单</td><td></td></tr>
<tr><td>唛头</td><td>货名</td><td>包装件数</td><td>总毛重</td><td>总体积</td></tr>
<tr><td></td><td></td><td></td><td></td><td></td></tr>
<tr><td>注意事项</td><td colspan="4"></td></tr>
<tr><td colspan="2">受托人</td><td colspan="3">委托人</td></tr>
<tr><td colspan="2"></td><td colspan="3"></td></tr>
<tr><td colspan="2">电话：　　　　传真：</td><td colspan="3">电话：　　　　传真：</td></tr>
<tr><td colspan="2">联系人：</td><td colspan="3">联系人：</td></tr>
</table>

【任务 3】办理出口报关

上海锦海捷亚国际货运代理有限公司成功订了中远集装箱运输有限公司 2019 年 2 月 3 日的 HYUNDAI BRIDGE 船，航次为 234W，6 个 20 英尺的集装箱，运费合计1 500美元。1 月 31 日，外贸业务员陈惠或指示外贸单证员根据出口合同、信用证、商业发票、装箱单和以下信息马上办理、制作和备齐出口货物报关单（见表 8 - 13）、报关委托书等报关单证，寄给上海锦海捷亚国际货运代理有限公司，委托其代为办理报关手续。

（1）江苏汉典有限公司的登记号是 3122269988。

（2）保险费为 119.99（=109 080.00×110%×1‰）美元。

【任务 4】办理出口投保

1 月 31 日，外贸业务员陈惠或指示外贸单证员根据出口合同、信用证、商业发票、装箱单和相关信息制作投保单（见表 8 - 14），准备投保单据向中国大地财产保险股份有限公司上海分公司办理货运险投保手续。

表 8 - 13

中华人民共和国海关出口货物报关单

预录入编号：　　　　海关编号：　　　　（申报地海关）　　　　页码/页数：

境内发货人	出境关别		出口日期		申报日期		备案号
境外收货人	运输方式		运输工具名称及航次号		提运单号		
生产销售单位	监管方式		征免性质		许可证号		
合同协议号	贸易国（地区）		运抵国（地区）		指运港		离境口岸
包装种类	件数	毛重（千克）	净重（千克）	成交方式	运费	保费	杂费
随附单证							
标记唛码及备注							
项号　商品编号　商品名称及规格型号	数量及单位	单价/总价/币制	原产国（地区）		最终目的国（地区）	境内货源地	征免
特殊关系确认：	价格影响确认：		支付特许权使用费确认：			自报自缴：	
报关人员 申报单位	报关人员证号	电话	兹申明对以上内容承担如实申报、依法纳税之法律责任 申报单位（签章）			海关批注及签章	

表 8-14　投保单

中国大地财产保险股份有限公司
China Continent Property & Casualty Insurance Company Ltd.

货物运输保险投保单
APPLICATION FORM FOR CARGO TRANSPORTATION INSURANCE

投保单号：

被保险人：
INSURED: ______
发票号（INVOICE NO.）______
合同号（CONTRACT NO.）______
信用证号（L/C NO.）______
发票金额（INVOICE AMOUNT）______投保加成（PLUS）______%
兹有下列物品向中国大地财产保险股份有限公司投保（INSURANCE IS REQUIRED ON THE FOLLOWING COMMODITIES）：

标记 MARKS & NOS.	包装及数量 QUANTITY	保险货物项目 DESCRIPTION OF GOODS	保险金额 AMOUNT INSURED

起运日期：
DATE OF COMMENCEMENT ______
装载工具：
PER CONVEYANCE ______
自
FORM ______
经
VIA ______
至
TO ______
提单号：
B/L NO. ______
赔款偿付地点：
CLAIM PAYABLE AT ______

投保险别（PLEASE INDICATE THE CONDITIONS &/OR SPECIAL COVERAGES）：

请如实告知下列情况［如“是”，在（ ）打“√”；IF ANY，PLEASE MARK “×”］：

1. 货物种类 GOODS　袋装（ ）BAG/JUMBO　散装（ ）BULK　冷藏（ ）REEFER　液体（ ）LIQUID　活动物（ ）LIVE ANIMAL　机器/汽车（ ）MACHINE/AUTO　危险品等级（ ）DANGEROUS CLASS
2. 集装箱种类 CONTAINER　普通（ ）ORDINARY　开顶（ ）OPEN　框架（ ）FRAME　平板（ ）FLAT　冷藏（ ）REFRIGERATED
3. 转运工具 BY TRANSIT　海轮（ ）SHIP　飞机（ ）PLANE　驳船（ ）BARGE　火车（ ）TRAIN　汽车（ ）TRUCK
4. 船舶资料 PARTICULAR OF SHIP　船籍（ ）RIGISTRY ______　船龄（ ）AGE ______

备注：被保险人确认本保险合同条款和内容已经完全了解。
THE ASSURED CONFIRMS HEREWITH THE TERMS AND CONDITIONS OF THESE INSURANCE CONTRACT FULLY UNDERSTOOD.
投保日期（DATE）______

投保人（签名盖章）APPLICANT'S SIGNATURE
电话（TEL.）______
地址（ADD.）______

本公司自用（FOR OFFICE USE ONLY）

费率
RATE　AS ARRANGED
保费
PREMIUM　AS ARRANGED
备注：
经办人 BY ______
核保人______　负责人______
总公司地址：上海市浦东南路 855 号　电话：021-58369588
邮政编码：200120　网址：www.ccic-net.com.cn

『实训项目 8－2』

上接『实训项目 7－2』，2018 年 8 月 27 日，福州田园制鞋厂通知福建惠惠进出口有限公司，预计在 8 月 29 日能顺利完成第一批雪地靴的生产，具体备货情况如表 8－15 所示。

表 8－15　　备货情况

款式号	尺码	数量（双）	每箱数量（双）	纸箱数量（箱）	每箱净重（千克）	每箱毛重（千克）	每箱体积（立方米）
6001	8	96	6	16	12.6	17.3	0.128 8
	9	180	6	30	12.6	17.3	0.128 8
	10	324	6	54	12.6	17.3	0.128 8
	11	336	6	56	15	20.6	0.169 9
	12	240	6	40	15	20.6	0.169 9
	13	144	6	24	15	20.6	0.169 9
	14	36	6	6	15	20.6	0.169 9
6002	5	12	6	2	10	14.6	0.128 8
	6	48	6	8	10	14.6	0.128 8
	7	120	6	20	10	14.6	0.128 8
	8	228	6	38	10	14.6	0.128 8
	9	120	6	20	10	14.6	0.128 8
	10	96	6	16	10	14.6	0.128 8
合计		1 980		330			

【任务 1】制作商业发票和装箱单

8 月 27 日，外贸业务员吴俊峰根据以上备货信息和信用证条款制作商业发票（见表 8－16）和装箱单（见表 8－17），商业发票号码为 HH2018210。

【任务 2】办理出口托运

8 月 27 日，外贸业务员吴俊峰或指示外贸单证员根据福州田园制鞋厂提供的备货信息、商业发票、装箱单和其他相关信息制作订舱委托书（见表 8－18），向浙江双马国际货运有限公司福州分公司办理订舱手续，计划订长荣海运股份有限公司 8 月 31 日的 EVER SUMMIT 船，航次为 0597－020E，1 个 40 英尺的集装箱。

福州田园制鞋厂的相关信息：

（1）地址：福建省福州市北京路 42 号。

（2）联系人：陶伟。

（3）联系电话：0591－27861356。

表 8-16　　商业发票

COMMERCIAL INVOICE

To:			Invoice No.:	
			Invoice Date:	
			S/C No.:	
			S/C Date:	
From:		To:		
L/C No.:		Issued By:		
Date of Issue:				
Marks and Numbers	Number and Kind of Package, Description of Goods	Quantity	Unit Price	Amount
	TOTAL			
SAY TOTAL:				

表 8-17　　装箱单

PACKING LIST

To:							Invoice No.:		
							Invoice Date:		
S/C No.:					L/C No.:				
From:					To:				
Description of Goods:					Marks and Numbers:				
Carton No.	Size	Qty. (Pairs)	Package (Cartons)	N. W. (Kgs)		G. W. (Kgs)		Meas. (Cbm)	
				Per ctn.	Sub-total	Per ctn.	Sub-total	Per ctn.	Sub-total
Style No. 6001 Outpost II Men 11 Brown									
Style No. 6002 Outpost II Women 10 Brown									
TOTAL									
SAY TOTAL:									

表 8-18 **订舱委托书**

年　月　日

<table>
<tr><td rowspan="4">托运人</td><td colspan="3" rowspan="4"></td><td>合同号</td><td></td></tr>
<tr><td>发票号</td><td></td></tr>
<tr><td>信用证号</td><td></td></tr>
<tr><td>运输方式</td><td></td></tr>
<tr><td rowspan="3">收货人</td><td colspan="3" rowspan="3"></td><td>起运港</td><td></td></tr>
<tr><td>目的港</td><td></td></tr>
<tr><td>装运期</td><td></td></tr>
<tr><td rowspan="4">通知人</td><td colspan="3" rowspan="4"></td><td>可否转运</td><td></td></tr>
<tr><td>可否分批</td><td></td></tr>
<tr><td>运费支付方式</td><td></td></tr>
<tr><td>正本提单</td><td></td></tr>
<tr><td colspan="2">唛头</td><td>货名</td><td>包装件数</td><td>总毛重</td><td>总体积</td></tr>
<tr><td colspan="2"></td><td></td><td></td><td></td><td></td></tr>
<tr><td>注意事项</td><td colspan="5"></td></tr>
<tr><td colspan="3">受托人</td><td colspan="3">委托人</td></tr>
<tr><td colspan="3"></td><td colspan="3"></td></tr>
<tr><td colspan="3">电话：　　　　传真：</td><td colspan="3">电话：　　　　传真：</td></tr>
<tr><td colspan="3">联系人：</td><td colspan="3">联系人：</td></tr>
</table>

【任务 3】办理出口报关

8 月 29 日，浙江双马国际货运有限公司福州分公司按照要求成功订舱，运费合计 1 300美元，估计途中运输时间 18 天。外贸业务员吴俊峰或指示外贸单证员根据出口合同、信用证、商业发票、装箱单和相关信息马上办理、制作和备齐出口货物报关单（见表 8-19）、报关委托书等报关单证，寄给浙江双马国际货运有限公司福州分公司，委托其代为办理报关手续。福建惠惠进出口有限公司的登记号是 3579807685。

表 8-19

中华人民共和国海关出口货物报关单

预录人编号：　　　　　　　　海关编号：　　　　　　　　（申报地海关）　　　　　　　　页码/页数：

境内发货人	出境关别		出口日期		申报日期		备案号	
境外收货人	运输方式		运输工具名称及航次号		提运单号			
生产销售单位	监管方式		征免性质		许可证号			
合同协议号	贸易国（地区）		运抵国（地区）		指运港		离境口岸	
包装种类	件数	毛重（千克）	净重（千克）	成交方式	运费	保费	杂费	
随附单证								
标记唛码及备注								
项号	商品编号	商品名称及规格型号	数量及单位	单价/总价/币制	原产国（地区）	最终目的国（地区）	境内货源地	征免
特殊关系确认：		价格影响确认：		支付特许权使用费确认：		自报自缴：		
报关人员 申报单位	报关人员证号	电话	兹申明对以上内容承担如实申报、依法纳税之法律责任 申报单位（签章）			海关批注及签章		

『实训项目 8－3』

上接『实训项目 7－3』，2018 年 8 月 10 日，日照市虎门五金厂和慈溪市迪山五金厂通知青岛管文有限公司外贸业务员罗文斌，预计在 8 月 15 日能顺利完成全部产品的生产。两家企业的具体备货情况汇总如表 8－20 所示。

表 8－20

品名	货号	数量	每箱数量	纸箱数量（箱）	每箱净重（千克）	每箱毛重（千克）	每箱体积（立方米）
门把手	DH5010	4000 副	20 副	200	17.5	18.5	0.054 8
	DH5020	5000 副	20 副	250	17	18	0.054 8
水平仪	19161	8 400 把	60 把	140	15	16	0.057 6
	19163	14 400 把	60 把	240	16	17	0.076 8

【任务 1】制作商业发票和装箱单

8 月 10 日，外贸业务员罗文斌根据以上备货信息和出口合同条款制作商业发票（见表 8－21）和装箱单（见表 8－22），商业发票号码为 2018GW00231。

表 8－21　　商业发票

<table>
<tr><td colspan="5">COMMERCIAL INVOICE</td></tr>
<tr><td colspan="3" rowspan="3">To:</td><td colspan="2">Invoice No.:</td></tr>
<tr><td colspan="2">Invoice Date:</td></tr>
<tr><td colspan="2">S/C No.:</td></tr>
<tr><td colspan="2">From:</td><td colspan="3">To:</td></tr>
<tr><td>Marks and Numbers</td><td>Number and Kind of Package,
Description of Goods</td><td>Quantity</td><td>Unit Price</td><td>Amount</td></tr>
<tr><td></td><td></td><td></td><td></td><td></td></tr>
<tr><td colspan="2">TOTAL</td><td></td><td></td><td></td></tr>
<tr><td colspan="5">SAY TOTAL:</td></tr>
<tr><td colspan="5"></td></tr>
</table>

表 8-22 装箱单

<table>
<tr><td colspan="7">PACKING LIST</td></tr>
<tr><td colspan="4" rowspan="3">To:</td><td colspan="3">Invoice No.:</td></tr>
<tr><td colspan="3">Invoice Date:</td></tr>
<tr><td colspan="3">S/C No.:</td></tr>
<tr><td colspan="3">From:</td><td colspan="4">To:</td></tr>
<tr><td>Marks and Numbers</td><td>Description of Goods</td><td>Quantity</td><td>Package</td><td>N. W.</td><td>G. W.</td><td>Meas.</td></tr>
<tr><td></td><td></td><td></td><td></td><td></td><td></td><td></td></tr>
<tr><td colspan="2">TOTAL</td><td></td><td></td><td></td><td></td><td></td></tr>
<tr><td colspan="7">SAY TOTAL:</td></tr>
<tr><td colspan="7"></td></tr>
</table>

【任务 2】办理出口托运

8 月 10 日，外贸业务员罗文斌根据备货信息、商业发票、装箱单和其他相关信息制作订舱委托书（见表 8-23），向 Soni Co., Ltd. 指定的货代公司浙江双马国际货运有限公司青岛分公司办理订舱手续，要求安排中国外运公司的 YONG YUE 7 船、067E 航次，8 月 16 日在青岛港装运 1 个 20 英尺集装箱，8 月 19 日在宁波港装运 1 个 20 英尺集装箱。

8 月 13 日，浙江双马国际货运有限公司青岛分公司确认订舱成功。

表 8-23 **订舱委托书**

年 月 日

<table>
<tr><td rowspan="4">托运人</td><td colspan="3" rowspan="4"></td><td>合同号</td><td></td></tr>
<tr><td>发票号</td><td></td></tr>
<tr><td>信用证号</td><td></td></tr>
<tr><td>运输方式</td><td></td></tr>
<tr><td rowspan="3">收货人</td><td colspan="3" rowspan="3"></td><td>起运港</td><td></td></tr>
<tr><td>目的港</td><td></td></tr>
<tr><td>装运期</td><td></td></tr>
<tr><td rowspan="4">通知人</td><td colspan="3" rowspan="4"></td><td>可否转运</td><td></td></tr>
<tr><td>可否分批</td><td></td></tr>
<tr><td>运费支付方式</td><td></td></tr>
<tr><td>正本提单</td><td></td></tr>
<tr><td colspan="2">唛头</td><td>货名</td><td>包装件数</td><td>总毛重</td><td>总体积</td></tr>
<tr><td colspan="2"></td><td></td><td></td><td></td><td></td></tr>
<tr><td>注意事项</td><td colspan="5"></td></tr>
<tr><td colspan="3">受托人</td><td colspan="3">委托人</td></tr>
<tr><td colspan="3"></td><td colspan="3"></td></tr>
<tr><td colspan="3">电话：　　　传真：</td><td colspan="3">电话：　　　传真：</td></tr>
<tr><td colspan="3">联系人：</td><td colspan="3">联系人：</td></tr>
</table>

【任务 3】办理出口报关

1. 在青岛办理出口报关

8 月 14 日，外贸业务员罗文斌或指示外贸单证员根据出口合同、商业发票、装箱单和相关信息马上办理、制作和备齐出口货物报关单（见表 8-24）、报关委托书等报关单证，寄给浙江双马国际货运有限公司青岛分公司，委托其代为办理报关手续。青岛管文有限公司的登记号是 3579807685。

表 8－24

中华人民共和国海关出口货物报关单

预录入编号：　　　　海关编号：　　　　（申报地海关）　　　　页码/页数：

境内发货人	出境关别		出口日期		申报日期		备案号
境外收货人	运输方式		运输工具名称及航次号		提运单号		
生产销售单位	监管方式		征免性质		许可证号		
合同协议号	贸易国（地区）		运抵国（地区）		指运港		离境口岸
包装种类	件数	毛重（千克）	净重（千克）	成交方式	运费	保费	杂费
随附单证							
标记唛码及备注							

项号	商品编号	商品名称及规格型号	数量及单位	单价/总价/币制	原产国（地区）	最终目的国（地区）	境内货源地	征免

特殊关系确认：	价格影响确认：	支付特许权使用费确认：	自报自缴：

报关人员 申报单位	报关人员证号	电话	兹申明对以上内容承担如实申报、依法纳税之法律责任 申报单位（签章）	海关批注及签章

2. 在宁波办理出口报关

8 月 16 日，外贸业务员罗文斌或指示外贸单证员根据出口合同、商业发票、装箱单和相关信息马上办理、制作和备齐出口货物报关单、报关委托书等报关单证，寄给浙江双马国际货运有限公司青岛分公司，委托其代为办理报关手续。

实训 9

出口制单、审单和收汇操作

实训目标

通过实训，学生能根据信用证条款和/或合同条款以及实际出货信息缮制信用证要求的其他结汇单据，能根据信用证和《UCP600》的规定对结汇单据进行审核，能办理出口收汇操作。

示范项目

【任务 1】制作或办理其他结汇单据

2019 年 1 月 31 日，浙江安妮进出口有限公司外贸业务员叶聪华或指示外贸单证员根据信用证以及商业发票、装箱单的要求，向浙江省贸促会申领一般原产地证一式两份。拿到一般产地证后，把一份正本快递给 Dari GmbH & Co. KG，并制作受益人证明。

2 月 3 日，外贸业务员叶聪华给 Dari GmbH & Co. KG 发送装运通知。

2 月 11 日，叶聪华收到浙江双马国际货运有限公司寄来的海运提单（见表 9－1）后，制作汇票。

表 9-1 　　　　　　　　　　　　　　**海运提单**

1. Shipper ZHEJIANG ANNIE IMPORT AND EXPORT CO., LTD. NO. 1298 HUAXING ROAD, HANGZHOU, CHINA	B/L No.: NGBFXT001568
2. Consignee TO ORDER	**中海集装箱运输（香港）有限公司** CHINA SHIPPING CONTAINER LINES (HONGKONG) Cable: CSHKAC Telex: 87986 CSHKAHX Port-to-Port or Combined Transport **BILL OF LADING**
3. Notify Party (carrier not to be responsible for failure to notify) DARI GMBH & CO. KG DOMSTRASSE 99, D-20095 HAMBURG, GERMANY TEL: 0049-40-3410239 FAX: 0049-40-3410236	RECEIVED in external apparent good order and condition, except otherwise noted. The total number of containers or other packages or units shown in the Bill of Lading receipt, is said by the shipper to contain the goods described above, which description the carrier has no reasonable means of checking and is not part of the Bill of Lading. One original Bill of Lading should be surrendered, except clause 22 paragraph 5, in exchange for delivery of the shipment. Signed by the consigned or duly endorsed by the holder in due course. Whereupon the other original(s) issued shall be void. In accepting this Bill of Lading, the Merchants agree to be bound by all the terms on the face and back hereof as if each had personally signed this Bill of Lading. WHEN the Place of Receipt of the goods is an inland point and is so named herein, any notation of "ON BOARD", "SHIPPED ON BOARD" or words to like effect on this Bill of Lading shall be deemed to mean on board the truck, trail car, air craft or other inland conveyance (as the case may be), performing carriage form the Place or Receipt of the goods to the Port of Loading. SEE clause 4 on the back of this Bill of Lading (Terms continued on the back hereof read carefully) **ORIGINAL**

4. Pre-carriage by	5. Place of Receipt	
6. Ocean Vessel Voy. No. XIN YA ZHOU V. 0023W	7. Port of Loading SHANGHAI	
8. Port of Discharge HAMBURG, GERMANY	9. Place of Delivery	10. Final Destination (of the goods-not the ship)

11. Marks & Nos. Container Seal No.	12. No. of Containers or Packages	13. Description of Goods	14. Gross Weight	15. Measurement
DARI AN1900157 HAMBURG CARTON NO.: 1-219	6 PALLETS FREIGHT PREPAID	FORGED BRASS BALL VALVES L/C NO.: LC-520-046789 L/C DATE: JAN. 14, 2019	4 870.20KGS	5.808CBM

16. Description of Contents for Shipper's Use Only (CARRIER NOT RESPONSIBLE)

17. Total Number of Containers and/or Packages (in Words): SIX PALLETS ONLY.

18. Freight & Charges	19. Revenue Tons	20. Rate	21. Per	22. Prepaid	23. Collect
24. Ex. Rate:	25. Prepaid at SHANGHAI	26. Payable at		27. Place and Date of Issue SHANGHAI, FEB. 3, 2019	
	28. Total Prepaid	29. No. of Original B(s)/L THREE (3)		Signed for the Carrier CHINA SHIPPING CONTAINER LINES (HONGKONG) 王 力	

【任务2】审核出口结汇单据并办理出口收汇

外贸业务员叶聪华根据信用证和《UCP600》的规定对结汇单据进行审核，审核无误后向银行交单办理出口收汇。

示范操作

任务1 制作或办理其他结汇单据

1\. 办理一般原产地证

2019年1月31日，浙江安妮进出口有限公司的外贸业务员叶聪华或指示外贸单证员，办理一般原产地证（见表9-2）。

表9-2 原产地证

<table>
<tr><td colspan="2">1. Exporter</td><td colspan="3">Certificate No.: CCPIT191921236</td></tr>
<tr><td colspan="2">ZHEJIANG ANNIE IMPORT AND EXPORT CO., LTD.
NO. 1298 HUAXING ROAD, HANGZHOU, CHINA</td><td colspan="3" rowspan="3">CERTIFICATE OF ORIGIN
OF
THE PEOPLE'S REPUBLIC OF CHINA</td></tr>
<tr><td colspan="2">2. Consignee</td></tr>
<tr><td colspan="2">DARI GMBH & CO. KG
DOMSTRASSE 99, D-20095 HAMBURG, GERMANY</td></tr>
<tr><td colspan="2">3. Means of transport and route</td><td colspan="3">5. For certifying authority use only</td></tr>
<tr><td colspan="2">FROM SHANGHAI, CHINA TO HAMBURG, GERMANY BY SEA</td><td colspan="3" rowspan="3"></td></tr>
<tr><td colspan="2">4. Country/region of destination</td></tr>
<tr><td colspan="2">GERMANY</td></tr>
<tr><td>6. Marks and numbers</td><td>7. Number and kind of packages; description of goods</td><td>8. HS Code</td><td>9. Quantity</td><td>10. Number and date of invoices</td></tr>
<tr><td>DARI
AN1900157
HAMBURG
CARTON
NO.: 1-219</td><td>TWO HUNDRED AND NINETEEN (219) CARTONS OF FORGED BRASS BALL VALVES.
****
L/C NO.: LC-520-046789
L/C DATE: JAN. 14, 2019</td><td>8481804090</td><td>4 870.20KGS/
13 552SETS</td><td>AN2019069
JAN. 25, 2019</td></tr>
<tr><td colspan="2">11. Declaration by the exporter
The undersigned hereby declares that the above details and statements are correct, that all the goods were produced in China and that they comply with the Rules of Origin of the People's Republic of China.</td><td colspan="3">12. Certification
It is hereby certified that the declaration by the exporter is correct.</td></tr>
<tr><td colspan="2">ZHEJIANG ANNIE IMPORT AND EXPORT CO., LTD.
蔡海峰
HANGZHOU, JAN. 31, 2019</td><td colspan="3"></td></tr>
<tr><td colspan="2">Place and date, signature and stamp of authorized signatory</td><td colspan="3">Place and date, signature and stamp of certifying authority</td></tr>
</table>

2. 邮寄一般原产地证并制作受益人证明

2月3日，拿到一般原产地证后，外贸业务员叶聪华或指示外贸单证员把一份正本快递给 Dari GmbH & Co. KG，并制作受益人证明（见表9-3）。

表9-3 受益人证明

ZHEJIANG ANNIE IMPORT AND EXPORT CO., LTD. NO. 1298 HUAXING ROAD, HANGZHOU, CHINA TEL: 0086-571-89991357 FAX: 0086-571-89991358 **BENEFICIARY'S CERTIFICATE**			
To	WHOM IT MAY CONCERN.	Invoice No.	AN2019069
		Date	FEB. 3, 2019
WE HEREBY CERTIFY THAT ORIGINAL GSP CERTIFICATE OF ORIGIN FORM A HAS BEEN SENT TO THE APPLICANT BY SPEED POST. L/C NO.: LC-520-046789 L/C DATE: JAN. 14, 2019			

3. 制作装运通知

2月3日，外贸业务员叶聪华根据信用证、商业发票和海运提单制作并给 Dari GmbH & Co. KG 传真装运通知（见表9-4）。

表9-4 装运通知

ZHEJIANG ANNIE IMPORT AND EXPORT CO., LTD. NO. 1298 HUAXING ROAD, HANGZHOU, CHINA TEL: 0086-571-89991357 FAX: 0086-571-89991358 **SHIPPING ADVICE**			
TO	DARI GMBH & CO. KG DOMSTRASSE 99, D-20095 HAMBURG, GERMANY	ISSUE DATE	FEB. 3, 2019
		S/C. NO.	AN1900157
		L/C NO.	LC-520-046789
		L/C DATE	JAN. 14, 2019
Dear Sir or Madam: We are glad to advice you that the following mentioned goods has been shipped out, full details were shown as follows:			
Invoice Number	AN2019069		
Bill of Lading Number	NGBFXT001568		
Ocean Vessel	XIN YA ZHOU, V. 0023W		
Port of Loading	SHANGHAI, CHINA		
Date of Shipment	FEB. 3, 2019		
Port of Destination	HAMBURG, GERMANY		
Estimated Date of Arrival	FEB. 28, 2019		
Containers/Seals Number			
Description of Goods	FORGED BRASS BALL VALVES		
Shipping Marks	DARI AN1900157 HAMBURG CARTON NO.: 1-219		
Quantity	13 552SETS		
Gross Weight	4 870.20KGS		
Net Weight	4 591.20KGS		
Total Value	USD33 316.80		
Thank you for your patronage. We look forward to the pleasure of receiving your valuable repeat orders. Yours sincerely, ZHEJIANG ANNIE IMPORT AND EXPORT CO., LTD. 蔡海峰			

4. 制作汇票

2 月 11 日，外贸业务员叶聪华或指示外贸单证员根据信用证和商业发票制作汇票（见表 9－5）。

表 9－5 汇票

<table>
<tr><td colspan="6">BILL OF EXCHANGE</td></tr>
<tr><td>凭
Drawn under</td><td colspan="2">BANK OF CHINA HAMBURG BRANCH</td><td colspan="2">不可撤销信用证
Irrevocable L/C No.</td><td>LC－520－046789</td></tr>
<tr><td>日期
Date</td><td>JAN. 14，2019</td><td>支 取
Payable with interest</td><td colspan="3">@ %按息付款</td></tr>
<tr><td>号码
No.</td><td>AN2019069</td><td>汇票金额
Exchange for</td><td>USD33 316.80</td><td>杭州
Hangzhou</td><td>FEB. 11，2019</td></tr>
<tr><td>见票
At</td><td>* * *</td><td colspan="4">日后（本汇票之副本未付）
Sight of this First of Exchange（Second of Exchange being unpaid）</td></tr>
<tr><td>付交
Pay to the order of</td><td colspan="5">BANK OF CHINA ZHEJIANG BRANCH</td></tr>
<tr><td>金额
The sum of</td><td colspan="5">U. S. DOLLARS THIRTY THREE THOUSAND THREE HUNDRED AND SIXTEEN AND EIGHTY CENTS ONLY.</td></tr>
<tr><td>此致
To</td><td colspan="2">BANK OF CHINA，NEW YORK</td><td colspan="3">ZHEJIANG ANNIE IMPORT AND EXPORT CO.，LTD.
蔡海峰</td></tr>
</table>

任务 2 审核出口结汇单据并办理出口收汇

2 月 11 日，外贸业务员叶聪华根据信用证和《UCP600》的规定审核出口结汇单据，通过审核发现，受益人证明缺少受益人盖章签名。

外贸业务员叶聪华修改受益人证明后，填制交单联系单（见表 9－6）向中国银行浙江省分行交单办理出口收汇。

表 9 - 6

中国银行浙江省分行
客 户 交 单 联 系 单

致：中国银行浙江省分行

兹随附下列信用证项下出口单据一套，请按国际商会第 600 号出版物《跟单信用证统一惯例》办理寄单索汇。	
开证行：BANK OF CHINA HAMBURG BRANCH	信用证号：LC - 520 - 046789
通知行：BANK OF CHINA ZHEJIANG BRANCH	通知行编号：AD91005305427
最迟装运期：190214	有效期：190307　交单期限：21 天
汇票付款期限：AT SIGHT	汇票金额：USD33 316.80
发票编号：AN2019069	发票金额：USD33 316.80

单据	名称	汇票	发票	海关发票	海运提单正本	海运提单副本	航空运单	货物收据	保险单	装箱/重量单	数量/质量/重量证	产地证	GSP FORM A	检验/分析证	受益人证明	船公司证明	电抄	装运通知	
	份数	2	3		3	1				3		1						1	

委办事项（打“×”者）：

附信用证及修改书共 2 页。

□单据中有下列不符点：

□请向开证行寄单，我公司承担一切责任。

□寄单方式：☒特快专递 □航空挂号

核销单编号：338667889

□请电提不符点，待开证行同意后再寄单。

□索汇方式：□电索 □信索（□特快专递 □航空挂号）

公司联系人：　　　　联系电话：　　　　公司签章：

银行审单记录：	银行接单日期：		寄单日期：
	汇票/发票金额：		B/P No.：
	银行费用	通知/保兑：	银行经办：
		议/承/付：	
		修改费：	
		邮费：	
		电传：	银行复核：
		小计：	
退单记录：	费用由　　　　承担		

第一联　交寄单行（一）

实训项目

『实训项目 9－1』

上接『实训项目 8－1』。

【任务 1】制作或办理其他结汇单据

2019 年 1 月 31 日，江苏汉典有限公司外贸业务员陈惠或指示外贸单证员根据信用证以及商业发票、装箱单的要求，制作并向南京市贸促会申领一般原产地证（见表 9－7）。

表 9－7　　原产地证

<table>
<tr><td colspan="2">1. Exporter</td><td colspan="3">Certificate No.：CCPIT191921964</td></tr>
<tr><td colspan="2">2. Consignee</td><td colspan="3">CERTIFICATE OF ORIGIN
OF
THE PEOPLE'S REPUBLIC OF CHINA</td></tr>
<tr><td colspan="2">3. Means of transport and route</td><td colspan="3" rowspan="2">5. For certifying authority use only</td></tr>
<tr><td colspan="2">4. Country/region of destination</td></tr>
<tr><td>6. Marks and numbers</td><td>7. Number and kind of packages, description of goods</td><td>8. HS Code</td><td>9. Quantity</td><td>10. Number and date of invoices</td></tr>
<tr><td></td><td></td><td></td><td></td><td></td></tr>
<tr><td colspan="2">11. Declaration by the exporter
The undersigned hereby declares that the above details and statements are correct, that all the goods were produced in China and that they comply with the Rules of Origin of the People's Republic of China.</td><td colspan="3">12. Certification
It is hereby certified that the declaration by the exporter is correct.</td></tr>
<tr><td colspan="2">Place and date, signature and stamp of authorized signatory</td><td colspan="3">Place and date, signature and stamp of certifying authority</td></tr>
</table>

2 月 3 日，外贸业务员陈惠制作并给 KCC India Limited 发送装运通知（见表 9－8）。

表 9-8　　装运通知

<table>
<tr><td colspan="4">SHIPPING ADVICE</td></tr>
<tr><td rowspan="4">TO</td><td rowspan="4"></td><td>ISSUE DATE</td><td></td></tr>
<tr><td>S/C. NO.</td><td></td></tr>
<tr><td>L/C NO.</td><td></td></tr>
<tr><td>L/C DATE</td><td></td></tr>
<tr><td colspan="4">Dear Sir or Madam:
We are glad to advice you that the following mentioned goods has been shipped out, full details were shown as follows:</td></tr>
<tr><td colspan="2">Invoice Number</td><td colspan="2"></td></tr>
<tr><td colspan="2">Bill of Lading Number</td><td colspan="2"></td></tr>
<tr><td colspan="2">Ocean Vessel</td><td colspan="2"></td></tr>
<tr><td colspan="2">Port of Loading</td><td colspan="2"></td></tr>
<tr><td colspan="2">Date of Shipment</td><td colspan="2"></td></tr>
<tr><td colspan="2">Port of Destination</td><td colspan="2"></td></tr>
<tr><td colspan="2">Estimated Date of Arrival</td><td colspan="2"></td></tr>
<tr><td colspan="2">Containers/Seals Number</td><td colspan="2"></td></tr>
<tr><td colspan="2">Description of Goods</td><td colspan="2"></td></tr>
<tr><td colspan="2">Shipping Marks</td><td colspan="2"></td></tr>
<tr><td colspan="2">Quantity</td><td colspan="2"></td></tr>
<tr><td colspan="2">Gross Weight</td><td colspan="2"></td></tr>
<tr><td colspan="2">Net Weight</td><td colspan="2"></td></tr>
<tr><td colspan="2">Total Value</td><td colspan="2"></td></tr>
<tr><td colspan="4">Thank you for your patronage. We look forward to the pleasure of receiving your valuable repeat orders.</td></tr>
<tr><td colspan="4">Yours sincerely,</td></tr>
</table>

2月11日，外贸业务员陈惠收到上海锦海捷亚国际货运代理有限公司寄来的海运提单（见表9-9）后，制作汇票（见表9-10）和受益人证明（见表9-11）。

表 9－9　　　　**海运提单**

<table>
<tr><td colspan="3">1. Shipper (Insert Name, Address and Phone)
JIANGSU HANDIAN CORPORATION
NO. 908 TIANSHAN RD., NANJING, 210018, CHINA</td><td colspan="2">B/L No.: FZSS764

中远集装箱运输有限公司
COSCO CONTAINER
LINES
TLX: 33057 COSCO CN
FAX: +86 (021) 6545 8984
ORIGINAL

Port-to-Port
BILL OF LADING

Shipped on board and condition except as otherwise noted…</td></tr>
<tr><td colspan="3">2. Consignee (Insert Name, Address and Phone)
TO THE ORDER OF ING VYSYA BANK LTD., TRADE FINANCE UNIT, PATEL CHAMBERS, OPERA HOUSE, MUMBAI, 400007, INDIA</td><td colspan="2"></td></tr>
<tr><td colspan="3">3. Notify Party (Insert Name, Address and Phone)
ING VYSYA BANK LTD., TRADE FINANCE UNIT, PATEL CHAMBERS, OPERA HOUSE, MUMBAI, 400007, INDIA AND KCC INDIA LTD., 11 FAIZ-EEDROOS 288/289 NARSI NATHA STREET, MUMBAI, 400009, INDIA</td><td colspan="2"></td></tr>
<tr><td colspan="2">4. Ocean Vessel Voy. No.
HYUNDAI BRIDGE V. 234W</td><td>5. Port of Loading
SHANGHAI</td><td colspan="2"></td></tr>
<tr><td colspan="2">6. Port of Discharge
NHAVA SHEVA</td><td>7. Port of Destination</td><td colspan="2"></td></tr>
<tr><td>8. Marks & Nos.
Container/Seal No.</td><td>9. No. of Containers or Packages</td><td>10. Description of Goods</td><td>11. Gross Weight</td><td>12. Measurement</td></tr>
<tr><td>CN: COSU3234301
COSU3234302
COSU3234303
COSU3234304
COSU3234305
COSU3234306
SN: 3320213/3320214/
3320215/3320216/
3320217/3320218</td><td>60PALLETS
6×20′FCL</td><td>ALUMINIUM FIN STRIPS

L/C NO.: 98097656
DATE OF L/C: JAN. 9, 2019

FREIGHT PREPAID</td><td>124. 2MT</td><td>72M³</td></tr>
<tr><td colspan="5">Description of Contents for Shipper's Use Only (Not part of This B/L Contract)</td></tr>
<tr><td colspan="5">Total number of containers and/or packages (in words): SIXTY PALLETS ONLY.</td></tr>
<tr><td rowspan="2">Ex. Rate:</td><td>Prepaid at
SHANGHAI</td><td>Payable at</td><td colspan="2">Place and date of issue
SHANGHAI, FEB. 3, 2019</td></tr>
<tr><td>Total Prepaid</td><td>No. of Original B(s)/L
THREE (3)</td><td colspan="2">Signed for the Carrier
COSCO CONTAINER LINES
李 曼</td></tr>
</table>

表 9 - 10　　汇票

<table>
<tr><td colspan="8">**BILL OF EXCHANGE**</td></tr>
<tr><td colspan="2">凭
Drawn under</td><td colspan="2"></td><td colspan="2">不可撤销信用证
Irrevocable L/C No.</td><td colspan="2"></td></tr>
<tr><td>日期
Date</td><td></td><td colspan="2">支 取
Payable with interest</td><td colspan="4">@　　%按息付款</td></tr>
<tr><td>号码
No.</td><td></td><td>汇票金额
Exchange for</td><td></td><td></td><td colspan="3"></td></tr>
<tr><td>见票
At</td><td></td><td colspan="6">日后（本汇票之副本未付）
Sight of this First of Exchange（Second of Exchange being unpaid）</td></tr>
<tr><td colspan="2">付交
Pay to the order of</td><td colspan="6"></td></tr>
<tr><td colspan="2">金额
The sum of</td><td colspan="6"></td></tr>
<tr><td rowspan="2">此致
To</td><td colspan="3"></td><td rowspan="2" colspan="4"></td></tr>
<tr><td colspan="3"></td></tr>
</table>

表 9 - 11　　受益人证明

<table>
<tr><td colspan="4">**BENEFICIARY'S CERTIFICATE**</td></tr>
<tr><td rowspan="2">To</td><td rowspan="2"></td><td>Invoice No.</td><td></td></tr>
<tr><td>Date</td><td></td></tr>
<tr><td colspan="4"></td></tr>
</table>

【任务 2】审核出口结汇单据并办理出口收汇

外贸业务员陈惠根据信用证和《UCP600》的规定对制作或办理的结汇单据和保险单（见表 9 - 12）进行审核。

表 9－12　　保险单

中国大地财产保险股份有限公司
China Continent Property & Casualty Insurance Company Ltd.

货物运输保险单
CARGO TRANSPORTATION INSURANCE POLICY

发票号（INVOICE NO.） HD2019097　　保单号次（POLICY NO.） BJ123567
合同号（CONTRACT NO.） HD19076
信用证号（L/C NO.） 98097656
被保险人（INSURED） JIANGSU HANDIAN CORPORATION

中国大地财产保险股份有限公司（以下简称“本公司”）根据被保险人的要求，由被保险人向本公司缴付约定的保险费，按照本保险单承保险别和背面所载条款与下列特款承保下述货物运输保险，特立本保险单。
THIS POLICY OF INSURANCE WITNESSES THAT CHINA CONTINENT PROPERTY & CASUALTY INSURANCE COMPANY LTD. (HEREINAFTER CALLED "THE COMPANY") AT THE REQUEST OF THE INSURED AND IN CONSIDERATION OF THE AGREED PREMIUM PAID TO THE COMPANY BY THE INSURED, UNDERTAKES TO INSURE THE UNDERMENTIONED GOODS IN TRANSPORTATION SUBJECT TO THE CONDITIONS OF THIS POLICY AS PER THE CLAUSES PRINTED OVERLEAF AND OTHER SPECIAL CLAUSES ATTACHED HEREON.

标　记 MARKS&NOS	包装及数量 QUANTITY	保险货物项目 DESCRIPTION OF GOODS	保险金额 AMOUNT INSURED
AS PER INVOICE NO. HD2019097	60PALLETS	ALUMINIUM FIN STRIPS	USD119 988.00

总保险金额（TOTAL AMOUNT INSURED） SAY U.S. DOLLARS ONE HUNDRED NINETEEN THOUSAND NINE HUNDRED AND EIGHTY EIGHT ONLY.

保费：PERMIUM：AS ARRANGED　　起运日期：DATE OF COMMENCEMENT：FEB. 3，2019　　装载运输工具：PER CONVEYANCE：HYUNDAI BRIDGE，VOY. NO. 234W

自 FROM SHANGHAI，CHINA　　经 VIA ＊＊＊　　至 TO NHAVA SHEVA，INDIA

承保险别：
CONDITIONS：COVERING ALL RISKS OF CIC OF PICC INCL. WAREHOUSE TO WAREHOUSE AND I. O. P.

所保货物，如发生保险单项下可能引起索赔的损失或损坏，应立即通知本公司下述代理人查勘。如有索赔，应向本公司提交保单正本（本保险单共有 2 份正本）及有关文件。如 1 份正本已用于索赔，其余正本自动失效。
IN THE EVENT OF LOSS OR DAMAGE WHICH MAY RESULT IN A CLAIM UNDER THIS POLICY, IMMEDIATE NOTICE MUST BE GIVEN TO THE COMPANY'S AGENT AS MENTIONED HEREUNDER. CLAIMS, IF ANY, ONE OF THE ORIGINAL POLICY WHICH HAS BEEN ISSUED IN TWO ORIGINAL(S) TOGETHER WITH THE RELEVANT DOCUMENTS SHALL BE SURRENDERED TO THE COMPANY. IF ONE OF THE ORIGINAL POLICY HAS BEEN ACCOMPLISHED, THE OTHERS TO BE VOID.

赔款偿付地点
CLAIM PAYABLE AT NHAVA SHEVA IN USD

出单日期
ISSUING DATE FEB. 1，2019

中国大地财产保险股份有限公司
China Continent Property & Casualty Insurance Company Ltd.
王　萌
(Authorized Signature)

审单结果为：

审单无误后，外贸业务员陈惠填写了交单联系单（见表9－13），并向中国农业银行南京市分行交单办理出口收汇。

表 9－13

中国农业银行南京市分行
客 户 交 单 联 系 单

致：

<table>
<tr><td colspan="20">兹随附下列信用证项下出口单据一套，请按国际商会第 600 号出版物《跟单信用证统一惯例》办理寄单索汇。</td></tr>
<tr><td colspan="10">开证行：</td><td colspan="10">信用证号：</td></tr>
<tr><td colspan="10">通知行：</td><td colspan="10">通知行编号：</td></tr>
<tr><td colspan="10">最迟装运期：</td><td colspan="5">有效期：</td><td colspan="5">交单期限：</td></tr>
<tr><td colspan="10">汇票付款期限：</td><td colspan="10">汇票金额：</td></tr>
<tr><td colspan="10">发票编号：</td><td colspan="10">发票金额：</td></tr>
<tr><td rowspan="2">单据</td><td>名称</td><td>汇票</td><td>发票</td><td>海关发票</td><td>海运提单正本</td><td>海运提单副本</td><td>航空运单</td><td>货物收据</td><td>保险单</td><td>装箱/重量单</td><td>数量/质量/重量证</td><td>产地证</td><td>GSP FORM A</td><td>检验/分析证</td><td>受益人证明</td><td>船公司证明</td><td>电抄</td><td>装运通知</td><td></td></tr>
<tr><td>份数</td><td></td><td></td><td></td><td></td><td></td><td></td><td></td><td></td><td></td><td></td><td></td><td></td><td></td><td></td><td></td><td></td><td></td><td></td></tr>
<tr><td colspan="20">委办事项（打“×”者）：
附信用证及修改书共 2 页。
□单据中有下列不符点：

□请向开证行寄单，我公司承担一切责任。　　□请电提不符点，待开证行同意后再寄单。
□寄单方式：□特快专递 □航空挂号　　□索汇方式：□电索 □信索（□特快专递 □航空挂号）
核销单编号：________
公司联系人：　　联系电话：　　公司签章：</td></tr>
<tr><td colspan="9" rowspan="8">银行审单记录：</td><td colspan="5">银行接单日期：</td><td colspan="6">寄单日期：</td></tr>
<tr><td colspan="5">汇票/发票金额：</td><td colspan="6">B/P No.：</td></tr>
<tr><td rowspan="6">银行费用</td><td colspan="4">通知/保兑：</td><td colspan="6" rowspan="4">银行经办：</td></tr>
<tr><td colspan="4">议/承/付：</td></tr>
<tr><td colspan="4">修改费：</td></tr>
<tr><td colspan="4">邮费：</td></tr>
<tr><td colspan="4">电传：</td><td colspan="6" rowspan="3">银行复核：</td></tr>
<tr><td colspan="4">小计：</td></tr>
<tr><td colspan="9">退单记录：</td><td colspan="5">费用由　　　　承担</td></tr>
</table>

第一联　交寄单行（一）

『实训项目 9－2』

上接『实训项目 8－2』。

【任务 1】确认提单内容

2018 年 8 月 28 日，福建惠惠进出口有限公司收到浙江双马国际货运有限公司福州分公司的提单确认书（见表 9－14）。

表 9－14　　　　提单确认书

<table>
<tr><td colspan="2">Shipper
FUJIAN HUIHUA I/E CO., LTD.
NO. 23 SHENGLI RD., FUZHOU, CHINA</td><td colspan="2">B/L No.：EGLV1509000028369</td></tr>
<tr><td colspan="2">Consignee
TO ORDER OF ISSUING BANK</td><td colspan="2" rowspan="6">TO：吴俊峰

开航日期：2018－08－31
（以上为预计开航日期，以实际开航日为准）

请务必于开航前两天内将此提单确认件回传，因逾期确认所引起的提单更改费由贵司承担，敬请配合及谅解，谢谢！如需电放，请提供保函！

FM：双马单证/王红
TEL：82370746
FAX：82370747
MSN：ketti86@live. cn

日期：2018－08－28　10：20：51</td></tr>
<tr><td colspan="2">Notify Party
C. H. JACKSON INTERNATIONAL INC., 1400 CHARLSON ROAD SUITE 400 EDEN PRAIRIE, MN 55346, PHONE：952－352－1101, FAX：952－352－1111</td></tr>
<tr><td>Pre-carriage by</td><td>Place of Receipt/Date
XIAMEN, CHINA</td></tr>
<tr><td>Ocean Vessel　Voy. No.
EVER SUMMIT　0597－020E</td><td>Port of Loading
XIAMEN, CHINA</td></tr>
<tr><td>Port of Discharge
OAKLAND, U. S. A.</td><td>Place of Delivery
OAKLAND, U. S. A.</td></tr>
<tr></tr>
<tr><td>Marks & Nos.,
Container/Seal No.</td><td>No. of Containers
or Packages</td><td>Description of Goods</td><td>Measurement (CBM)/
Gross Weight (KGS)</td></tr>
<tr><td>FSCU4242594/40′/
EMCDUC9708</td><td>330CARTONS
1×40′GP</td><td>PAC BOOTS

FREIGHT PREPAID</td><td>47. 682 6CBM
4 190KGS</td></tr>
<tr><td colspan="4">Total number of containers and/or packages (in words)：THREE HUNDRED THIRY CARTONS ONLY.</td></tr>
</table>

外贸业务员吴俊峰根据实际备货情况审核该提单确认书（如有修改之处写在下面）。

【任务 2】制作或办理其他结汇单据

8 月 30 日，外贸业务员吴俊峰收到福州田园制鞋厂制作的原产地证书（见表 9－15）。

表 9－15　　原产地证书

<table>
<tr><td colspan="4">FUZHOU TIANYUAN FOOTWARE FACTORY
NO. 42 BEIJING ROAD，FUZHOU，CHINA

CERTIFICATE OF ORIGIN</td></tr>
<tr><td rowspan="3">TO</td><td rowspan="3">WHOM IT MAY CONCERN.</td><td>Invoice No.</td><td>HH2018210</td></tr>
<tr><td>Date</td><td>AUG. 26，2018</td></tr>
<tr><td>S/C No.</td><td>HH18130</td></tr>
<tr><td colspan="4">WE HEREBY CERTIFY THAT 1 980PAIRS PAC BOOTS SHIPPED FROM XIAMEN，CHINA TO OAKLAND，U. S. A. ON AUG. 31，2018 MADE BY US ARE OF CHINESE ORIGIN.</td></tr>
</table>

8 月 31 日，外贸业务员吴俊峰制作并给 Martin Footwear Inc. 发送装运通知（见表 9－16）。

表 9-16　　装运通知

SHIPPING ADVICE			
TO		ISSUE DATE	
		S/C. NO.	
		L/C NO.	
Dear Sir or Madam, We are glad to advice you that the following mentioned goods has been shipped out, full details were shown as follows:			
Invoice Number			
Bill of Lading Number			
Ocean Vessel			
Port of Loading			
Date of Shipment			
Port of Destination			
Estimated Date of Arrival			
Containers/Seals Number			
Description of Goods			
Shipping Marks			
Quantity			
Gross Weight			
Net Weight			
Total Value			
Thank you for your patronage. We look forward to the pleasure of receiving your valuable repeat orders.			
Yours sincerely,			

9 月 4 日，外贸业务员吴俊峰收到浙江双马国际货运有限公司福州分公司寄来的海运提单（见表 9-17）后制作汇票（见表 9-18）。

表 9-17 海运提单

EVERGREEN LINE A Joint Service Agreement	**BILL OF LADING** NOT NEGOTIABLE UNLESS COSIGNED TO ORDER **ORIGINAL**
Shipper/Exporter (complete name and address) FUJIAN HUIHUA I/E CO., LTD. NO. 23 SHENGLI RD., FUZHOU, CHINA	Documents No. Export References
Consignee (complete name and address)/(unless provided otherwise, a consignment "To Order" means To Order of Shipper) TO ORDER OF ISSUING BANK	Forwarding Agent
Notify Party (complete name and address) C. H. JACKSON INTERNATIONAL INC., 1400 CHARLSON ROAD, SUITE 400 EDEN PRAIRIE, MN 55346, PHONE: 952-352-1101, FAX: 952-352-1111	Point and Country of Origin (for the Merchant's reference only) Also Notify Party (complete name and address)

Pre-carriage by	Place of Receipt/Date XIAMEN, CHINA	In witness whereof, the undersigned, on behalf of the Carrier and Vessel Provider, Italia Maritima S. P. A., has signed the number of Bill(s) of Lading stated below, all of this tenor and date, one of which being accomplished, the others to stand void.
Ocean Vessel Voy. No. EVER SUMMIT 0597-020E	Port of Loading XIAMEN, CHINA	
Port of Discharge OAKLAND, U. S. A.	Place of Delivery OAKLAND, U. S. A.	Onward Inland Routing/Export Instructions (for the Merchant's reference only)

Marks & Nos., Container/Seal No.	No. of Containers or Packages	Description of Goods	Measurement (CBM) Gross Weight (KGS)
FSCU4242594/40'/ EMCDUC9708	330CARTONS 1×40'GP	PAC BOOTS "OCEAN FREIGHT PREPAID" SHIPPER'S LOAD & COUNT 330 CARTONS	47.682 6CBM 4 190KGS
TOTAL NUMBER OF CONTAINERS OR PACKAGES (IN WORDS)		ONE(1) CONTAINER ONLY.	

FREIGHT & CHARGES	Revenue Tons	Rate Per	Prepaid	Collect
B/L NO. EGLV1509000028369	Number of Original B(s)/L THREE		Prepaid at XIAMEN,CHINA	Collect at
	Place of B(s)/L Issue/Date FUZHOU, AUG. 31, 2018		Exchange Rate USD1=RMB6.100 0	Exchange Rate

Service Type/Mode FCL/FCL O/O	Laden on Board AUG. 31, 2018 EVER SUMMIT, 0597-020E XIAMEN, CHINA	上海航华国际船务代理有限公司 CHINA SAILING INTERNATIONAL SHIPPING AGENCY LTD. 王 辉 As agent for the Carrier and the Vessel Provider Italia Maritima S. P. A. con unico socio-cap. Soc. EUR 39 500 000 i. v. c. f. e n. iscr. 00047820329 reg. Impr. TRIESTE Sede legale: passeggio S. Andrea, 4-34123 Trieste Doing business as "Evergreen Line" AS AGENT

表 9-18　　汇票

BILL OF EXCHANGE					
凭 Drawn under			不可撤销信用证 Irrevocable L/C No.		
日期 Date		支 取 Payable with interest	@　　%按息付款		
号码 No.		汇票金额 Exchange for			
见票 At		日后（本汇票之副本未付） Sight of this First of Exchange（Second of Exchange Being unpaid）			
付交 Pay to the order of					
金额 The sum of					
此致 To					

【任务3】审核出口结汇单据并办理出口收汇

9月4日，外贸业务员吴俊峰根据信用证和《UCP600》的规定对制作或办理的结汇单据进行审核，审单结果和不符点处理如下：

9月5日，单据修改无误后，外贸业务员吴俊峰填写交单联系单（见表9-19）并向中国银行福建省分行交单办理出口收汇。

表 9-19

中国银行福建省分行

客户交单联系单

致：

兹随附下列信用证项下出口单据一套，请按国际商会第 600 号出版物《跟单信用证统一惯例》办理寄单索汇。		
开证行：	信用证号：	
通知行：	通知行编号：	
最迟装运期：	有效期：	交单期限：
汇票付款期限：	汇票金额：	
发票编号：	发票金额：	

单据	名称	汇票	发票	海关发票	海运提单正本	海运提单副本	航空运单	货物收据	保险单	装箱/重量单	数量/质量/重量证	产地证	GSP FORM A	检验/分析证	受益人证明	船公司证明	电抄	装运通知	
	份数																		

委办事项（打“×”者）：
附信用证及修改书共 2 页。
□单据中有下列不符点：

□请向开证行寄单，我公司承担一切责任。　　□请电提不符点，待开证行同意后再寄单。
□寄单方式：□特快专递 □航空挂号　　□索汇方式：□电索 □信索（□特快专递 □航空挂号）
核销单编号：________
公司联系人：　　联系电话：　　公司签章：

第一联　交寄单行（一）

银行审单记录：	银行接单日期：		寄单日期：
	汇票/发票金额：		B/P No.：
	银行费用	通知/保兑：	银行经办：
		议/承/付：	
		修改费：	
		邮费：	
		电传：	银行复核：
		小计：	
退单记录：	费用由　　承担		

『实训项目 9－3』

上接『实训项目 8－3』。

【任务 1】确认提单内容并办理提单电放

2018 年 8 月 13 日和 16 日，青岛管文有限公司外贸业务员罗文斌收到浙江双马国际货运有限公司青岛分公司的两份提单确认书（见表 9－20 和表 9－21）。

表 9－20　　提单确认书（1）

<table>
<tr><td colspan="3">Shipper
QINGDAO GUANWEN CO., LTD.
NO. 21 HEPING ST., QINGDAO, CHINA</td><td colspan="2">B/L No.: HASOSAYTD60023</td></tr>
<tr><td colspan="3">Consignee
SONI CO., LTD.
NO. 9, AZA SHINBO, OHAZA YAMAYA, OSAKA, JAPAN</td><td colspan="2" rowspan="5">TO：罗文斌

开航日期：2018－08－16
（以上为预计开航日期，以实际开航日为准）

请务必于开航前两天内将此提单确认件回传，因逾期确认所引起的提单更改费由贵司承担，敬请配合及谅解，谢谢！如需电放，请提供保函！

FM：双马单证/沈德芸
TEL：84067890
FAX：84067898
MSN：emily88@live.cn

日期：2018－08－13　10：24：26</td></tr>
<tr><td colspan="3">Notify Party
SONI CO., LTD.
NO. 9, AZA SHINBO, OHAZA YAMAYA, OSAKA, JAPAN</td></tr>
<tr><td colspan="2">Pre-carriage by</td><td>Place of Receipt/Date</td></tr>
<tr><td colspan="2">Ocean Vessel　Voy. No.
YONG YUE 7　067E</td><td>Port of Loading
QINGDAO, CHINA</td></tr>
<tr><td colspan="2">Port of Discharge
OSAKA, JAPAN</td><td>Place of Delivery</td></tr>
<tr><td>Marks & Nos., Container/Seal No.</td><td>No. of Containers or Packages</td><td>Description of Goods</td><td>Gross Weight (KGS)</td><td>Measurement (CBM)</td></tr>
<tr><td>SULY2309876/
ZJGY123890</td><td>1×20′GP
450CARTONS

FCL/FCL</td><td>DOOR HANDLES

FREIGHT COLLECT</td><td>8 200KGS</td><td>24.66CBM</td></tr>
<tr><td colspan="5">Total number of containers and/or packages (in words): FOUR HUNDRED FIFTY CARTONS ONLY.</td></tr>
</table>

表 9－21　　提单确认书（2）

<table>
<tr><td colspan="3">Shipper
QINGDAO GUANWEN CO., LTD.
NO. 21 HEPING ST., QINGDAO, CHINA</td><td colspan="2">B/L No.: HASOSAYTD60028</td></tr>
<tr><td colspan="3">Consignee
SONI CO., LTD.
NO. 9, AZA SHINBO, OHAZA YAMAYA, OSAKA, JAPAN</td><td colspan="2" rowspan="5">TO：罗文斌

开航日期：2018－08－19
（以上为预计开航日期，以实际开航日为准）

请务必于开航前两天内将此提单确认件回传，因逾期确认所引起的提单更改费由贵司承担，敬请配合及谅解，谢谢！如需电放，请提供保函！

FM：双马单证/沈德芸
TEL：84067890
FAX：84067898
MSN：emily88@live.cn

日期：2018－08－16　9：32：58</td></tr>
<tr><td colspan="3">Notify Party
SONI CO., LTD.
NO. 9, AZA SHINBO, OHAZA YAMAYA, OSAKA, JAPAN</td></tr>
<tr><td colspan="2">Pre-carriage by</td><td>Place of Receipt/Date</td></tr>
<tr><td colspan="2">Ocean Vessel　Voy. No.
YONG YUE 7　067E</td><td>Port of Loading
QINGDAO, CHINA</td></tr>
<tr><td colspan="2">Port of Discharge
OSAKA, JAPAN</td><td>Place of Delivery</td></tr>
<tr><td>Marks & Nos., Container/Seal No.</td><td>No. of Containers or Packages</td><td>Description of Goods</td><td>Gross Weight (KGS)</td><td>Measurement (CBM)</td></tr>
<tr><td>SULY2309878/
ZJGY123894</td><td>1×20′GP
380CARTONS
FCL/FCL</td><td>SPIRIT LEVELS

FREIGHT COLLECT</td><td>6 320KGS</td><td>26.496CBM</td></tr>
<tr><td colspan="5">Total number of containers and/or packages (in words): THREE HUNDRED EIGHTY CARTONS ONLY.</td></tr>
</table>

外贸业务员罗文斌确认提单无误后，书写并给浙江双马国际货运有限公司青岛分公司传真提单电放保函（见表 9－22）。

表 9－22 **电放保函**

电放保函（L/G）

致：中国外运广东公司
TO：SINOTRANS GUANGDONG COMPANY

对于以下所述货物：
(WITH REGARDS TO BELOW MENTIONED CARGO：)
VESSEL：__________ VOY.：__________ B/L NO.：__________
PORT OF DELIVERY/VIA：__________
SHIPPER：__________
____
CONSIGNEE (OR RECEIVER)：__________
____
TEL：__________ FAX：__________

我司在此向贵司呈交该货物全套正本提单，保证提单的背书全部有效，并申请贵司无正本提单放货给以上收货人，我司将承担因无正本提单放货而产生的一切风险、责任和损失。

凡因此无正本提单放货而产生的任何争议，均应交中国海事仲裁委员会，按照该委员会的现行仲裁规则在上海进行仲裁。仲裁裁决是终局性的，对各方当事人均有约束力。

WE HEREWITH SURRENDER THE FULL SET OF OCEAN B/L FOR THIS CARGO WITH FIRM GUARANTEE THAT THE ENDORSEMENT(S) ON THE B/L IS ALL CONTINUOUSLY VALID. YOU ARE KINDLY REQUESTED TO RELEASE THIS CARGO TO A/M CONSIGNEE. ALL RISKS, LOSSED AND LIBALITIES IN CONNECTION WITH THE RELEASING OR ARISING THEREAFTER WILL BE BORNE BY US.

ANY DISPUTE ARISING OUT OF OR IN CONNECTION WITH THIS RELEASING SHALL BE SUBMITTED TO CHINA MARITIME ARBITRATION COMMISSION FOR ARBITRATION IN SHANGHAI IN ACCORDANCE WITH THE EXISTING ARBITRATION RULES OF THE COMMISSION. THE ARBITRATION AWARD SHALL BE FINAL AND BINDING UPON ALL THE PARTIES.

发货人签字（公司盖章）：__________
SHIPPER'S SIGNATURE (WITH COMPANY STAMP) __________
货运代理人盖章（FORWARDER'S STAMP）__________
日期（DATE）： 年 月 日
该保函如有中英文解释不同，以中文为准。
(IN THE EVENT OF DISCREPANCY BETWEEN THE INTERPRETATION OF THE CHINESE AND ENGLISH EDITION，THE CHINESE EDITION SHALL PREVAIL.)

【任务 2】制作或办理其他结汇单据

8 月 17 日和 20 日，青岛管文有限公司外贸业务员罗文斌分别收到浙江双马国际货运有限公司青岛分公司的两套电放提单（见表 9－23 和表 9－24）。

表 9 - 23　　　　电放提单（1）

Shipper QINGDAO GUANWEN CO.，LTD. NO. 21 HEPING ST.，QINGDAO，CHINA	B/L No.：HASOSAYTD60023
Consignee or order SONI CO.，LTD. NO. 9，AZA SHINBO，OHAZA YAMAYA，OSA-KA，JAPAN	中国外运广东公司 SINOTRANS GUANGDONG COMPANY **OCEAN BILL OF LADING** SHIPPED on board in apparent good order and condition（unless otherwise indicated）the goods or packages specified herein and to be discharged at the mentioned port of discharge or as near thereto as the vessel may safely get and be always afloat. The weight，measure，marks and numbers，quality，contents and value，being particulars furnished by the Shipper，are not checked by the Carrier on loading. The Shipper，Consignee and the Holder of this Bill of Lading hereby expressly accept and agree to all printed，written or stamped provisions，exceptions and conditions of this Bill of Lading，including those on the back hereof. IN WITNESS whereof the number of original Bills of Lading stated below have been signed，one of which being accomplished the other(s) to be void.
Notify address SONI CO.，LTD. NO. 9，AZA SHINBO，OHAZA YAMAYA，OSA-KA，JAPAN	

Pre-carriage by	Port of loading QINGDAO，CHINA
Ocean Vessel　Voy. No. YONG YUE 7　067E	Port of transhipment
Port of discharge OSAKA，JAPAN	Final destination

Container seal No. / marks and nos.	Number and kind of package	Description of goods	Gross weight (kgs)	Measurement (cbm)
SULY2309876/ ZJGY123890	1×20′GP 450CARTONS FCL/FCL FREIGHT COLLECT	DOOR HANDLES "SURRENDERED" SAY：ONE（1）CONTAINER ONLY.	8 200KGS	24. 66CBM

Freight and charges			Regarding transhipment information please contact
Ex. rate	Prepaid at	Freight payable at	Place and date of issue QINGDAO，AUG. 16，2018
	Total prepaid	Number of original B(s)/L THREE（3）	Signed for or on behalf of the Master 中国外运广东公司 SINOTRANS GUANGDONG COMPANY 柯燕燕 AS CARRIER

表 9 - 24　　　　电放提单（2）

Shipper QINGDAO GUANWEN CO., LTD. NO. 21 HEPING ST., QINGDAO, CHINA	B/L No.: HASOSAYTD60028
Consignee or order SONI CO., LTD. NO. 9, AZA SHINBO, OHAZA YAMAYA, OSAKA, JAPAN	SINOTRANS 中国外运广东公司 SINOTRANS GUANGDONG COMPANY **OCEAN BILL OF LADING** SHIPPED on board in apparent good order and condition (unless otherwise indicated) the goods or packages specified herein and to be discharged at the mentioned port of discharge or as near thereto as the vessel may safely get and be always afloat. The weight, measure, marks and numbers, quality, contents and value, being particulars furnished by the Shipper, are not checked by the Carrier on loading. The Shipper, Consignee and the Holder of this Bill of Lading hereby expressly accept and agree to all printed, written or stamped provisions, exceptions and conditions of this Bill of Lading, including those on the back hereof. IN WITNESS whereof the number of original Bills of Lading stated below have been signed, one of which being accomplished the other(s) to be void.
Notify address SONI CO., LTD. NO. 9, AZA SHINBO, OHAZA YAMAYA, OSAKA, JAPAN	

Pre-carriage by	Port of loading NINGBO, CHINA
Ocean Vessel　Voy. No. YONG YUE 7　067E	Port of transhipment
Port of discharge OSAKA, JAPAN	Final destination

Container seal No. / marks and nos.	Number and kind of package	Description of goods	Gross weight (kgs)	Measurement (cbm)
SULY2309878/ ZJGY123894	1×20′GP 380CARTONS FCL/FCL FREIGHT COLLECT	SPIRIT LEVELS "SURRENDERED" SAY: ONE (1) CONTAINER ONLY.	6 320KGS	26.496CBM

Freight and charges			Regarding transhipment information please contact
Ex. rate	Prepaid at	Freight payable at	Place and date of issue NINGBO, AUG. 19, 2018
	Total prepaid	Number of original B(s)/L THREE (3)	Signed for or on behalf of the Master 中国外运广东公司 SINOTRANS GUANGDONG COMPANY 柯燕燕 AS CARRIER

8 月 20 日，青岛管文有限公司外贸业务员罗文斌把以上两套电放提单传真给 Soni Co., Ltd. 的总经理 Soni。

8 月 21 日，外贸业务员罗文斌制作并给 Soni 发送装运通知（见表 9 - 25）。

表 9-25　　装运通知

SHIPPING ADVICE			
TO		ISSUE DATE	
		S/C NO.	

8 月 21 日，外贸业务员罗文斌制作了汇票（见表 9-26）。

表 9-26　　汇票

BILL OF EXCHANGE					
凭 Drawn under		不可撤销信用证 Irrevocable L/C No.			
日期 Date		支 取 Payable with interest	@　　%按息付款		
号码 No.		汇票金额 Exchange for			
见票 At		日后（本汇票之副本未付） Sight of this First of Exchange (Second of Exchange being unpaid)			
付交 Pay to the order of					
金额 The sum of					
此致 To					

8 月 20 日，货物出运后，外贸业务员罗文斌通过“信保通”填制投保单，向中国出口信用保险公司山东省分公司投保短期出口信用保险。8 月 21 日，中国出口信用保险公司山东省分公司承保，外贸业务员罗文斌向其支付保费。

【任务 3】办理出口收汇

同日，罗文斌填写了跟单托收委托书（见表 9－27），并向中国银行青岛市分行交单办理出口托收。

表 9－27　　　　跟单托收委托书

<table>
<tr><td colspan="12">中 国 银 行
BANK OF CHINA
跟 单 托 收 委 托 书
Documentary Collection Instruction
TO：BANK OF CHINA　　　　DATE：________</td></tr>
<tr><td colspan="6">We enclose the following draft(s)/documents as specified hereunder which please collect in Collecting Bank (Full name & address) accordance with the instructions indicated herein. This collection is subject to URC522.</td><td colspan="6">Collecting Bank (Full name & address)</td></tr>
<tr><td colspan="6">Drawer (Full name & address)</td><td colspan="6">Tenor</td></tr>
<tr><td colspan="6">Drawee (Full name & address)</td><td colspan="3">Draft/Inv. No.</td><td colspan="3">Amount</td></tr>
<tr><td colspan="12">DOCUMENTS</td></tr>
<tr><td>Draft</td><td>Commercial Invoice</td><td>Packing List</td><td>B/L</td><td>N/N B/L</td><td>AWB.</td><td>C/O</td><td>Insurance Policy</td><td>Inspection Certificate</td><td>Certificate</td><td>Cable Copy</td><td></td></tr>
<tr><td></td><td></td><td></td><td></td><td></td><td></td><td></td><td></td><td></td><td></td><td></td><td></td></tr>
<tr><td colspan="12">SPECIAL INSTRUCTIONS：
☐ Please deliver documents against payment/acceptance.
☐ All your charges are to be borne by the drawee.
☐ In case of a time bill, please advise us of acceptance giving maturity date.
☐ In case of dishonour, please do not protest but advise us of non-payment/non-acceptance giving reasons.
☐ Please instruct the collecting bank to deliver documents upon receipt of all their banking charges.
☐

联系人：　　　　电话：　　　　公司盖章：</td></tr>
</table>

实训 10

出口业务善后操作

实训目标

通过实训，学生能根据整票业务完成情况给国外客户书写业务善后函，能进行出口收汇核销操作，能妥善处理出口退税工作，能进行出口业务利润核算。

示范项目

2019 年 2 月 21 日，浙江安妮进出口有限公司收到中国银行浙江省分行发来的收账通知（银行水单）（见表 10－1 和表 10－2）。

【任务 1】书写业务善后函

2 月 22 日，外贸业务员叶聪华给 Dari GmbH & Co. KG 的经理 Phillip Duncan 书写业务善后函。

【任务 2】办理出口退税工作

2 月 25 日，外贸业务员叶聪华制作并传真开票通知给浙江玉环福可阀门厂，指示其开立并邮寄增值税专用发票。

2 月 26 日，外贸业务员叶聪华收到浙江玉环福可阀门厂开立的增值税发票后办理出口退税。

表 10 - 1 贷记通知

<table>
<tr><td colspan="2">贷记通知
致：ZHEJIANG ANNIE IMPORT AND EXPORT CO.，LTD. 日期：2019 - 02 - 21
迳启者：</td></tr>
<tr><td>发 票 号：AN2019069</td><td>金　额：USD33 316.80</td></tr>
<tr><td>我行编号：AD91005305427</td><td>信用证号：LC - 520 - 046789</td></tr>
<tr><td colspan="2">上述业务项下实际收汇额 USD33 316.80，扣除你司应负担的下列款项后，我行已于即日将 RMB223 055.06 贷记你司 00105011708091001 账户，特此通知。</td></tr>
<tr><td>押汇利率：0.000 0%　天数：0
押汇金额：USD0.00
押汇利息：USD0.00
打包利率：0.000 0%　天数：0
打包罚息利率：0.000 0%　天数：0
打包金额：0.00
打包利息：0.00

其他扣款：USD0.00</td><td>预先通知费：RMB0.00
通知/保兑费：RMB0.00
修改费：RMB0.00
议付/承兑/付款费：RMB0.00
电报费：RMB0.00
邮费：RMB0.00
无兑换手续费：USD0.00
汇费：USD0.00
国外银行费用：USD25.00</td></tr>
<tr><td>汇率 1（USD/RMB）：6.700 0
柜员号：QS01</td><td>汇率 2（RMB/RMB）：1.000 0
申报号：330100007701081020P087
中国银行浙江省分行国际业务部</td></tr>
<tr><td colspan="2">□会计　刘敏　　□复核　杨军　　□记账　范立</td></tr>
</table>

表 10 - 2 借记通知

<table>
<tr><td colspan="2">借记通知
致：ZHEJIANG ANNIE IMPORT AND EXPORT CO.，LTD. 日期：2019 - 02 - 21
迳启者：</td></tr>
<tr><td>发 票 号：AN2019069</td><td>金　额：USD33 316.80</td></tr>
<tr><td>我行编号：AD91005305427</td><td>信用证号：LC - 520 - 046789</td></tr>
<tr><td colspan="2">上述业务项下之费用 RMB499.03，我行已于即日贷记你司 00105011708091001 账户，特此通知。</td></tr>
<tr><td>预先通知费：RMB0.00
通知/保兑费：RMB0.00
修改费：RMB0.00</td><td>议付/承兑/付款费：RMB279.03
电报费：RMB0.00
邮费：RMB220.00</td></tr>
<tr><td colspan="2">柜员号：QS01
中国银行浙江省分行国际业务部</td></tr>
<tr><td colspan="2">□会计　刘敏　　□复核　杨军　　□记账　范立</td></tr>
</table>

示范操作

任务 1　书写业务善后函

2019 年 2 月 22 日，浙江安妮进出口有限公司外贸业务员叶聪华给 Dari GmbH & Co. KG 的经理 Phillip Duncan 书写并发送业务善后函（见表 10－3），一方面表示感谢，另一方面附上公司最新的价格清单，希望有新的合作。

表 10－3　　　　**业务善后函**

发件人：conghuaye@annie. com. cn 收件人：duncan@dari. com. de 日　期：2019－02－22　10：35：30 主　题：Thanks for your good cooperation and the latest illustrated price list for you 附　件：The latest illustrated price list doc.
Dear Mr. Duncan, We are very much pleased to have received USD33 316. 80 against L/C No. LC－520－046789 under Contract No. AN1900157. You can be sure that the goods shipped will meet your needs just well. We believe the conclusion of this transaction will help to further our mutual understanding and pave the way for more business in the future. In order to promote commercial intercourse with overseas business circle, we are pleased to take steps in world trade. Not only various terms of payment, but more forms of business cooperation can be adopted in the time to come. Needless to say, with the development of our trade relations, there will be more and more topics of interest to be discussed between us. We are expecting your advice. As you might not be aware of the new development in our product range, we are airmailing to you a copy of our latest illustrated price list. If any item interests you, please let us know. We will give you a special discount of 2% for orders exceeding USD80 000 to promote sales at your end. We hope our handling of your first order will lead to further transactions between us and look forward to your favorable reply. Yours truly, Ye Conghua Zhejiang Annie Import and Export Co., Ltd. No. 1298 Huaxing Road, Hangzhou, China Tel: 0086－571－89991357 Fax: 0086－571－89991358 E-mail: conghuaye@annie. com. cn

任务 2　办理出口退税工作

2 月 25 日，外贸业务员叶聪华制作并传真开票通知（见表 10－4）给浙江玉环福可阀门厂，指示其开立并邮寄增值税专用发票。

表 10－4　　　　**开票通知**

开票通知

（请在收到资料后 7 天内安排开票）

TO：浙江玉环福可阀门厂

我司合同号 19AN89 项下的开票资料如下：

品名	数量及单位	总金额	备注
黄铜球阀 1/2″	4 320 套	￥34 041.60	
黄铜球阀 3/4″	4 000 套	￥45 000.00	
黄铜球阀 1″	2 400 套	￥39 168.00	
黄铜球阀 $1\frac{1}{4}$″	1 296 套	￥34 992.00	
黄铜球阀 $1\frac{1}{2}$″	960 套	￥34 569.60	
黄铜球阀 2″	576 套	￥37 589.76	
	13 552 套	￥225 360.96	

请注意：

（1）发票上请显示我司的注册地址及电话：浙江省杭州市华星路 1298 号，0571－89991357。开立后的发票请寄到以上地址，收件人为叶聪华。

（2）发票密码区的数字请勿超出密码区范围。

请细读上述注意点，若开票有任何不规范，必须重开！

若有不清楚之处，请致电 0571－89991359。

浙江安妮进出口有限公司

2 月 26 日，外贸业务员叶聪华收到浙江玉环福可阀门厂开立的增值税专用发票后办理出口退税。即将填制好的出口货物退免税申报表、购进出口货物的增值税专用发票（税款抵扣联）、出口销售发票等向国家税务部门办理了出口退税工作。

实训项目

『实训项目 10－1』

上接『实训项目 9－1』，2019 年 2 月 20 日，江苏汉典有限公司外贸业务员陈惠收到中国农业银行南京市分行转发开证行 Ing Vysya Bank Ltd. 的拒付通知，拒付理由是：货物装运时间（2019 年 2 月 3 日）比信用证规定的最迟装运时间提前了 11 天，而信用证规定货物装运时间不能早于最迟装运时间 7 天，构成不符点。

【任务1】处理不符单据

陈惠分析开证行的拒付理由是否成立，拟订相应处理方案，给 KCC India Limited 的经理 Abdul Najeeb 书写并发送不符单据处理的电子邮件。

【任务2】办理出口退税工作

2月25日，江苏汉典有限公司外贸业务员解决了不符单据问题，收到中国农业银行南京市分行发来的收账通知（银行水单）（见表10-5）。

表10-5 收账通知

<table>
<tr><td colspan="3">外汇结汇收账通知（人民币）
中国农业银行南京市分行</td></tr>
<tr><td colspan="3">□日期　2019年2月25日　　第五联</td></tr>
<tr><td colspan="3">□户名　江苏汉典有限公司</td></tr>
<tr><td colspan="3">□账号　767081008626</td></tr>
<tr><td>□外汇金额　USD108 903.65</td><td>□牌价 USD1＝RMB6.680 0</td><td>□人民币金额 RMB727 476.38</td></tr>
<tr><td colspan="3">□摘要　　□净额　USD108 903.65
业务编号：111BP1900578　　发票号码：HD2019097
发票金额：USD109 080.00
国外扣费：USD40.00
国内扣费：USD136.35　　备注：
扣费合计：USD176.35
申报号码：330100007701081020PO10</td></tr>
<tr><td>□会计　王丽</td><td>□复核　李红</td><td>□记账　张静</td></tr>
</table>

2 月 25 日，外贸业务员陈惠制作并传真开票通知（见表 10－6）给张家港市火红钢制品有限公司，指示其开立并邮寄增值税专用发票。

表 10－6　　开票通知

开票通知

（请在收到资料后 7 天内安排开票）

TO：

我司合同号＿＿＿＿＿项下的开票资料如下：

品名	数量及单位	总金额	备注

请注意：

（1）发票上请显示我司的注册地址及电话：江苏省南京市天山路 908 号，025－22482136。
　　开立后的发票请寄到以上地址，收件人为陈惠。

（2）发票密码区的数字请勿超出密码区范围。

请细读上述注意点，若开票有任何不规范，必须重开！

若有不清楚之处，请致电 025－22482136。

江苏汉典有限公司

2 月 27 日，外贸业务员陈惠收到张家港市火红钢制品有限公司开立的增值税专用发票后办理出口退税。

『实训项目 10－2』

上接『实训项目 9－2』，2018 年 9 月 11 日，福建惠惠进出口有限公司顺利收到了信用证项下第一批货款。当天，外贸业务员吴俊峰收到 Martin Footwear Inc. 的总经理 Martin Smith 的电子邮件，对方市场对雪地靴的需求很旺盛，要求第二批发货数量增加一倍并如期发货。

【任务 1】增加订单数量的相关业务处理

针对 Martin Footwear Inc. 第二批发货数量增加一倍并如期发货的要求，外贸业务员吴俊峰拟定以下相关业务处理方案（要求写出详细内容，并包括处理原因）。

【任务 2】办理出口退税工作

外贸业务员吴俊峰认为第二批货物的货款估计一个月后也能顺利收汇，因此，计划两票业务到时一起办理出口退税。你同意他的做法吗？为什么？

『实训项目 10－3』

上接『实训项目 9－3』，2018 年 8 月 28 日，青岛管文有限公司外贸业务员罗文斌收到中国银行青岛市分行的通知，Soni Co.，Ltd. 拒付，认为青岛管文有限公司违反合同，理由是：（1）迟交货；（2）分批装运。

【任务 1】争议处理

外贸业务员罗文斌分析了 Soni Co.，Ltd. 的拒付理由，并拟定以下处理方案。

【任务 2】信保索赔处理

几经交涉，Soni Co.，Ltd. 最终只答应支付余款的 50%。为此，8 月 30 日，外贸业务员罗文斌填写可能损失通知书（见表 10－7）和委托代理协议书，向中国出口信用保险公司山东省分公司沟通可能损失相关信息及委托追讨。

经中国出口信用保险公司山东省分公司追讨后，发现对方已破产倒闭，无力偿付。9 月 17 日，外贸业务员罗文斌填写短期出口信用保险索赔申请书（见表 10－8），并准备相关单证向中国出口信用保险公司山东省分公司申请索赔。

表 10－7　　可能损失通知书

<table>
<tr><td colspan="9">

中国出口信用保险公司

China Export & Credit Insurance Corporation

短期出口信用保险可能损失通知书

立案号：　　　　　　　　　　　　　　　　立案日期：　　年　月　日</td></tr>
<tr><td>险种</td><td colspan="8">（ ）综合保险　（ ）统保保险　（ ）特定买方保险　（ ）信用证保险</td></tr>
<tr><td>被保险人名称</td><td colspan="4"></td><td colspan="2">保单号</td><td colspan="2"></td></tr>
<tr><td>联系人及方式</td><td colspan="4"></td><td colspan="2">关键客户</td><td colspan="2"></td></tr>
<tr><td>买方名称</td><td colspan="4"></td><td colspan="2">买方代码</td><td colspan="2"></td></tr>
<tr><td>开证行</td><td colspan="4"></td><td colspan="2">开证行 SWIFT 码</td><td colspan="2"></td></tr>
<tr><td>保兑行</td><td colspan="4"></td><td colspan="2">保兑行 SWIFT 码</td><td colspan="2"></td></tr>
<tr><td>信用限额</td><td colspan="4"></td><td colspan="2">限额生效日期</td><td colspan="2">年　月　日</td></tr>
<tr><td>致损原因（单选）</td><td colspan="8">（ ）买方破产　（ ）买方拖欠　（ ）买方拒收　（ ）开证行破产
（ ）开证行拖欠　（ ）开证行拒绝承兑　（ ）政治风险　（ ）其他</td></tr>
<tr><td>货物名称</td><td>支付条件</td><td>出运日期</td><td>应付款日</td><td>申报日期</td><td>合同/信用证号</td><td>发票号</td><td>发票金额</td><td>可损金额</td></tr>
<tr><td></td><td></td><td></td><td></td><td></td><td></td><td></td><td></td><td></td></tr>
<tr><td colspan="5">被保险人是否委托保险人追讨：是☑　否☐</td><td colspan="2">合计</td><td></td><td></td></tr>
<tr><td colspan="9">被保险人是否已签署《赔款转让协议》：　是☐　否☐　报损买方项下赔款权益是否转让：是☐　否☐
被保险人是否已办理贸易融资：　是☐　否☐　融资银行：</td></tr>
<tr><td colspan="9">案情说明（可另加附页说明）：</td></tr>
<tr><td colspan="9">减损措施：</td></tr>
<tr><td>被保险人报损</td><td colspan="8">被保险人：　　（公章）　　年　月　日</td></tr>
<tr><td>融资银行报损</td><td colspan="8">融资银行：　　（公章）　　年　月　日</td></tr>
<tr><td colspan="4">保险人经办：</td><td colspan="5">收到可损通知日期：　　年　月　日</td></tr>
<tr><td colspan="9">说明：
1. 被保险人在获悉损失已经发生或可能引发损失的事件已经发生时，请在保单规定期限内填报通知书。
2. 保险人向买方或开证行调查追讨，需被保险人填写委托代理协议书等相关文件。
3. 请被保险人将相关损失逐票填写清楚，并提供尽可能详细的案情说明。
4. 本通知书不作为索赔申请书使用；被保险人或其他索赔人索赔时，请按保单规定办理。</td></tr>
</table>

表 10-8 **保险索赔申请书**

中国出口信用保险公司
China Export & Credit Insurance Corporation
短期出口信用保险索赔申请书

立案号： 立案日期： 年 月 日

险种	（ ）综合保险 （ ）统保保险 （ ）特定买方保险 （ ）信用证保险		
被保险人名称		保单号	
联系人及方式		关键客户	
买方名称		买方代码	
开证行		开证行 SWIFT 码	
保兑行		保兑行 SWIFT 码	
信用限额		限额生效日期	年 月 日
致损原因（单选）	（ ）买方破产 （ ）买方拖欠 （ ）买方拒收 （ ）开证行破产 （ ）开证行拖欠 （ ）开证行拒绝承兑 （ ）政治风险 （ ）其他		

发票号	出运日期	支付条件	应付款日	提单号	报关单号	发票金额	损失金额	索赔金额
被保险人是否委托保险人追讨：是☑ 否☐					合计			
被保险人是否已办理贸易融资：是☐ 否☐ 融资金额：								

案情说明（可另加附页说明）：

减损措施：

索赔申请人	（ ）被保险人
	（ ）其他索赔人 是否已提供索赔权转让协议或其他相关文件：（ ）已提供 （ ）未提供

索赔申请人谨此声明并保证：
1. 上述索赔信息及所附文件均真实无误，如存在故意漏报或误报，保险人可不予承担赔偿责任；
2. 被保险人将履行保险单规定的各项义务，积极配合保险人做好调查追偿工作。

索赔申请人签字： （公章） 年 月 日

保险人经办：	收到索赔申请书日期： 年 月 日

注：索赔申请人在填写本申请书的同时，须按保单规定提供索赔单证明细表中所列相关文件。

【任务 3】业务经验总结

中国出口信用保险公司山东省分公司核实案情并定损核赔后，外贸业务员罗文斌结合此业务的全过程操作情况，进行认真分析，总结经验教训。

下篇

进口业务操作实训

导　论

进口业务是指将境外市场购买的商品用于本企业的生产或在本国市场进行销售。进口业务可分为自营进口业务和代理进口业务。自营进口业务是指外贸企业自己经营进口业务，进口商品用于本企业生产或在本国市场销售获取进口商品的对外成交价和对内购货企业结算价之间的差价利润。代理进口业务是指外贸企业接受国内购货企业的委托，利用自己的进口经营资格和进口业务专业优势代理国内购货企业对外购买货物、签约、运输、保险、报检、报关、结算、核销等进口相关业务，并收取进口代理费用或获取其他收益。代理进口业务中，外贸企业与国内购货企业是委托代理关系，国内购货企业是委托人，外贸企业是代理人（或受托人）。

下面介绍 FOB 价格术语条件下自营进口业务流程（见图 0-2），然后补充说明代理进口业务流程与自营进口业务流程的不同之处。

（一）自营进口业务流程

1. 市场调研

外贸业务员通过有效途径搜集产品信息，搜集国际市场与国内市场信息，搜集国内外客户信息，分析进口商机可行性，书写可行性调研报告。

2. 进口磋商

进口磋商工作包括询盘、发盘、还盘、接受四个工作任务。一般情况下，是由进口商先向出口商进行询盘。（本书进口业务操作实训从进口磋商环节开始）

3. 进口签约

当进口商与出口商就进口事项达成协议后，双方签订进口合同。同时，进口商与国内购货企业签订国内销售合同。

4. 办理进口批件

在进口业务中，外贸业务员根据需要向商务部门、海关等有关部门办理自动进口许可证、免税证明等进口批件。

5. 开证和改证

在 L/C 结算方式下，外贸业务员要按照进口合同规定的开证时间和内容向银行办理开证申请。办理开证申请时，须向银行提交开证申请书、进口合同副本和其他规定文件。当进口商或出口商需修改信用证条款时，外贸业务员需向开证行办理改证手续。

在装运前 T/T 结算方式下，外贸业务员需通过银行向出口商电汇合同规定的预付款；在凭提单传真件 T/T、后 T/T、D/P 和 D/A 结算方式下，办理进口批件后直接进入租船订舱环节。

6. 订舱和投保

根据出口商备货情况通知，外贸业务员或指示外贸单证员通过货代公司向船公司办理租船订舱等托运工作。配舱成功后，向出口商发送装船指示，让出口商准备发货。（在 CFR 和 CIF 价格术语条件下，无租船订舱工作任务）

外贸业务员可在装运前与保险公司签订进口货物预约保单，待收到出口商装运通知后向保险公司正式投保；或在收到出口商装运通知后向保险公司办理投保手续，保险公司同意承保后，签发保险单据。（在 CIF 价格术语条件下，无投保工作任务）

7. 对外付款和处理单据

在 L/C 结算方式下，外贸业务员审单无误后，向开证行确认付款或承兑后赎单；在装运前 T/T 结算方式下，收到出口商寄单；在凭提单传真件 T/T 结算方式下，收到提单传真件后付款；在后 T/T 结算方式下，收到出口商寄单后付款；在 D/P 或 D/A 结算方式下，向代收行付款或承兑后取单。

8. 接货

外贸业务员接到到货通知后，凭付款换取的正本提单或副本提单加换单保函或凭“电放保函”至船代处换取提货单。

9. 报检和报关

对于法定检验的商品和包装物，必须在规定的期限内向海关提交入境货物报检单和其他随附单据办理进口报检。

与此同时，凭进口货物报关单和随附单据向海关办理报关手续。海关查验通过后，进口商向海关缴纳相关进口税收，海关放行，提取货物。

10. 付汇核销

在后 T/T 结算方式下，由付汇行负责审查付汇单位提供的有关资料，完成对外支付后，银行予以自动核销；在 L/C、D/P、D/A 和装运前 T/T 结算方式下，由进口商自行到外汇局办理进口付汇核销。

11. 争议与索赔

在发生合同违约、货物遇险等意外事件时，外贸业务员需处理争议与索赔工作。

12. 资料归档

进口业务结束后，外贸业务员需把单证、信用证、合同、进口批件等资料进行归档。

（二）代理进口业务流程

与自营进口业务流程相比，代理进口业务流程的不同之处在于：若委托人自己对外磋商并与代理进口企业、国外客户签订三方进口合同，则外贸业务员减少了签订进口合同之前的工作任务，增加了签订委托进口代理协议、开证前向委托人收取开证保证金等工作环节；若委托人没有国外客户（或供应商），委托外贸企业寻找国外客户并进行进口磋商、签订进口合同，则增加了签订委托进口代理协议、开证前向委托人收取开证保证金等工作环节。

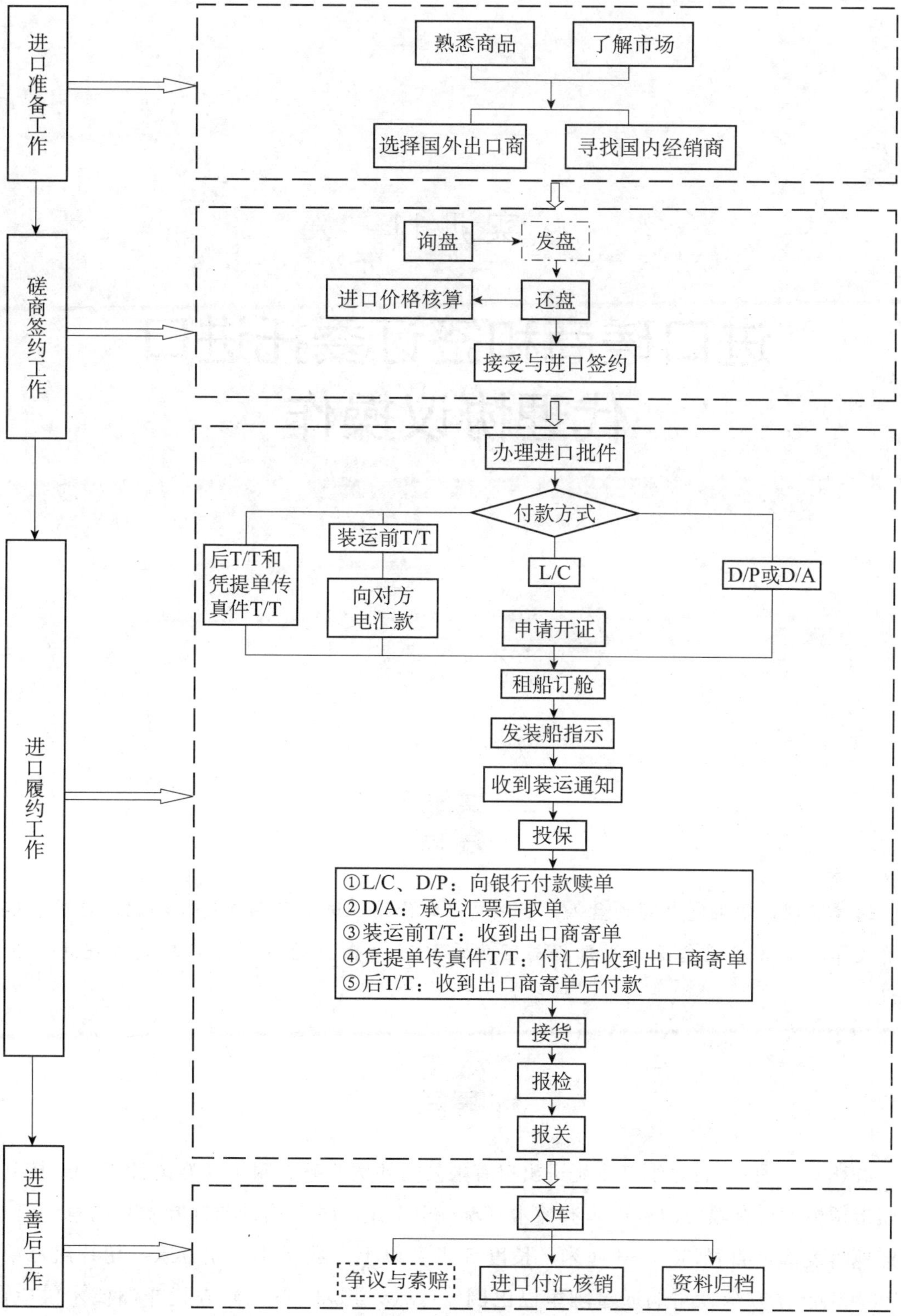

图 0-2　FOB 价格术语条件下的自营进口业务流程

实训 11

进口磋商和签订委托进口代理协议操作

实训目标

通过实训，学生能书写询盘函，能核算进口价格、进口费用和进口利润，能进行进口还价核算，能书写还盘函，能根据与国内委托进口企业的磋商结果拟定委托进口代理协议。

示范项目

2018 年 4 月 10 日，浙江安妮进出口有限公司外贸业务员谢炯（英文名 Tom）接到了徐州市颂梅木材有限公司购买非洲楝木（Sapelli Log，属于热带非针叶木）的意向订单：原产地喀麦隆，直径 60～80 厘米，长度 5 米及以上，数量 150 立方米，切片级，单价 5 500.00元/立方米。谢炯通过阿里巴巴网（www.alibaba.com）查找非洲楝木供应商，最终筛选出以下两家位于香港的非洲楝木供应商：

（1）U. A. C. C.（Pacifique）S. A.

地址：18th Floor，Tacwood Plaza，32 Des Voeux Road，Central，Hong Kong

电话：00852-2581-3097

传真：00852-2581-3099

联系人：Jackie Wang

电子邮箱：jackiewang@uacc. com

（2）Sunrise Industries Inc.

地址：1109 Dominion Center，43-53 Queen's Road East，Wanchai，Hong Kong

电话：00852-2517-1938

传真：00852-2517-1939

联系人：Denis Lee

电子邮箱：denislee@srii. com

外贸业务员谢炯的任务如下：

【任务 1】调查商品相关的贸易政策

外贸业务员谢炯通过《中国海关报关实用手册》（2018）或通过海关总署网站查询非洲楝木的海关商品编码、海关监管证件代码、进口关税税率、进口环节增值税等信息。

【任务 2】拟写询盘函

根据以下要求，谢炯给以上两家香港企业拟写两封内容一样的询盘函：

（1）告诉对方我司是如何知道其信息的，并表达建立业务关系的愿望；

（2）简要介绍我司情况，我司是进出口木材、五金、鞋等产品的专业公司；

（3）要求对方就以上规格和数量的非洲楝木，按欧元/立方米、FOB 非洲主港进行报价，采用即期信用证方式付款，并提供交货期信息。

【任务 3】根据出口商报价核算进口利润率

外贸业务员谢炯收到两家香港企业的发盘函，并根据出口商的报价核算进口利润率。

【任务 4】根据预期进口利润率核算进口价格

浙江安妮进出口有限公司确定该产品的预期进口利润率为 20%，考虑讨价还价因素，外贸业务员谢炯按 25%的预期进口利润率计算进口价格。

【任务 5】书写还盘函

4 月 12 日，外贸业务员谢炯按照计划进口数量和 25%的预期进口利润率计算的进口价格，给 U. A. C. C. (Pacifique) S. A. 书写还盘函。

示范操作

任务 1　调查商品相关的贸易政策

在开展进口磋商前，外贸业务员首先应了解该商品进口是否存在进口管制规定，否则若到进口报关时才发现进口商品属禁止进口商品而无法进口，将会遭受严重损失；其次应查询该商品的海关商品编码，确定其商品身份；再次查询其海关监管证件代码，以了解该商品在进口时需办理的进口手续情况；最后需根据该商品的海关商品编码查询进口关税税率、进口环节增值税税率、进口环节消费税税率等信息，为开展进口价格核算提供依据。

（1）外贸业务员谢炯通过《中国海关报关实用手册》（2018）查询到非洲楝木的海关商品编码为4403499090，其归类名称为“其他本章子目注释所列热带原木（用油漆、着色剂、杂酚油或其他防腐剂处理的除外）”。

（2）根据非洲楝木的海关商品编码4403499090，查询到其海关监管证件代码为“8A”，“8”是指禁止出口商品，“A”是指入境货物通关单，即进口时须办理进口报检，属法定报检商品；进口关税税率为0，进口环节增值税税率为10%，计量单位为千克/立方米。

任务2　拟写询盘函

4月10日，外贸业务员谢炯首先根据要求书写并给U. A. C. C.（Pacifique）S. A. 的销售经理Jackie Wang发送询盘函（见表11－1）。

表11－1　询盘函

发件人：tomxie@annie. com. cn
收件人：jackiewang@uacc. com
日　期：2018－04－10　11：20：08
主　题：Enquiry on Sapelli Log
附　件：

Dear Mr. Wang,

We have obtained your relative informations by www. alibaba. com, you are one of the exporters of woods. We avail ourselves of this opportunity to write to you and see if we can establish business relations with you.
We are one of Chinese professional importers and exporters of woods, hardware and footwears. Now we are keenly interested in Sapelli Log, Diameter 60～80cm, Length 5m and up, Slicing Grade, Cameroon Origin. We shall be glad if you could send us details of your price in EUR/m^3 on FOB Douala, Cameroon, delivery period, etc. The payment term is L/C at sight. We will order 150m^3 if your offer is competitive. We anticipate your early reply.

Yours sincerely,
Tom
Zhejiang Annie Import and Export Co., Ltd.
No. 1298 Huaxing Road, Hangzhou, China
Tel: 0086－571－89991351
Fax: 0086－571－89991352
E－mail: tomxie@annie. com. cn

然后，外贸业务员谢炯给Sunrise Industries Inc. 的业务员Denis Lee发送了与以上正文内容相同的询盘函。

任务 3　根据出口商报价核算进口利润率

1. 选择出口商

4 月 11 日，浙江安妮进出口有限公司外贸业务员谢炯收到了 U. A. C. C.（Pacifique）S. A. 的销售经理 Jackie Wang 的发盘电子邮件（见表 11－2）。

表 11－2　　发盘函（1）

发件人：jackiewang@uacc. com 收件人：tomxie@annie. com. cn 日　期：2018－04－11　9：50：17 主　题：Offer on Sapelli Log 附　件：
Dear Tom， Thanks for your inquiry on April 10，2018. Our offer is as follows： **Goods**：Sapelli Log Diameter：60～80cm　　Length：5m and up Grade：Slicing grade　　Origin：Cameroon **Quantity**：150m^3. **Unit Price**：EUR400. 00/m^3，FOB Douala，Cameroon. **Payment**：By L/C at sight. **Delivery Period**：Within 45 days after receiving the L/C. This offer is valid subject to your reply here before April 26，2018. Awaiting your early reply. Yours truly， Jackie Wang Sales Manager U. A. C. C.（Pacifique）S. A. 18th Floor，Tacwood Plaza，32 Des Voeux Road，Central，Hong Kong Tel：00852－2581－3097 Fax：00852－2581－3099 E－mail：jackiewang@uacc. com

4 月 12 日，浙江安妮进出口有限公司外贸业务员谢炯收到了 Sunrise Industries Inc. 的业务员 Denis Lee 的发盘电子邮件（见表 11－3）。

表 11－3　　发盘函（2）

发件人：denislee@srii. com 收件人：tomxie@annie. com. cn 日　期：2018－04－12　16：01：33 主　题：Offer on Sapelli Log 附　件：
Dear Tom， We have received your inquiry on April 10，2018. In compliance with your request，we are making you the following offer subject to our final confirmation：

Goods: Sapelli Log
Diameter: 60～80cm　　Length: 5m and up
Grade: Slicing grade　　Origin: Cameroon
Quantity: 150m^3.
Unit Price: EUR440.00/m^3, FOB Douala, Cameroon.
Payment: 30% of the proceeds will be paid by T/T in advance, 70% of the proceeds will be paid by L/C at sight.
Delivery Period: Within 90 days after receiving L/C.

This offer is valid subject to your reply here not later than April 24, 2018.
We look forward to your early reply.

Yours faithfully,
Denis Lee
Sunrise Industries Inc.
1109 Dominion Center, 43 - 53 Queen's Road East, Wanchai, Hong Kong
Tel: 00852 - 2517 - 1938
Fax: 00852 - 2517 - 1939
E-mail: denislee@srii. com

通过比较，Sunrise Industries Inc. 的报价、付款条件和装运期情况都不好，计划不予考虑。外贸业务员谢炯根据徐州市颂梅木材有限公司的意向订单和以下信息对 U. A. C. C. (Pacifique) S. A. 的报价核算进口利润率（以国内销售价格为基础）：

（1）这批货装 6 个 40 英尺柜；

（2）由目的港到仓库的国内运费为 1 500 元/40 英尺柜；

（3）报关、集港等费用为 2 500 元/40 英尺柜；

（4）按照以前进口的经验统计，除了进口关税、增值税之外的其他国内进口费用按国内销售价格的 2%计算；

（5）国外运费为 3 000 美元/40 英尺柜；

（6）投保一切险的国外保费费率为 10‰。

2. 核算进口利润率

首先，谢炯通过中国银行网站（http://www.boc.cn）或其他银行网站，查询到 2018 年 4 月 12 日欧元和美元的卖出价分别为：1 欧元=7.78 元人民币，1 美元=6.30元人民币。

然后，核算进口利润率。

（1）核算进口关税的完税价格。

进口价格（FOB）=400.00×7.78=3 112.00（元/立方米）

国外运费=3 000÷（150÷6）×6.30=756.00（元/立方米）

进口关税的完税价格（CIF）=（进口价格+国外运费）÷（1−110%×保费率）

=（3 112.00+756.00）÷（1−110%×10‰）

=3 911.021（元/立方米）

国外保费=进口关税的完税价格−进口价格−国外运费

=3 911.021−3 112.00−756.00

=43.021（元/立方米）

（2）核算进口增值税税额。

因为进口关税税率为 0，所以进口关税为 0，进口环节增值税的完税价格就等于进口关税的完税价格。

进口环节增值税税额=进口环节增值税的完税价格×进口环节增值税税率

=进口关税的完税价格×进口环节增值税税率

=3 911.021×10%

=391.102（元/立方米）

（3）核算实缴增值税税额。

实缴增值税税额=国内销售价格÷（1+增值税税率）×增值税税率

−进口环节增值税税额

=5 500.00÷（1+10%）×10%−391.102

=108.898（元/立方米）

（4）核算其他国内进口费用。

其他国内进口费用=（1 500+2 500）÷（150÷6）+5 500.00×2%

=270.00（元/立方米）

（5）核算国外费用。

国外费用=国外运费+国外保费

=756.00+43.021

=799.021（元/立方米）

（6）核算进口费用。

进口费用=进口环节增值税税额+实缴增值税税额+其他国内进口费用+国外费用

=391.102+108.898+270.00+799.021

=1 569.021（元/立方米）

（7）核算进口利润和进口利润率。

进口利润=国内销售价格−进口价格−进口费用

=5 500.00−3 112.00−1 569.021

=818.979（元/立方米）

进口利润率=进口利润÷国内销售价格

=818.979÷5 500.00

=14.89%

任务 4　根据预期进口利润率核算进口价格

设进口价格为 x 欧元/立方米。

（1）核算进口关税的完税价格。

进口价格（FOB）$=7.78x$（元/立方米）

国外运费=3 000÷（150÷6）×6.30=756.00（元/立方米）

进口关税的完税价格（CIF）=（进口价格+国外运费）÷（1−110%×保费率）

=（$7.78x$+756.00）÷（1−110%×10‰）

$=7.867x+764.408$（元/立方米）

（2）核算进口环节增值税税额和实缴增值税税额。

进口环节增值税税额=进口环节增值税的完税价格×进口环节增值税税率

=进口关税的完税价格×进口环节增值税税率

实缴增值税税额=国内销售价格÷（1+增值税税率）×增值税税率−进口环节增值税税额

进口环节增值税税额+实缴增值税税额=国内销售价格÷（1+增值税税率）×增值税税率

=5 500.00÷（1+10%）×10%

=500.00（元/立方米）

（3）核算其他国内进口费用。

其他国内进口费用=（1 500+2 500）÷（150÷6）+5 500.00×2%

=270.00（元/立方米）

（4）核算国外费用。

国外保费=进口关税的完税价格−进口价格−国外运费

$=7.867x+764.408-7.78x-756.00$

$=0.087x+8.408$（元/立方米）

国外费用=国外运费+国外保费

$=756.00+0.087x+8.408$

$=0.087x+764.408$（元/立方米）

（5）核算进口费用。

进口费用=进口环节增值税税额+实缴增值税税额+其他国内进口费用+国外费用

$=500.00+270.00+0.087x+764.408$

$=0.087x+1\,534.408$（元/立方米）

（6）核算进口利润。

进口利润=国内销售价格×进口利润率

=5 500.00×25%

=1 375.00（元/立方米）

（7）核算进口价格。

进口价格=国内销售价格−进口费用−进口利润

$7.78x = 5\ 500.00 - (0.087x + 1\ 534.408) - 1\ 375.00$

通过计算得到：

$x = 329.30$（欧元/立方米）

任务 5　书写还盘函

4 月 12 日，外贸业务员谢炯书写并给 U. A. C. C.（Pacifique）S. A. 的销售经理 Jackie Wang 发送还盘函（见表 11 - 4）。

表 11 - 4　　还盘函

发件人：tomxie@annie. com. cn 收件人：jackiewang@uacc. com 日　期：2018 - 04 - 12　17：35：25 主　题：Counter - offer on Sapelli Log 附　件：
Dear Mr. Wang， Thanks for your offer on April 11，2018. Your prices are too high to be acceptable. We will give you the firm order if the price could be reduced to EUR329. 30/m^3，FOB Douala，Cameroon. The other terms of your offer remain valid. Best regards. Yours sincerely， Tom Zhejiang Annie Import and Export Co.，Ltd. No. 1298 Huaxing Road，Hangzhou，China Tel：0086 - 571 - 89991351 Fax：0086 - 571 - 89991352 E - mail：tomxie@annie. com. cn

实训项目

『实训项目 11 - 1』

2018 年 6 月 19 日，上海冬冬贸易公司外贸业务员徐群接到上海琼浆酒业公司购买日本甘薯烧酒的意向订单，具体情况如下：甘薯烧酒（蒸馏酒）、酒精度 36. 8%（Shochu Genshu，Sweet Potato 36. 8%），每瓶 720 毫升，单价 87. 00 元/瓶，7 200 瓶，合计626 400. 00 元。

6 月 20 日上午，一家大型外贸公司给徐群介绍了一家专门供应日本甘薯烧酒的日本企业：Nibo Shuzo Co.，Ltd. 。该企业的基本情况如下：

地址：No. 88 Tategamihonmachi，Makurazaki City，Kagoshima-pref，Japan

电话：0081 - 993 - 72 - 1908

传真：0081 - 993 - 72 - 1904

联系人：Yami

电子邮箱：yami@nibo. com. jp

【任务1】调查商品相关的贸易政策

外贸业务员徐群通过《中国海关报关实用手册》（2018）或通过海关总署网站查询该甘薯烧酒的海关商品编码、海关监管证件代码、进口关税税率、进口环节增值税税率、进口环节消费税税率等信息。

【任务2】拟写询盘函

6月20日上午，外贸业务员徐群根据上海琼浆酒业公司的意向订单和以下信息，给 Nibo Shuzo Co.，Ltd. 拟写一封询盘函：

（1）告诉对方我司是如何知道其信息的，并表达建立业务关系的愿望；

（2）简要介绍我司情况，我司是专营酒进出口的外贸公司；

（3）要求对方就以上甘薯烧酒，按日元/瓶、CFR 中国上海进行报价，并提供包装、支付、交货期等详细信息。

【任务 3】根据出口商报价核算进口利润率

6 月 20 日下午，外贸业务员徐群收到 Nibo Shuzo Co.，Ltd. 的经理 Yami 的发盘电子邮件（见表 11-5）。

表 11-5　　　　　　　　　　　　**发盘函**

发件人：yami@nibo. com. jp
收件人：qunxu@shdd. com. cn
日　期：2018-06-20 15：15：15
主　题：Offer on Shochu Genshu
附　件：

Dear Mr. Xu,

Thanks for your inquiry on Jun. 20，2018. Our offer is as follows：

Description of Goods	Unit Price
Shochu Genshu，Sweet Potato 36. 8%，720ml/bottle	CFR Shanghai，China　JPY630/bottle

Packing：Packed in 6bottles/carton，60cartons/pallet，20pallets/20′GP.
G. W. /bottle：0. 9kgs
Carton size：27cm×20cm×30cm　　G. W. ：6kgs
Pallet size：110cm×110cm×100cm　　G. W. ：370kgs

Payment：By L/C at sight.
Delivery Period：Within 30 days after receiving the L/C.
This offer is valid subject to your reply here until Jun. 30，2018.
We wish we should be your good trade partner.

Best wishes.
Yours faithfully,
Yami
Manager
Nibo Shuzo Co.，Ltd.
No. 88 Tategamihonmachi，Makurazaki City，Kagoshima-pref，Japan
Tel：0081-993-72-1908
Fax：0081-993-72-1904
E-mail：yami@nibo. com. jp

外贸业务员徐群结合上海琼浆酒业公司的意向订单，查询进口关税税率、进口环节增值税税率和国外运费，并根据以下信息对 Nibo Shuzo Co.，Ltd. 的报价核算进口利润率（以国内销售价格为基础）：

（1）上海港报关集港费用为 2 160 元/20 英尺柜；

（2）除了进口关税、消费税、增值税和报关集港费用之外的其他进口费用按国内销售价格的 1%计算；

（3）投保一切险的国外保费费率为 1‰；

（4）2018 年 6 月 20 日日元卖出价为：100 日元＝5. 90 元人民币。

【任务4】根据预期进口利润率核算进口价格

上海冬冬贸易公司确定该产品的预期进口利润率为30%，外贸业务员徐群按35%的预期进口利润率计算进口价格。

【任务5】书写还盘函

6月20日，外贸业务员徐群结合计划进口数量，给Nibo Shuzo Co., Ltd. 书写并发送还盘函。还盘时，考虑资金运作，付款条件改为按提单日后30天全额付款的信用证。

『实训项目 11－2』

2018 年 3 月 20 日，广州纳社进出口有限公司外贸业务员陈露露接受广州立凡机械有限公司委托，进口一台数控钻床。根据《机电产品国际招标投标实施办法》的规定，这台数控钻床属于机电产品国际招标范围，且一次采购产品合同估算价格在 100 万元人民币以上，必须通过国际招标形式进口。之前，广州立凡机械有限公司已完成国际招标工作。中标企业是美国的数控钻床出口商 Richard International Co.，Ltd.。双方经过协商，3 月 22 日，就代理进口数控钻床业务达成一致。双方签署委托进口代理协议（见表 11－6）。

表 11－6　　委托进口代理协议

委托进口代理协议

签订日期：2018 年 3 月 22 日
签订地点：广州
协议编号：NSIM180205

委托方（甲方）：广州立凡机械有限公司
地址：广东省广州市白云大道 801 号
电话：020－89081234
传真：020－89081237

代理方（乙方）：广州纳社进出口有限公司
地址：广东省广州市东风西路 1290 号
电话：020－89089057
电话：020－89089049

甲方委托乙方代理进口美国 ASD Corporation 的数控钻床（下称“进口货物”），乙方接受委托。经甲乙双方友好协商，达成如下委托进口代理协议（下称“协议”）：

一、进口货物及订货要求

进口货物名称	数控钻床			数量	1 台
详细规格	AED20			单价	380 000 美元/台
国外装运时间	最迟 2018 年 5 月 25 日装运	价格条款	FOB 纽约	总价	380 000 美元
订货国别及外商	美国 Richard International Co.，Ltd.	运输方式	海运	国内报关口岸	广州

二、双方的权利及义务

甲方：

1. 确认进口货物的合同价格，落实进口项目所需资金，按时付款，承担外汇汇率风险，不得以任何理由拒付货款和进口环节各项费用。

2. 负责向乙方提供进口货物的正确品名、品牌、型号、规格、品质及制造厂商或生产国别等有关书面资料，并负责技术谈判及技术附件的确认。

3. 负责到货后的商检工作，如发现质量、数量等问题，及时在法定的或进口合同规定的索赔有效期内通知乙方或向外商直接提出索赔，同时提供相应的商检证明文件。该索赔结果不影响甲方向乙方全额支付应付货款、代理费及进口环节各项费用的义务。

4. 有关涉及进口设备的专利、版权问题由甲方负责。

5. 按本协议第三条的约定，按时向乙方支付与进口相关的各项费用。

乙方：

1. 与外商进行商务谈判，根据谈判结果，以买方的名义与外商签订设备进口合同。

2. 办理对外开证、购汇、付汇、外汇核销、港区换单、海关通关、港区清关、安排商检以及办理内陆运输及保险等事宜。

3. 对进口设备到货后可能出现的各类问题（如缺件、迟发货、外包装缺损、内陆运输出险、设备质量问题等），在法定或合同规定的期限内进行协调和处理。

4. 及时向甲方通报合同的执行情况，协调有关商务事宜。

三、支付与结算方式

甲方按进口设备报关金额的1%向乙方支付进口代理费。进口货款及进口环节相关费用双方同意按以下方式支付：

1. 本协议签订后3个工作日内，甲方向乙方预付进口代理费计人民币26 600.00元。

2. 乙方对外预付合同金额20% T/T货款计76 000.00美元，并对外开出70%合同金额计266 000美元的不可撤销即期信用证。

3. 进口代理费、海关关税、增值税、报关费、港杂费、银行费用、商检费、国内运输及保险费等因进口货物而产生的所有费用由乙方垫付，在乙方完成报关后3个工作日内由甲方划入乙方账户。

4. 在完成设备验收后，甲方应将合同100%的人民币款项划入乙方账户，乙方在收到全部款项后即向外商支付10%合同金额计38 000美元。

5. 对外付汇的实际金额以付汇日银行汇率为准。进口环节所有费用按实际发生额进行最终结算。

四、特别约定及所有权的保留

1. 在甲方未向乙方付清本协议项下的货款前，甲方仅享有进口货物的占有权和使用权，未经乙方书面同意，不得擅自抵押、转让。在此期间，乙方对上述进口货物享有所有权。

2. 货物进口后，在海关规定的复核期限内，若海关对上述货物的品名、金额、产品归类等提出疑义，则甲方应如实向海关提供证明材料。若海关最终裁定原申报内容有误，需补税或补缴其他费用时，则甲方承诺无条件向海关补税（在收到乙方书面通知后3个工作日内将相应的补缴税款及费用划入乙方账户，由乙方代缴）。

3. 双方对本协议执行过程中所发生的问题，应及时磋商解决。因延误而造成的损失和费用由责任方承担，包括债权人为实现债权而支付的一切费用。

4. 甲方若未按本协议约定付款，甲方应按逾期天数以每日万分之五向乙方支付相应款项的逾期滞纳金。

五、争议的解决和管辖的确认

1. 执行本协议过程中发生的一切争议，甲乙双方应友好协商解决。协商不成，双方同意通过乙方所在地法院诉讼解决。但若遇代理协议的不能履约或履行不符合约定，并非出于乙方的过错，则在乙方授权对外交涉（包括索赔、仲裁、诉讼等）尚未取得结果前，甲方不得起诉乙方。

2. 如发生对外索赔或理赔，甲方应提供费用和协助，由此产生的结果由甲方承担和享有。如需对外提起仲裁或诉讼，甲乙双方必须另签协议。

六、其他

1. 甲方同意乙方可将部分代理事务（进口报关、运输及保险）转委托有相应资质及业务能力的单位代理。

2. 本协议未尽事宜，双方协商解决，或按《中华人民共和国合同法》《关于对外贸易代理制的暂行规定》和海关有关规定办理。

3. 本协议自甲乙双方授权代表签字并加盖公章或合同专用章之日起生效，至双方各自履行完毕本协议项下的义务时自动失效。

4. 本协议的任何修改、变更，须经双方书面签订补充协议，在签字并加盖公章或合同专用章后方为有效。若补充协议与本协议不一致，以补充协议为准。

5. 本协议一式两份，甲乙双方各执一份，同等有效。

委托方（甲方）：广州立凡机械有限公司	受托方（乙方）：广州纳社进出口有限公司
代表签字：曹毅	代表签字：郑仁春

【任务1】调查商品相关的贸易政策

外贸业务员陈露露通过《中国海关报关实用手册》（2018）或通过海关总署网站查询该数控钻床的海关商品编码、海关监管证件代码、进口关税税率、进口环节增值税税率等信息。

【任务 2】审核并修改委托进口代理协议

外贸业务员陈露露在与广州立凡机械有限公司签订的委托进口代理协议中存在哪些不合理之处？请说明原因并提出修改意见。

『实训项目 11-3』

安徽黄山科盟印刷有限公司是一家生产型进出口企业，因生产需要，2018 年 5 月 15 日计划从德国进口一台旧计算机控制的激光制版机（Cyrel Digital Imager Spark），外贸业务员曾静静负责该设备的进口业务。

曾静静通过从事机械设备进口的朋友介绍，认识了从事该设备出口的德国公司 GASA ETIKETTEN GmbH & Co. KG 的经理 Eric Nowitzki。

5 月 22 日，曾静静收到 Eric Nowitzki 的报价信息：旧计算机控制的激光制版机，型号 100602，杜邦公司（DuPont）2005 年 11 月制造，5 800 欧元/台，CIP 上海，采用空运，货到目的港后 60 天内电汇支付。

【任务 1】调查商品相关的贸易政策

外贸业务员曾静静通过《中国海关报关实用手册》（2018）或通过海关总署网站查询该激光制版机的海关商品编码、海关监管证件代码、进口关税税率、进口环节增值税税率等信息。

【任务 2】核算进口总成本

经查询，该激光制版机进口除关税、增值税以外的国内费用情况如下：港区费用 1 000 元人民币，内陆运输费 3 000 元人民币，其他费用合计 2 000 元人民币。请核算该激光制版机的进口总成本。（2018 年 5 月 22 日欧元卖出价为：1 欧元＝7.53 元人民币）

实训 12

签订进口合同和国内销售合同操作

实训目标

通过实训，学生能根据进口磋商结果拟定进口合同，能根据与国内购货企业的磋商结果拟定国内销售合同。

示范项目

【任务 1】签订进口合同

2018 年 5 月 18 日，浙江安妮进出口有限公司外贸业务员谢炯通过与 U. A. C. C. (Pacifique) S. A. 反复磋商，达成一致协议。外贸业务员谢炯需根据达成的协议条款（见表 12－1）拟定一份号码为 ANNIE18/029 的进口合同，并办理签订进口合同手续。

【任务 2】签订国内销售合同

5 月 18 日，外贸业务员谢炯与 U. A. C. C. (Pacifique) S. A. 签订进口合同的同时，需根据与徐州市颂梅木材有限公司达成的主要协议条款（见表 12－2）拟定一份号码为 18－ANNIE－136 的国内销售合同，并办理签订国内销售合同手续。

表 12-1 协议条款

1. 商品：非洲楝木，直径60～80厘米，长度5米及以上，切片级，原产地喀麦隆。 2. 数量：150立方米。 3. 价格：370欧元/立方米，FOB杜阿拉（Douala，Cameroon）。 4. 金额：55 500欧元。 5. 运输：用集装箱运输，最迟2018年7月5日装运；从喀麦隆的杜阿拉运至中国张家港；允许转运，不允许分批装运。 6. 付款：即期付款信用证，要求在2018年6月1日之前开立，在装运日后21天内交单。 7. 保险：由买方投保。 8. 单据： （1）签名的商业发票一式五份，注明信用证号码； （2）装箱单一式五份，注明每根原木的直径、长度和体积； （3）全套清洁已装船海运提单，做成空白指示抬头，空白背书，标注运费到付，通知买方； （4）制造商签署的原产地证书一式三份； （5）出口国官方检疫部门出具的植物检疫证明一份正本、两份副本。 9. 检验与索赔： （1）货物到达口岸后，如发现到货的规格或数量/重量与合同不符，除应由保险公司或船公司负责外，买方于货物到岸卸货后60天内凭有关检验证书有权拒收货物或向卖方索赔； （2）卖方收到买方索赔通知后，如果在30天内不答复，应视为卖方同意买方的一切索赔。 10. 索赔解决方法： 如货物不符合本合同规定，应由卖方负责，同时买方应按照本合同第12条的规定在索赔期间提出索赔。卖方在取得买方同意后，应按下列方式理赔： （1）同意买方退货，并将退货金额以成交原币偿还买方，并负责一切因退货而发生的直接损失和费用，包括利息、银行费用、运费、保险费、仓储、码头装卸费以及因保管、退货而发生的一切其他必要费用； （2）按照货物的疵劣程度、损坏的范围和买方所遭受的损失，将货物贬值； （3）调换有瑕疵的货物，换货必须全新并符合本合同规定的规格、质量，卖方负担因此而产生的一切费用和买方遭受的一切损失。 11. 不可抗力： 由于不可抗力而导致不能交货或装船延迟，卖方不负责任。但卖方必须将事故电告买方，并在事故发生后14天内将灾害发生地点有关政府机关所发的事故存在证明书航空邮寄给买方，并取得买方的认可。在上述情况下，卖方仍有采取一切必要措施从速交货的责任。如果事故持续超过6个星期，买方有权取消合同。 12. 迟交和罚款： 如延迟交货，除不可抗力外，卖方应给买方每1星期按迟交货物总值0.5%的迟交罚款。不足1星期的迟交日数按1星期计算。此项罚款总额不超过全部迟交货物总值的5%。在议付货款时由银行代为扣除，或由买方在付款时进行扣除。如延迟交货超过原定期限10星期时，买方有权终止合同，但卖方仍应向买方缴付以上规定的罚款。

表 12-2 主要协议条款

1. 商品：非洲楝木，直径60～80厘米，长度5米及以上，切片级，原产地喀麦隆。 2. 数量：150立方米。 3. 价格：5 500.00元/立方米。 4. 金额：825 000.00元。 数量和金额都允许有5%以内的增减。 5. 付款：买方在合同签订后5天内付给乙方合同金额30%的定金，提货前付清余款；全部货款收齐后，卖方向买方提供全额10%的增值税发票。 6. 交货：最迟2018年8月30日交货，卖方收齐全部货款后送货到买方仓库。

示范操作

任务 1　签订进口合同

2018 年 5 月 18 日，外贸业务员谢炯根据双方达成的协议拟定进口合同，并给总经理蔡海峰签字，然后传真给 U. A. C. C. (Pacifique) S. A.，当天收到对方公司盖章的进口合同（见表 12－3）传真件，该合同开始生效。

表 12－3　进口合同

PURCHASE CONTRACT

CONTRACT NO.：ANNIE18/029　　DATE：May 18，2018

THE BUYER：Zhejiang Annie Import and Export Co.，Ltd.
No. 1298 Huaxing Road，Hangzhou，China
Tel：0086－571－89991351
Fax：0086－571－89991352

THE SELLER：U. A. C. C. (Pacifique) S. A.
18th Floor，Tacwood Plaza，32 Des Voeux Road，Central，Hong Kong
Tel：00852－2581－3097
Fax：00852－2581－3099

This Contract is made by and between the Buyer and the Seller，whereby the Buyer agrees to buy and the Seller agrees to sell the under-mentioned commodity according to the terms and conditions stipulated below：

DESCRIPTION OF GOODS	QUANTITY	UNIT PRICE	AMOUNT
Sapelli Log Diameter：60～80cm Length：5m and up Grade：Slicing grade Origin：Cameroon	150m^3	FOB Douala，Cameroon EUR370. 00/m^3	EUR55 500. 00
Total	150m^3		EUR55 500. 00
Total Contract Value：Say EURO Fifty Five Thousand Five Hundred Only.			

PORT OF LOADING：Douala，Cameroon.

PORT OF DESTINATION：Zhangjiagang，China.

SHIPMENT：Cargo should be shipped in the container not later than July 5，2018. Partial shipment is not allowed and transhipment is allowed.

INSURANCE：Covered by the Buyer.

PAYMENT: L/C at sight, issued before June 1, 2018, the documents must be presented within 21 days after the date of shipment.

DOCUMENTS:
1. Signed Commercial Invoice in quintuplicate indicating L/C No.
2. Packing List in quintuplicate indicating the diameter, length and measurement of each log.
3. Full set of clean "on board" ocean Bills of Lading made out to order and blank endorsed, marked "freight collect" and notify the Buyer.
4. Certificate of Origin in triplicate issued by the manufacturer.
5. One original and two copies of phytosanitary certificate issued by the competent government quarantine authority of the export country.

INSPECTION AND CLAIMS:
1. After arrival of the goods at the port of destination, if any discrepancies are found regarding the specifications or the quantity/weight or both, except those for which either the insurance company or the shipping company is responsible, the Buyer shall, within 60 days after discharge of the goods at the port of destination, have the right either to reject the goods or to claim against the Seller on the strength of the relevant certificate issued.
2. Any and all claims shall be regarded as accepted if the Seller fails to reply within 30 days after receipt of the Buyer's claim.

SETTLEMENT OF CLAIMS:
In case the Seller is liable for the discrepancies and a claim is made by the Buyer within the period of claim as stipulated in Clause 12 of this Contract, the Seller shall settle the claim upon the agreement of the Buyer in the following ways:
1. Agree to rejection of the goods and returned to the Buyer the value of the goods so rejected in the same currency as contracted herein, and to bear all direct losses and expenses in connection therewith including interest accrued, banking charges, freight, insurance premium, inspection charges, storage, stevedore charges and all other necessary expenses required for the custody and protection of the rejected good.
2. Devaluate the goods according to the degree of inferiority, extent of damage and amount of losses suffered by the Buyer.
3. Replace the defective goods with new ones, which conform to the specifications, quality as stipulated in this Contract, and bear all expenses incurred to and direct losses sustained by the Buyer.

FORCE MAJEURE:
The Seller shall not be held responsible for the delay in delivery or non-delivery of the goods due to Force Majeure. However the Seller shall advise the Buyer immediately of the occurrence and within fourteen days thereafter, the Seller shall send by airmail to the Buyer for their acceptance a certificate of the accident issued by the Competent Government Authorities of the place where the accident occurs as evidence thereof. Under such circumstances, the Seller, however, are still under the obligation to take all necessary measures to hasten the delivery of the goods. In case the accident lasts for more than six weeks, the Buyer shall have the right to cancel the Contract.

LATE DELIVERY AND PENALTY:
In case of delayed delivery, except for Force Majeure cases, the Seller shall pay to the Buyer for every week of delay a penalty amounting to 0.5% of the total value of the goods whose delivery has been delayed. Any fractional part of a week is to be considered a full week. The total amount of penalty shall not, however, exceed 5% of the total value of the goods involved in the late delivery and is deducted from the

amount due to the Seller by the paying bank at the time of negotiation, or by the Buyer direct at the payments. In case the period of delay exceeds ten weeks after the stipulated delivery date, the Buyer have the right to terminate this Contract but the Seller shall not thereby be exempted from the payment of penalty.

ARBITRATION:

All disputes in connection with this Contract or the execution thereof shall be settled friendly through negotiations. In case no settlement can be reached through negotiation, the case should then be submitted for arbitration to the Foreign Trade Arbitration Commission of the China Council for the Promotion of International Trade, Beijing, in accordance with the provisional rules of procedures of the Foreign Trade Arbitration Commission of the China Council for the Promotion of International Trade. The arbitration shall take place in Beijing and the decision rendered by the said authorities for revising the decision. The arbitration fee shall be borne by the losing party. Or the arbitration may be settled in the third country mutually agreed on by both parties.

This Contract is made in two original copies and becomes valid after signature, one copy to be held by each party.

ACCEPTED AND CONFIRMED BY (SELLER):	FOR AND ON BEHALF OF (BUYER):
U. A. C. C. (Pacifique) S. A.	ZHEJIANG ANNIE IMPORT & EXPORTCO., LTD.
Jackie Wang	蔡海峰

任务 2 签订国内销售合同

5 月 18 日，外贸业务员谢炯根据与徐州市颂梅木材有限公司的谈判结果，拟定并签署了国内销售合同（见表 12-4）。

表 12-4 国内销售合同

国内销售合同

（合同号：18-ANNIE-136）

甲方：徐州市颂梅木材有限公司
地址：江苏省徐州市殷庄路 5 号
电话：0516-80907650
传真：0516-80907651

乙方：浙江安妮进出口有限公司
地址：浙江省杭州市华星路 1298 号
电话：0571-89991351
传真：0571-89991352

甲乙双方经友好协商，达成以下合同条款：

一、商品名称、数量、价格和金额

商品名称	数量	单价	金额
非洲楝木，直径 60～80 厘米，长度 5 米及以上，切片级，原产地喀麦隆	150 立方米	5 500.00 元/立方米	825 000.00 元
合计	150 立方米		825 000.00 元
总金额（大写）	人民币捌拾贰万伍仟元整		

注：（1）该价格含 10%的增值税；（2）数量和金额允许有 5%以内的增减。

二、双方权利义务

甲方：

1. 如发现质量、数量等问题，甲方应及时办理有关商检手续，以便乙方据此对外索赔；
2. 负责上述进口货物到达徐州目的地后的卸货工作及承担有关费用。

乙方：

1. 收到甲方定金后，及时办理上述货物的订货及进口的有关手续；
2. 及时向甲方通报进口货物的发货和清关情况，协调有关商务事宜；
3. 办理到货后的报关、清关手续及内陆运输和保险工作，并承担相关费用。

三、支付与结算方式

甲方在合同签订后5天内付给乙方合同金额30%的定金（中国银行杭州市经济技术开发区支行：800139003308091561），以便乙方收款后及时对外订货；货物清关后，甲方派人到乙方张家港仓库验货并提货，并在提货前付清余款；全部货款收齐后，乙方向甲方提供全额10%的增值税发票。

四、交货

乙方最迟在2018年8月30日交货。

五、所有权的规定

甲方未付清本协议全款前，该进口货物所有权归乙方拥有；若货物到港10天后，在乙方的催余款通知发出后10天内仍未收到甲方的余款，乙方有权处理进口货物并没收甲方的定金。

六、其他

1. 本合同一经签订，双方必须共同遵守，严格执行。本合同的有关条款如有变化或其他未尽事宜，双方协商解决。
2. 本合同一式两份，双方各执一份，传真同等有效。

甲方：徐州市颂梅木材有限公司	乙方：浙江安妮进出口有限公司
签字：李颂梅	签字：蔡海峰
时间：2018年5月18日	时间：2018年5月18日

实训项目

『实训项目12-1』

上接『实训项目11-1』，上海冬冬贸易公司外贸业务员徐群通过与Nibo Shuzo Co.，Ltd. 反复磋商，最终达成一致协议。

【任务1】签订进口合同

2018年7月16日，徐群根据与Nibo Shuzo Co.，Ltd. 达成的主要协议条款（见表12-5），填写进口合同条款（见表12-6），使其完整。

表12-5　　主要协议条款

1. 商品：甘薯烧酒，酒精度36.8%，每瓶720毫升，产地日本。
2. 数量：7 200瓶。
3. 价格：580日元/瓶，CFR中国上海。
4. 金额：4 176 000日元。
5. 装运港：日本志不志（Shibushi）。
5. 目的港：中国上海。
6. 交货期：最迟2018年8月24日。

7. 运输：不允许转运和分批装运。
8. 包装：6 瓶/箱，60 箱/托盘。
9. 付款：由买方在 2018 年 7 月 24 日之前开立提单日后 30 天的延期付款信用证；交单期为装运日后 7 天内；若因买方不能及时开立信用证而造成的交货延误，卖方不承担不能在规定的交货期内交货的责任，并且有权取消合同和/或索赔损失。
通知行：Deutsche Bank AG，Osaka Branch
地址：Sanno Park Tower 2－11－1，Nagatacho，Chivoda-ku，Tokyo，1006170，Japan
电话：0081－3－5156－4000
传真：0081－3－5156－4042
SWIFT：DEUTJPJT
10. 保险：由买方投保。
11. 装运通知：卖方应在货物装船完毕后 48 小时内以传真通知买方合同号、货物名称、数量、毛重、体积、海运提单号码、船名、装运日期及目的港。
12. 单据：
(1) 手签的商业发票一式三份。
(2) 装箱单一式三份，注明商品数量、总毛重和总体积。
(3) 全套清洁已装船海运提单，做成空白指示抬头，空白背书，标注运费预付，通知买方。
(4) 由商会出具的原产地证书一式两份。
(5) 由卖方出具的非木制包装声明一份。
13. 其他条款（略）。

表 12－6　进口合同

CONTRACT

CONTRACT NO.：DD18106　　DATE：Jun. 16，2018

THE SELLER：Nibo Shuzo Co.，Ltd.
No. 88 Tategamihonmachi，Makurazaki City，Kagoshima-pref，Japan
Tel：0081－993－72－1908
Fax：0081－993－72－1904

THE BUYER：Shanghai Dongdong Trading Company
No. 9980 Renmin Rd.，Shanghai，China
Tel：0086－21－90128765
Fax：0086－21－90128766

This Contract is made by and between the Buyer and the Seller，whereby the Buyer agrees to buy and the Seller agrees to sell the under-mentioned commodity according to the terms and conditions stipulated below：

1. Description of Goods，Quantity，Unit Price and Amount：

Description of Goods	Quantity	Unit Price	Amount
Total			
Total Contract Amount (in Words)：			

2. Country of Origin：

3. Port of Loading：

4. Port of Destination:

5. Delivery Time:

6. Partial Shipment:
Transhipment:

7. Packing:

8. Payment:

Advising bank:

9. Insurance:

10. Shipping Advice:

11. Documents:
(1)
(2)
(3)
(4)
(5)

12. Inspection and Claims:
(1) After arrival of the goods at the port of destination, the Buyer shall apply to the Entry-Exit Inspection & Quarantine Bureau of the People's Republic of China (herein after called the Bureau) for a preliminary inspection of the goods in respect of their quality, quantity/weight. If any discrepancies are found by the Bureau regarding the specifications or the quantity/weight or both, except those for which either the insurance company or the shipping company is responsible, the Buyer shall, within 120 days after discharge of the goods at the port of destination, have the right either to reject the goods or to claim against the Seller on the strength of the inspection certificate issued by the Bureau.
(2) Any and all claims shall be regarded as accepted if the Seller fails to reply within 30 days after receipt of the Buyer's claim.

13. Settlement of Claims:
In case the Seller is liable for the discrepancies and a claim is made by the Buyer within the period of claim as stipulated in Clause 12 of this Contract, the Seller shall settle the claim upon the agreement of the Buyer in the following ways:
(1) Agree to rejection of the goods and returned to the Buyer the value of the goods so rejected in the same currency as contracted herein, and to bear all direct losses and expenses in connection therewith including interest accrued, banking charges, freight, insurance premium, inspection charges, storage, stevedore charges and all other necessary expenses required for the custody and protection of the rejected goods.
(2) Devaluate the goods according to the degree of inferiority, extent of damage and amount of losses suffered by the Buyer.
(3) Replace the defective goods with new ones, which conform to the specifications, quality as stipulated in this Contract, and bear all expenses incurred to and direct losses sustained by the Buyer.

14. Force Majeure:
The Seller shall not be held responsible for the delay in delivery or non-delivery of the goods due to Force

Majeure. However the Seller shall advise the Buyer immediately of the occurrence and within 10 days thereafter, the Seller shall send by airmail to the Buyer for their acceptance a certificate of the accident issued by the Competent Government Authorities of the place where the accident occurs as evidence thereof. Under such circumstances, the Seller, however, are still under the obligation to take all necessary measures to hasten the delivery of the goods. In case the accident lasts for more than six weeks, the Buyer shall have the right to cancel the Contract.

15. Late Delivery and Penalty:
In case of delayed delivery, except for Force Majeure cases, the Seller shall pay to the Buyer for every week of delay a penalty amounting to 0.5% of the total value of the goods whose delivery has been delayed. Any fractional part of a week is to be considered a full week. The total amount of penalty shall not, however, exceed 5% of the total value of the goods involved in the late delivery and is deducted from the amount due to the Seller by the paying bank at the time of negotiation, or by the Buyer direct at the payments. In case the period of delay exceeds ten weeks after the stipulated delivery date, the Buyer have the right to terminate this Contract but the Seller shall not thereby be exempted from the payment of penalty.

16. Arbitration:
All disputes in connection with this Contract or the execution thereof shall be settled friendly through negotiations. In case no settlement can be reached through negotiation, the case should then be submitted for arbitration to the Foreign Trade Arbitration Commission of the China Council for the Promotion of International Trade, Beijing, in accordance with the provisional rules of procedures of the Foreign Trade Arbitration Commission of the China Council for the Promotion of International Trade. The arbitration shall take place in Beijing and the decision rendered by the said authorities for revising the decision. The arbitration fee shall be borne by the losing party. Or the arbitration may be settled in the third country mutually agreed on by both parties.

This Contract is made in two original copies and becomes valid after signature, one copy to be held by each party.

THE SELLER:	THE BUYER:
NIBO SHUZO CO., LTD.	SHANGHAI DONGDONG TRADING COMPANY
TACHIRO HOMBO	王冬冬

【任务 2】签订国内销售合同

7 月 16 日，外贸业务员徐群与 Nibo Shuzo Co., Ltd. 签订进口合同的同时，办妥中文商标预登记手续，并根据与上海琼浆酒业公司达成的主要协议条款（见表 12－7），填写国内销售合同条款（见表 12－8），使其完整。

表 12－7　　主要协议条款

1. 商品：甘薯烧酒，酒精度 36.8%，每瓶 720 毫升，产地日本。
2. 数量：7 200 瓶。
3. 价格：87.00 元/瓶。
4. 金额：626 400.00 元。
5. 付款：买方在合同签订后 5 天内付给乙方合同金额 20%的定金，提货前付清余款；全部货款收齐后，卖方向买方提供全额 16%的增值税发票。
6. 包装：6 瓶/箱，60 箱/托盘。
7. 交货：负责在收到定金后 60 天内送货到买方南京仓库。

表 12-8 国内销售合同

国内销售合同

（协议号：18DD301）

甲方：上海琼浆酒业公司
地址：上海市淮海路 66 号
电话：021-90128370
传真：021-90128377

乙方：上海冬冬贸易公司
地址：上海市人民路 9980 号
电话：021-90128765
传真：021-90128766

甲乙双方经友好协商，在甲方已确认的产品质量和有关技术要求的基础上，达成以下协议条款：

一、商品名称、数量、单价和金额

商品名称	数量	单价	金额
合计			
总金额（大写）			

注：（1）该价格含 16%的增值税。（2）包装：（略）。

二、双方权利义务

甲方：

1. 确认进口货物价格，落实进口项目所需资金，且按本协议按时付款；
2. 负责对有关进口产品的质量及有关技术等内容的确认；
3. 如发现质量、数量等问题，甲方应及时办理有关商检手续，以便乙方据此对外索赔；
4. 负责上述进口货物到达上海目的地后的卸货工作及承担有关费用。

乙方：

1. 收到甲方定金后，及时办理上述货物的订货及进口的有关手续；
2. 及时向甲方通报进口货物的发货和清关情况，协调有关商务事宜；
3. 办理到货后的报关、清关手续及内陆运输和保险工作，并承担相关费用；
4. 负责在收到定金后__________天内送货到甲方仓库。

三、支付与结算方式

甲方在合同签订后 5 天内付给乙方合同金额__________的定金，以便乙方收款后及时对外订货；货物清关后，甲方派人到乙方仓库验货并提货，并在提货前付清余款；全部货款收齐后，乙方向甲方提供全额 16%的增值税发票。

四、所有权的规定

甲方未付清本协议全款前，该进口货物所有权归乙方所有；若货物到港 10 天后，在乙方的催余款通知发出后 7 个工作日内仍未收到甲方的余款，乙方有权处理进口货物并没收甲方的定金。

五、其他

1. 本合同一经签订，双方必须共同遵守，严格执行。本合同的有关条款如有变化或其他未尽事宜，双方协商解决。
2. 本合同一式两份，双方各执一份，传真同等有效。

甲方：上海琼浆酒业公司
签字：苏倪
时间：2018 年 7 月 16 日

乙方：上海冬冬贸易公司
签字：王冬冬
时间：2018 年 7 月 16 日

『实训项目 12-2』

上接『实训项目 11-2』，2018 年 3 月 28 日，广州纳社进出口有限公司外贸业务员陈露露通过与美国数控钻床出口商 Richard International Co.，Ltd. 的反复磋商，最终达成一致协议。陈露露根据与 Richard Internatinal Co.，Ltd. 达成的主要协议条款（见表 12－9）填写进口合同条款（见表 12－10），使其完整。

表 12－9　　主要协议条款

1. 商品：数控钻床，型号 AED20。
2. 数量：1 台。
3. 价格：380 000 美元/台，FOB 纽约。
4. 金额：380 000 美元。
5. 生产国别和制造商：美国，ASD Corporation。
6. 装运港和目的港：美国纽约/中国广州。
7. 装运期：最迟 2018 年 5 月 25 日装运。
8. 运输：不允许转运和分批装运。
9. 包装：货物必须用集装箱运输，适合海运、防湿、防潮、防震、防锈、耐粗暴搬运。由于包装不良所发生的损失以及由于采用不充分或不妥善的防护措施而造成的任何锈损，卖方应负担由此产生的一切费用和/或损失。

   唛头：NS2018023 / GUANGZHOU CHINA

10. 付款：买方代理在收到由卖方银行开立的 20%合同金额的银行保函后 15 天内，向卖方支付 20%合同金额的定金。在 2018 年 4 月 22 日前，买方代理开立 80%合同金额的即期信用证，有效期为 2018 年 8 月 4 日，交单期为装运期后的 10 天内。其中 70%合同金额见单付款，另外 10%合同金额，在设备通过卖方、买方和买方代理三方验收合格后，凭三方签章的设备交接单再给予支付。

    通知行：中国银行纽约分行。

11. 单据：

(1) 全套清洁已装船海运提单，做成空白指示抬头，空白背书，标注运费预付，通知买方代理；
(2) 发票五份，注明合同号和唛头；
(3) 装箱单五份，注明毛重、净重、尺码和所装货物每项的品名数量；
(4) 由制造商签发的质量证明书各三份；
(5) 制造商签署的原产地证书三份；
(6) 卖方传真买方代理的发货通知书正本。

12. 保险：由买方投保。
13. 装船通知：卖方应在装运月份前 30 天通知买方代理货物备妥可供装船时间。卖方应在货物装船完毕后 48 小时内以传真通知买方代理合同号、货物名称、数量、毛重、体积、海运提单号码、船名、装运日期及目的港。
14. 其他条款（略）。

表 12－10　　进口合同

CONTRACT

Contract No.：NS2018023

Date：Mar. 28，2018
Place：Guangzhou，China

The Buyer：Guangzhou Lifan Machinery Co.，Ltd.
No. 802 Baiyun Avenue，Guangzhou，China
Tel：0086－20－89081234
Fax：0086－20－89081237

Buyer's Import Agent：Guangzhou Nashe Import and Export Co.，Ltd.

No. 1290 Dongfeng West Road，Guangzhou，China
Tel：0086 - 20 - 89089057
Fax：0086 - 20 - 89089049

The Seller：Richard International Co.，Ltd.
No. 42 East Broadway，New York，NY 10002，U. S. A.
Tel：001 - 212 - 925 - 2355
Fax：001 - 212 - 431 - 6157

This Contract is made by and between the Buyer and the Seller，whereby the Buyer agrees to buy and the Seller agrees to sell the under-mentioned commodity according to the terms and conditions stipulated below：

1. Description of Goods，Quantity，Unit Price and Amount：

Description of Goods	Quantity	Unit Price	Amount
Total			
Total Contract Amount（in Words）：			

2. Country of Origin and Manufacturers：

3. Time of Shipment：

4. Port of Shipment and Port of Destination：

5. Partial Shipment：
Transhipment：

6. Packing：
Shipping Marks：

7. Payment：
Advising bank：

8. Documents：
（1）
（2）
（3）
（4）
（5）
（6）

9. Insurance：

10. Shipping Advice：

11. Other Terms： Omitted.

This Contract is made in three original copies and becomes valid after signature, one copy to be held by each party.

The Buyer: Guangzhou Lifan Machinery Co., Ltd.

武立凡

Buyer's Import Agent: Guangzhou Nashe Import and Export Co., Ltd.

刘纳社

The Seller: Richard International Co., Ltd.

RICHARD SMITH

『实训项目 12－3』

上接『实训项目 11－3』，2018 年 6 月 5 日，安徽黄山科盟印刷有限公司外贸业务员曾静静通过与 GASA ETIKETTEN GmbH & Co. KG 的经理 Eric Nowitzki 反复磋商，最终达成一致协议。曾静静根据与对方达成的主要协议条款（见表 12－11）填写进口合同条款（见表 12－12），使其完整。

表 12－11　　主要协议条款

1. 商品：计算机控制的激光制版机（旧），型号 100602，杜邦公司（DuPont）2005 年 11 月制造。
2. 数量：1 台。
3. 价格：5 552.00 欧元/台，CIP 上海。
4. 金额：5 552.00 欧元。
5. 生产国别、制造商和生产时间：德国，杜邦公司，2005 年 11 月。
6. 装运港和目的港：欧洲主要机场/中国上海机场。
7. 装运期：2018 年 7 月 24 日前装运。
8. 包装：货物必须用坚固的木箱包装，适合空运、防湿、防潮、防震、防锈、耐粗暴搬运。由于包装不良所发生的损失以及由于采用不充分或不妥善的防护措施而造成的任何锈损，卖方应负担由此产生的一切费用和/或损失。

   唛头：KM2018098
   SHANGHAI CHINA
9. 付款：100%的合同金额在设备到港后的 60 天内通过电汇支付。
10. 单据：

(1) 空运单，做成买方抬头，标注运费预付，通知买方；

(2) 手签的发票三份，注明合同号；

(3) 装箱单三份；

(4) 全套保险单，投保金额为发票金额的 110%，偿付地为中国，空白背书，按 ICC 协会条款投保一切险和战争险；

(5) 卖方签署的原产地证书三份；

(6) 卖方国家有关当局出具的注明木箱或木质包装材料符合建议要求的证书（木材熏蒸证明）正、副本各一份。

11. 装运通知：卖方应在装运月份前 30 天通知买方货物备妥可供装运时间。卖方应在货物装运完毕后 48 小时内以传真通知买方合同号、货物名称、数量、毛重、体积、空运单号码、装运日期及目的港。
12. 其他条款（略）。

表 12-12 进口合同

CONTRACT

Contract No.：KM2018098

Date：Jun. 5，2018
Place：Huangshan，China

The Buyer：Anhui Kemeng Printing Co.，Ltd.
No. 72 Huangshan East Road，Huangshan，China
Tel：0086-559-2932309
Fax：0086-559-2932301

The Seller：GASA ETIKETTEN GmbH & Co. KG
Moellner Land Str. 98，22969 Witzhave，Germany
Tel：049-4104-693-1999
Fax：049-4104-693-1996

This Contract is made by and between the Buyer and the Seller，whereby the Buyer agrees to buy and the Seller agrees to sell the under-mentioned commodity according to the terms and conditions stipulated below：

1. Description of Goods，Quantity，Unit Price and Amount

Description of Goods	Quantity	Unit Price	Amount
Total			
Total Contract Amount（in Words）：			

2. Country of Origin，Manufacturers and Month of Manufacturing：

3. Time of Shipment：

4. Port of Shipment and Port of Destination：

5. Packing：
Shipping Marks：

6. Payment：

7. Documents：
(1)
(2)
(3)
(4)
(5)
(6)

8. Shipping Advice：

9. Other Terms：Omitted.

This Contract is made in two original copies and becomes valid after signature，one copy to be held by each party.

The Buyer：Anhui Kemeng Printing Co.，Ltd. 谭震

The Seller：GASA ETIKETTEN GmbH & Co. KG Eric Nowitzki

实训 13

办理进口批件、申请开证和改证操作

实训目标

通过实训，学生能根据进口合同，填写开证申请书和办理申请开证手续；能根据出口商的信用证改证函或进口商自身的改证需求，填写改证申请书和办理申请改证手续；能根据进口商品的不同监管要求，申请办理进口批件。

示范项目

【任务 1】填写开证申请书和办理申请开证手续

2018 年 5 月 22 日，外贸业务员谢炯需根据与 U. A. C. C.（Pacifique）S. A. 签订的进口合同（ANNIE18/029）的要求和以下信息填写开证申请书（见表 13－1），并向中国农业银行浙江省分行办理申请开证手续：

（1）付款方式采用自由议付；

（2）通知行是 BANK OF CHINA（HONG KONG）LIMITED；

（3）除发票和汇票以外的单据接受第三方单据；

（4）所有单据显示信用证号码。

表 13－1 开证申请书

To: Date:

<table>
<tr><td colspan="2">( ) Issue by airmail
( ) With brief advice by teletransmission
( ) Issue by teletransmission
( ) Issue by express</td><td>Credit No.

Date and place of expiry</td></tr>
<tr><td colspan="2">Applicant</td><td>Beneficiary</td></tr>
<tr><td colspan="2">Advising Bank</td><td>Amount</td></tr>
<tr><td>Partial shipments
( ) allowed
( ) not allowed</td><td>Transhipment
( ) allowed
( ) not allowed</td><td rowspan="3">Credit available with ________
By ( ) sight payment ( ) acceptance
( ) negotiation ( ) deferred payment at
against the documents detailed herein
( ) and beneficiary's draft(s) for ______ % of invoice value at ________ sight
drawn on ________</td></tr>
<tr><td colspan="2">Loading on board:
not later than:
For:
Transportation to:</td></tr>
<tr><td colspan="2">( ) FOB ( ) CFR ( ) CIF ( ) other terms</td></tr>
<tr><td colspan="3">Documents required: (marked with "×")
1. ( ) Signed commercial invoice in ______ copies indicating L/C No.
2. ( ) Full set of clean on board Bills of Lading made out to order and blank endorsed, marked "freight [ ] to collect / [ ] prepaid" notifying ______ .
( ) Airway bills/cargo receipt/copy of railway bills issued by ______ showing "freight [ ] to collect/ [ ] prepaid" indicating freight amount and consigned to ______ .
3. ( ) Insurance Policy/Certificate in ______ copies for ______ of the invoice value showing claims payable in China in the same currency of the draft, blank endorsed, covering ______ .
4. ( ) Packing List/Weight Memo in ______ copies indicating quantity, gross and net weights of each package.
5. ( ) Certificate of Quality in ______ copies issued by ______ .
6. ( ) Certificate of ______ Origin in ______ copies issued by ______ .
7. ( ) Beneficiary's certified copy of fax send to the applicant within ______ days after shipment advising L/C No., name of vessel, date of shipment, name, quantity, weight and value of goods.
( ) Other documents, if any</td></tr>
<tr><td colspan="3">Description of goods:</td></tr>
<tr><td colspan="3">Additional instructions:
1. ( ) All banking charges outside the opening bank are for beneficiary's account.
2. ( ) Documents must be presented within ______ days after date of shipment but within the validity of this credit.
3. ( ) Both quantity and credit amount ______ % more or less are allowed.
( ) Other terms, if any</td></tr>
</table>

【任务 2】填写改证申请书和办理申请改证手续

5 月 25 日，中国农业银行浙江省分行开立了号码为 111LC1800879 的信用证，如表 13－2所示。

表 13－2　　信用证

MT 700		ISSUE OF A DOCUMENTARY CREDIT
SENDER		ABOCCNBJ110 AGRICULTURAL BANK OF CHINA ZHEJIANG BRANCH
RECEIVER		BKCHHKHH××××N BANK OF CHINA (HONG KONG) LIMITED
SEQIEMCE OF TOTAL	27 :	1/1
FORM OF DOCUMENTARY CREDIT	40A:	IRREVOCABLE
DOCUMENTARY CREDIT NUMBER	20 :	111LC1800879
DATE OF ISSUE	31C:	180525
APPLICABLE RULES	40E:	UCP LATEST VERSION
DATE AND PLACE OF EXPIRY	31D:	180726, HONG KONG
APPLICANT	50 :	ZHEJIANG ANNIE IMPORT & EXPORT CO., LTD. NO. 1298 HUAXING ROAD, HANGZHOU, CHINA
BENEFICIARY	59 :	U. A. C. C. (PACIFIQUE) S. A. 18TH FLOOR, TACWOOD PLAZA, 32 DES VOEUX ROAD, CENTRAL, HONG KONG
CURRENCY CODE/AMOUNT	32B:	EUR55 500.00
AVAILABLE WITH/BY...	41A:	ANY BANK IN HONG KONG, BY NEGOTIATION
DRAFTS AT...	42C:	AT SIGHT
DRAWEE	42A:	AGRICULTURAL BANK OF CHINA ZHEJIANG BRANCH
PARTIAL SHIPMENTS	43P:	PROHIBITED
TRANSHIPMENT	43T:	ALLOWED
PORT OF LOADING/AIRPORT OF DEPARTURE	44E:	DOUALA, CAMEROON
PORT OF DISCHARGE/AIRPORT OF DESTINATION	44F:	ZHANGJIAGANG, CHINA
LATEST DATE OF SHIPMENT	44C:	180705
DESCRIPTION OF GOODS &/OR SERVICES	45A:	150CBM SAPELLI LOGS, DIAMETER: 60~80CM, LENGTH: 5M AND UP, SLICINGGRADE, ORIGIN: CAMEROON, UNIT PRICE: EUR370.00/CBM, FOB DOUALA, CAMEROON.
DOCUMENTS REQUIRED	46A:	+ SIGNED COMMERCIAL INVOICE IN QUINTUPLICATE INDICATING THIS L/C NO. + PACKING LIST IN QUINTUPLICATE INDICATING THE DIAMETER, LENGTH AND MEASUREMENT OF EACH LOG. + FULL SET OF CLEAN "ON BOARD" OCEAN BILLS OF LADING MADE OUT TO ORDER AND BLANK ENDORSED, MARKED "FREIGHT COLLECT" AND NOTIFY APPLICANT. + CERTIFICATE OF ORIGIN IN TRIPLICATE ISSUED BY THE MANUFACTURER. + ONE ORIGINAL AND TWO COPIES OF PHYTOSANITARY CERTIFICATE ISSUED BY

		THE COMPETENT GOVERNMENT QUARANTINE AUTHORITY OF THE EXPORT COUNTRY.
ADDITIONAL CONDITIONS	47A:	+ A FEE OF USD50.00 OR EQUIVALENT WILL BE DEDUCTED FROM THE PROCEEDS FOR EACH PRESENTATION OF DISCREPANT DOCUMENTS UNDER THIS CREDIT. ACCEPTANCE OF ANY DISCREPANT DOCUMENTS THEREUNDER DOES NO WAY AMEND OUR L/C CONDITION, EACH SET OF DOCUMENTS UNDER THIS L/C BEARING THE SAME DISCREPANCY WILL BE DETERMINED ON A CASE-BY-CASE BASIS. + DOCUMENTS PRESENTED WITH DISCREPANCIES WILL BE REJECTED. WE WILL HOLD THE DOCUMENTS UNTIL WE RECEIVE A WAIVER FROM THE APPLICANT AND AGREE TO ACCEPT IT OR RECEIVE YOUR FURTHER INSTRUCTIONS PRIOR TO AGREEING TO ACCEPT A WAIVER. + PLS RELEASE THIS L/C TO BENEFICIARY AFTER ALL YOUR ADVISING COMMISSIONS COLLECTED. + THIRD PARTY DOCUMENTS EXCEPT INVOICE AND DRAFT ARE ACCEPTANCE. + ALL DOCUMENTS MUST SHOW THE L/C NO.
CHARGES	71B:	ALL BANKING CHARGES OUTSIDE THE ISSUING BANK ARE FOR ACCOUNT OF BENEFICIARY.
PERIOD FOR PRESENTATION	48 :	DOCUMENTS MUST BE PRESENTED WITHIN 21 DAYS AFTER SHIPMENT DATE, BUT WITHIN THE VALIDITY OF THIS CREDIT.
CONFIRMATION INSTRUCTION	49 :	WITHOUT
INSTRUCTION TO PAYING/ ACCEPTING/NEGOTIATING BANK	78 :	+ ALL DOCUMENTS TO BE SENT DIRECTLY TO THE AGRICULTURAL BANK OF CHINA ZHEJIANG BRANCH, INTERNATIONAL DEPT., 30 QINGCHUN ROAD, HANGZHOU, 310003, P.R.CHINA IN ONE LOT BY COURIER SERVICE. + WE WILL HONOUR UPON RECEIPT OF THE STIPULATED DOCUMENTS WHICH CONSTITUTE A COMPLYING PRESENTATION. + THIS CREDIT IS SUBJECT TO UCPDC (2007 REVISION) ICC PUB. NO. 600.

2018 年 5 月 29 日，徐州市颂梅木材有限公司向浙江安妮进出口有限公司要求增加 25 立方米非洲楝木的合同数量。外贸业务员谢炯与 U. A. C. C. (Pacifique) S. A. 协商修改合同数量，经同意后，修改国内销售合同和进口合同。然后，与 U. A. C. C. (Pacifique) S. A. 签订补充进口合同，如表 13－3 所示。

表 13-3 补充进口合同

PURCHASE CONTRACT

CONTRACT NO.：ANNIE18/029-1 DATE：May 30，2018

THE BUYER：Zhejiang Annie Import and Export Co.，Ltd.
No. 1298 Huaxing Road，Hangzhou，China
Tel：0086-571-89991351
Fax：0086-571-89991352

THE SELLER：U. A. C. C. (Pacifique) S. A.
18th Floor，Tacwood Plaza，32 Des Voeux Road，Central，Hong Kong
Tel：00852-2581-3097
Fax：00852-2581-3099

This Contract is made by and between the Buyer and the Seller，whereby the Buyer agrees to buy and the Seller agrees to sell the under-mentioned commodity according to the terms and conditions stipulated below：

DESCRIPTION OF GOODS	QUANTITY	UNIT PRICEP	AMOUNT
Sapelli Log Diameter：60～80cm Length：5m and up Grade：Slicing grade Origin：Cameroon	25m^3	EUR370. 00/m^3 FOB Douala，Cameroon	EUR9 250. 00
Total	25m^3		EUR9 250. 00

SHIPMENT：
Cargo should be shipped out not later than July 5，2018. Partial shipment is not allowed and transhipment is allowed.

REMARKS：
This Contract is the supplement of Contract No. ANNIE18/029. The other terms are the same as Contract No. ANNIE18/029.

ACCEPTED AND CONFIRMED BY (SELLER)： FOR AND ON BEHALF OF (BUYER)：
U. A. C. C. (Pacifique) S. A. ZHEJIANG ANNIE IMPORT & EXPORT CO.，LTD.
Jackie Wang 蔡海峰

5 月 30 日，外贸业务员谢炯根据补充进口合同填写改证申请书，并办理申请改证手续。补充的国内销售合同规定，在合同签订后 5 天内，徐州市颂梅木材有限公司需支付补充国内销售合同金额 30％的定金。

示范操作

任务 1 填写开证申请书和办理申请开证手续

（1）外贸业务员谢炯根据合同和其他信息填写开证申请书（见表 13-4）。

表 13 - 4 **开证申请书**

To：AGRICULTURAL BANK OF CHINA ZHEJIANG BRANCH Date：MAY 22，2018

( ) Issue by airmail
( ) With brief advice by teletransmission
(×) Issue by teletransmission
( ) Issue by express

Credit No.

Date and place of expiry
JULY 26，2018，HONG KONG

Applicant
ZHEJIANG ANNIE IMPORT & EXPORT CO.，LTD.
NO. 1298 HUAXING ROAD，HANGZHOU，CHINA

Beneficiary
U. A. C. C. (PACIFIQUE) S. A.
18TH FLOOR，TACWOOD PLAZA，32 DES VOEUX ROAD，CENTRAL，HONG KONG

Advising Bank
BANK OF CHINA (HONG KONG) LIMITED

Amount：EUR55 500. 00
SAY EURO FIFTY FIVE THOUSAND FIVE HUNDRED ONLY

Partial shipments
( ) allowed
(×) not allowed

Transhipment
(×) allowed
( ) not allowed

Loading on board：DOUALA，CAMEROON
not later than：JULY 5，2018
For：ZHANGJIAGANG，CHINA
Transportation to：

(×) FOB ( ) CFR ( ) CIF ( ) other terms

Credit available with ANY BANK IN HONG KONG
By ( ) sight payment ( ) acceptance
(×) negotiation ( ) deferred payment at
against the documents detailed herein
(×) and beneficiary's draft (s) for 100 % of invoice value at +++ sight
drawn on ISSUING BANK

Documents required：(marked with "×")

1. (×) Signed commercial invoice in 5 copies indicating L/C No.
2. (×) Full set of clean on board Bills of Lading made out to order and blank endorsed，marked "freight [×] to collect / [ ] prepaid" notifying APPLICANT.
   ( ) Airway bills/cargo receipt/copy of railway bills issued by ______ showing "freight [ ] to collect/ [ ] prepaid" indicating freight amount and consigned to ______.
3. ( ) Insurance Policy/Certificate in ______ copies for ______ of the invoice value showing claims payable in China in the same currency of the draft，blank endorsed，covering ______.
4. (×) Packing List/Weight Memo in ______ copies indicating the diameter，length and measurement of each log.
5. ( ) Certificate of Quality in ______ copies issued by ______.
6. (×) Certificate of Origin in 3 copies issued by THE MANUFACTURER.
7. ( ) Beneficiary's certified copy of fax send to the applicant within ______ days after shipment advising L/C No.，name of vessel，date of shipment，name，quantity，weight and value of goods.
   (×) Other documents，if any

ONE ORIGINAL AND TWO COPIES OF PHYTOSANITARY CERTIFICATE ISSUED BY THE COMPETENT GOVERNMENT QUARANTINE AUTHORITY OF THE EXPORT COUNTRY.

Description of goods：
150CBM SAPELLI LOGS，DIAMETER：60～80CM，LENGTH：5M AND UP，SLICING GRADE，ORIGIN：CAMEROON，UNIT PRICE：EUR370. 00/CBM，FOB DOUALA，CAMEROON.

Additional instructions：

1. (×) All banking charges outside the opening bank are for beneficiary's account.
2. (×) Documents must be presented within 21 days after date of shipment but within the validity of this credit.
3. ( ) Both quantity and credit amount ______% more or less are allowed
   (×) Other terms，if any

THIRD PARTY DOCUMENTS EXCEPT INVOICE AND DRAFT ARE ACCEPTANCE.

（2）外贸业务员谢炯根据国内销售合同的规定，要求徐州市颂梅木材有限公司在合同签订后 5 天内支付合同金额 30%的定金，即 330 525 元人民币。收到定金后，谢炯把填写好的申请开证所需的开证申请书、合同副本、与开证相关文件交中国农业银行浙江省分行，办理申请开证手续；银行审核通过后，浙江安妮进出口有限公司向银行缴纳信用证金额 20%的开证保证金和 1.5‰的开证手续费。

任务 2　填写改证申请书并办理申请改证手续

（1）根据补充进口合同和其他信息填写改证申请书（见表 13－5）。

表 13－5　**改证申请书**

<table>
<tr><td colspan="2">中国农业银行
AGRICULTURAL BANK OF CHINA
信 用 证 修 改 申 请 书
APPLICATION FOR AMENDMENT</td></tr>
<tr><td>To：
Agricultural Bank of China Zhejiang Branch</td><td>Amendment to Our Documentary Credit No.：
111LC1800879</td></tr>
<tr><td>Date of Amendment：
May 30，2018</td><td>No. of Amendment：
01</td></tr>
<tr><td>Applicant：
Zhejiang Annie Import & Export Co.，Ltd.
No. 1298 Huaxing Road，Hangzhou，China</td><td>Advising Bank：
Hanvit Bank，BIC CODE：HVBKKRSE××××450，Kongduk-dong，Mapo-ku，Seoul，Korea</td></tr>
<tr><td>Beneficiary (before this amendment)：
U. A. C. C. (Pacifique) S. A.
18th Floor，Tacwood Plaza，32 Des Voeux Road，Central，Hong Kong</td><td>Amount：
EUR55 500.00
SAY EURO FIFTY FIVE THOUSAND FIVE HUNDRED ONLY.</td></tr>
<tr><td colspan="2">The above mentioned credit is amended as follows：
(　) Shipment date extended to ＿＿＿＿.
(　) Expiry date extended to ＿＿＿＿.</td></tr>
<tr><td colspan="2">(×) Amount increased by <u>EUR55 500.00</u> to <u>EUR64 750.00</u>.
(×) Other terms：
For Field 45A，the quantity of Sapelli Log is increased by 150CBM to 175CBM.
(×) Banking charges：
The amendment fee is borne by the applicant.
All other terms and conditions remain unchanged.
Authorized Signature(s)：
浙江安妮进出口有限公司
蔡海峰</td></tr>
<tr><td colspan="2">This Amendment is Subject to Uniform Customs and Practice for Documentary Credits (2007 Revision) International Chamber of Commerce Publication No. 600.</td></tr>
</table>

（2）外贸业务员谢炯根据国内销售合同的规定，要求徐州市颂梅木材有限公司在合同签订后 5 天内支付补充合同金额 30%的定金，即 55 087.50 元人民币，谢炯收到定金后，把申请改证所需的改证申请书、补充合同副本、与改证相关文件交中国农业银行浙江省分行，办理申请改证手续；银行审核通过后，浙江安妮进出口有限公司向银行缴纳信用证改证金额 20%的开证保证金和 1.5‰的开证手续费。

实训项目

『实训项目 13－1』

上接『实训项目 12－1』。

【任务 1】填写开证申请书和办理申请开证手续

2018 年 7 月 17 日，上海冬冬贸易公司外贸业务员徐群根据进口合同的要求和其他相关信息填写开证申请书，并向中国银行上海市分行办理申请开证手续。要求所有单据都要注明信用证号码、开证日期和开证行名称。

（1）填写开证申请书（见表 13－6）。

表 13－6　开证申请书

To:　　　　　　　　　　　　　　　　　　　　Date:

<table>
<tr><td colspan="2">(　) Issue by airmail
(　) With brief advice by teletransmission
(　) Issue by teletransmission
(　) Issue by express</td><td>Credit No.

Date and place of expiry</td></tr>
<tr><td colspan="2">Applicant</td><td>Beneficiary</td></tr>
<tr><td colspan="2">Advising Bank</td><td>Amount</td></tr>
<tr><td>Partial shipments
(　) allowed
(　) not allowed</td><td>Transhipment
(　) allowed
(　) not allowed</td><td rowspan="3">Credit available with ______
By (　) sight payment　(　) acceptance
(　) negotiation　(　) deferred payment at
against the documents detailed herein
(　) and beneficiary's draft(s) for ________ % of invoice value at ________ sight
drawn on ________</td></tr>
<tr><td colspan="2">Loading on board:
Not later than:
For:
Transportation to:</td></tr>
<tr><td colspan="2">(　) FOB　(　) CFR　(　) CIF　(　) other terms</td></tr>
</table>

Documents required: (marked with "×") 1. ( ) Signed ______ commercial invoice in ______ copies indicating ____________ . 2. ( ) Full set of clean on board Bills of Lading made out to order and blank endorsed, marked "freight [ ] to collect / [ ] prepaid" notifying __________ . ( ) Airway bills/cargo receipt/copy of railway bills issued by __________ showing "freight [ ] to collect/ [ ] prepaid" indicating freight amount and consigned to __________ . 3. ( ) Insurance Policy/Certificate in ______ copies for ______ of the invoice value showing claims payable in China in the same currency of the draft, blank endorsed, covering __________ . 4. ( ) Packing List/Weight Memo in ______ copies indicating quantity, gross and net weights of each package. 5. ( ) Certificate of Quality in ______ copies issued by __________ . 6. ( ) Certificate of ______ Origin in ______ copies issued by __________ . 7. ( ) Beneficiary's certified copy of fax send to the applicant within ______ days after shipment advising L/C No., name of vessel, date of shipment, name, quantity, weight and value of goods. ( ) Other documents, if any
Description of goods:
Additional instructions: 1. ( ) All banking charges outside the opening bank are for beneficiary's account. 2. ( ) Documents must be presented within ______ days after date of shipment but within the validity of this credit. 3. ( ) Both quantity and credit amount ______% more or less are allowed. ( ) Other terms, if any

（2）书写办理开证申请的业务流程。

【任务 2】填写改证申请书和办理申请改证手续

7 月 23 日，中国银行上海市分行开立了号码为 LC－520－091234 的信用证（见表 13－7）。

表 13－7　　信用证

MT 700	ISSUE OF A DOCUMENTARY CREDIT	
SEQUENCE OF TOTAL	27 :	1/1
FROM OF DOCUMENTARY CREDIT	40A:	IRREVOCABLE
DOCUMENTARY CREDIT NUMBER	20 :	LC－520－091234
DATE OF ISSUE	31C:	180723
APPLICABLE RULES	40E:	UCP LATEST VERSION
DATE AND PLACE OF EXPIRY	31D:	180831, JAPAN
APPLICANT	50 :	SHANGHAI DONGDONG TRADING COMPANY NO. 9980 RENMIN RD., SHANGHAI, CHINA
BENEFICIARY	59 :	NIBO SHUZO CO., LTD. NO. 88 TATEGAMIHONMACHI, MAKURAZAKI CITY, KAGOSHIMA-PREF, JAPAN
CURRENCY CODE/AMOUNT	32B:	JPY4 176 000. 00
AVAILABLE WITH/BY…	41A:	DEUTSCHE BANK AG, OSAKA BRANCH BY DEFERRED PAYMENT
DEFERRED PAYMENT DETAILS	42P:	AT 30 DAYS AFTER B/L DATE
PARTIAL SHIPMENTS	43P:	PROHIBITED
TRANSHIPMENT	43T:	PROHIBITED
PORT OF LOADING/AIRPORT OF DEPARTURE	44E:	SHIBUSHI, JAPAN
PORT OF DISCHARGE/AIRPORT OF DESTINATION	44F:	SHANGHAI, CHINA
LATEST DATE OF SHIPMENT	44C:	180824
DESCRIPTION OF GOODS &/ OR SERVICES	45A:	7 200BOTTLES OF SHOCHU GENSHU, SWEET POTATO 36.8%, 720ML PER BOTTLE, AT JPY580/BOTTLE, CFR SHANGHAI, CHINA, JAPAN ORIGIN
DOCUMENTS REQUIRED	46A:	＋SIGNED IN INK COMMERCIAL INVOICE IN TRIPLICATE. ＋PACKING LIST IN TRIPLICATE INDICATING QUANTITY OF GOODS, TOTAL GROSS AND VOLUME OF THE SHIPMENT. ＋FULL SET OF CLEAN "ON BOARD" OCEAN BILLS OF LADING MADE OUT TO ORDER AND BLANK ENDORSED, MARKED "FREIGHT PREPAID" AND NOTIFY APPLICANT. ＋CERTIFICATE OF ORITGIN IN DUPLICATE ISSUED BY CHAMBER OF COMMERCE. ＋BENEFICIARY'S CERTIFIED COPY OF FAX DISPATCHED TO APPLICANT WITHIN 48 HOURS UPON COMPLETION OF THE LOADING OF THE GOODS ADVISING THE CONTRACT NO., NAME OF GOODS, QUANTITY, GROSS WEIGHT, VOLUME, B/L NO., NAME

		OF CARRYING VESSEL, DATE OF SHIPMENT AND PORT OF DESTINATION. +DECLARATION OF NO WOOD PACKING MATERIAL ISSUED BY THE BENEFICIARY.
ADDITIONAL CONDITIONS	47A:	+A FEE OF USD50.00 OR EQUIVALENT WILL BE DEDUCTED FROM THE PROCEEDS FOR EACH PRESENTATION OF DISCREPANT DOCUMENTS UNDER THIS CREDIT. ACCEPTANCE OF ANY DISCREPANT DOCUMENTS THEREUNDER DOES NO WAY AMEND OUR L/C CONDITION, EACH SET OF DOCUMENTS UNDER THIS L/C BEARING THE SAME DISCREPANCY WILL BE DETERMINED ON A CASE-BY-CASE BASIS. +DOCUMENTS PRESENTED WITH DISCREPANCIES WILL BE REJECTED. WE WILL HOLD THE DOCUMENTS UNTIL WE RECEIVE A WAIVER FROM THE APPLICANT AND AGREE TO ACCEPT IT OR RECEIVE YOUR FURTHER INSTRUCTIONS PRIOR TO AGREEING TO ACCEPT A WAIVER. +THE NUMBER AND THE DATE OF THIS CREDIT AND THE NAME OF ISSUING BANK MUST BE QUOTED ON ALL DOCUMENTS.
CHARGES	71B:	ALL BANKING CHARGES OUTSIDE THE ISSUING BANK ARE FOR ACCOUNT OF BENEFICIARY.
PERIOD FOR PRESENTATION	48 :	DOCUMENTS MUST BE PRESENTED WITHIN 7 DAYS AFTER SHIPMENT DATE, BUT WITHIN THE VALIDITY OF THIS CREDIT.
CONFIRMATION INSTRUCTION	49 :	WITHOUT
INSTRUCTION TO PAYING/ACCEPTING/NEGOTIATING BANK	78 :	+ALL DOCUMENTS TO BE SENT DIRECTLY TO BANK OF CHINA SHANGHAI BRANCH, INTERNATIONAL DEPT., No.23 ZHONGSHAN EAST ROAD, SHANGHAI, P. R. CHINA IN ONE LOT BY COURIER SERVICE. +WE WILL HONOUR UPON RECEIPT OF THE STIPULATED DOCUMENTS WHICH CONSTITUTE A COMPLYING PRESENTATION. +THIS CREDIT IS SUBJECT TO UCPDC (2007 REVISION) ICC PUB. NO. 600.

8 月 2 日，外贸业务员徐群事后觉得按照这样开立信用证不妥，因为从志不志到上海属于近洋运输，单据到上海时货物早已到上海，这很容易导致产生各种港口码头的额外费用。为此，通过与 Nibo Shuzo Co., Ltd. 协商，对信用证条款作如下修改：46A 第 3 款，改为“一份清洁已装船电放海运提单，做成开证申请人抬头，标注运费预付，通知开证申请人”。

当日，徐群填写了改证申请书（见表 13－8），并向中国银行上海市分行办理申请改证手续。

表 13-8　　　　改证申请书

中国银行股份有限公司
BANK OF CHINA LIMITED
信 用 证 修 改 申 请 书
APPLICATION FOR AMENDMENT

To： Bank of China Shanghai Branch	Amendment to Our Documentary Credit No.：
Date of Amendment：	No. of Amendment：
Applicant：	Advising Bank：
Beneficiary (before this amendment)：	Amount：

The above mentioned credit is amended as follows：
(　) Shipment date extended to ______________________.
(　) Expiry date extended to ________________________.
(　) Amount increased by __________ to ______________.
(　) Other terms：

(×) Banking charges：
The amendment fee is borne by the applicant.

Authorized Signature(s)：

This Amendment is Subject to Uniform Customs and Practice for Documentary Credits (2007 Revision) International Chamber of Commerce Publication No. 600.

『实训项目 13-2』

上接『实训项目 12-2』，2018年4月2日，广州纳社进出口有限公司外贸业务员陈露露收到 Richard International Co.，Ltd. 的银行开来的银行保函后，办理了20%合同金额定金的电汇手续（见『实训项目 15-2』）。

【任务1】申请办理进口批件

该数控钻床的海关商品编码是8459210000，监管证件代码是“ABO”，其中“O”代表自动进口许可证。因此，4月4日，外贸业务员陈露露登录中国国际招标网（http://import.chinabidding.com）填写机电产品进口申请表（见表 13-9），进行机电产品自动进口许可证的网上申报。

5月14日，外贸业务员陈露露成功申领到自动进口许可证。

表 13-9 机电产品进口申请表

IMPORT APPLICATION FORM OF MECHANICAL AND ELECTRONIC PRODUCTS

<table>
<tr><td colspan="3">1. 进口商
Importer</td><td colspan="3">3. 经办人（进口用户签章）
Name of Operator（Stamp of Consignee）

电话 Telephone</td></tr>
<tr><td colspan="3">2. 进口用户
Consignee</td><td colspan="3">4. 进口用户所在地区（部门）
Area/Department of Consignee

年 月 日
Year Month Date</td></tr>
<tr><td colspan="3">5. 贸易方式
Terms of Trade</td><td colspan="3">8. 贸易国（地区）
Country/Region of Trading</td></tr>
<tr><td colspan="3">6. 外汇来源
Terms of Foreign Exchange</td><td colspan="3">9. 原产地国（地区）
Country/Region of Origin</td></tr>
<tr><td colspan="3">7. 报关口岸
Place of Clearance</td><td colspan="3">10. 产品用途
Use of Goods</td></tr>
<tr><td colspan="3">项目类型：□基建项目 □技改项目
□其他项目</td><td colspan="3">项目行业：</td></tr>
<tr><td colspan="3">11. 商品名称
Description of Goods</td><td colspan="2">商品编码（HS）
Code of Goods</td><td>设备状态
Status of Equipment</td></tr>
<tr><td>12. 规格、型号
Specification</td><td>13. 单位
Unit</td><td>14. 数量
Quantity</td><td>15. 单价（USD）
Unit Price</td><td>16. 总值（USD）
Amount</td><td>17. 总值折美元
Amount in USD</td></tr>
<tr><td></td><td></td><td></td><td></td><td></td><td></td></tr>
<tr><td></td><td></td><td></td><td></td><td></td><td></td></tr>
<tr><td></td><td></td><td></td><td></td><td></td><td></td></tr>
<tr><td></td><td></td><td></td><td></td><td></td><td></td></tr>
<tr><td></td><td></td><td></td><td></td><td></td><td></td></tr>
<tr><td>18. 总计 Total</td><td></td><td></td><td></td><td></td><td></td></tr>
<tr><td colspan="3" rowspan="2">19. 备注
Supplementary Details</td><td colspan="3">进口用户所在地区（部门）意见：（签章）
Area/Department of Consignee's Notion（Stamp）</td></tr>
<tr><td colspan="3">受理日期
Date</td></tr>
</table>

【任务 2】填写开证申请书和办理申请开证手续

4 月 9 日，外贸业务员陈露露收到广州立凡机械有限公司合同金额 30%的定金后，根据进口合同的要求填写开证申请书（见表 13-10），并向中国银行广州市分行办理申请开证手续。

表 13 - 10

开证申请书

To:　　　　　　　　　　　　　　　　　　　　　　　　　　　　　　　Date:

<table>
<tr><td colspan="2">( ) Issue by airmail
( ) With brief advice by teletransmission
( ) Issue by teletransmission
( ) Issue by express</td><td>Credit No.

Date and place of expiry</td></tr>
<tr><td colspan="2">Applicant</td><td>Beneficiary</td></tr>
<tr><td colspan="2">Advising Bank</td><td>Amount</td></tr>
<tr><td>Partial shipments
( ) allowed
( ) not allowed</td><td>Transhipment
( ) allowed
( ) not allowed</td><td rowspan="3">Credit available with __________
By ( ) sight payment ( ) acceptance
( ) negotiation ( ) deferred payment at
against the documents detailed herein
( ) and beneficiary's draft(s) for __________% of invoice value at __________ sight
drawn on __________</td></tr>
<tr><td colspan="2">Loading on board:
Not later than:
For:
Transportation to:</td></tr>
<tr><td colspan="2">( ) FOB ( ) CFR ( ) CIF ( ) other terms</td></tr>
</table>

Documents required: (marked with "×")

1. ( ) Signed ______ commercial invoice in ______ copies indicating __________ .
2. ( ) Full set of clean on board Bills of Lading made out to order and blank endorsed, marked "freight [ ] to collect / [ ] prepaid" notifying __________ .
   ( ) Airway bills/cargo receipt/copy of railway bills issued by __________ showing "freight [ ] to collect/ [ ] prepaid" indicating freight amount and consigned to __________ .
3. ( ) Insurance Policy/Certificate in ______ copies for ______ of the invoice value showing claims payable in China in the same currency of the draft, blank endorsed, covering __________ .
4. ( ) Packing List/Weight Memo in ______ copies indicating quantity, gross and net weights of each package.
5. ( ) Certificate of Quality in ______ copies issued by ____________ .
6. ( ) Certificate of ______ Origin in ______ copies issued by __________ .
7. ( ) Beneficiary's certified copy of fax send to the applicant within ______ days after shipment advising L/C No., name of vessel, date of shipment, name, quantity, weight and value of goods.
   ( ) Other documents, if any

Description of goods:

Additional instructions:

1. ( ) All banking charges outside the opening bank are for beneficiary's account.
2. ( ) Documents must be presented within ______ days after date of shipment but within the validity of this credit.
3. ( ) Both quantity and credit amount ______% more or less are allowed.
   ( ) Other terms, if any

实训 14

进口货物运输和保险操作

实训目标

通过实训，学生能根据出口商的预装船通知办理订舱，能拟写装船指示，能办理进口货物运输预约保险。

示范项目

2018 年 6 月 1 日，中国农业银行浙江省分行同意浙江安妮进出口有限公司的改证申请，开立了信用证修改书（见表 14 - 1）。

【任务 1】制作订舱委托书并办理订舱

6 月 19 日，浙江安妮进出口有限公司外贸业务员谢炯根据 U. A. C. C. (Pacifique) S. A. 的销售经理 Jackie Wang 有关备货情况的电子邮件（见表 14 - 2），制作订舱委托书，并向浙江双马国际货运有限公司办理订舱手续。

表 14－1　　信用证修改书

MT 707	AMENDMENT TO A DOCUMENTARY CREDIT
SENDER：	ABOCCNBJ110 AGRICULTURAL BANK OF CHINA ZHEJIANG BRANCH
RECEIVER：	BKCHHKHH××××N BANK OF CHINA (HONG KONG) LIMITED
SENDER'S REFERENCE	20 ：111LC1800879
RECEIVER'S REFERENCE	21 ：NON
DATE OF ISSUE	31C：180525
DATE OF AMENDMENT	30 ：180601
NUMBER OF AMENDMENT	26E：01
BENEFICIARY (BEFORE THIS AMENDMENT)	59 ：U. A. C. C. (PACIFIQUE) S. A. 18TH FLOOR, TACWOOD PLAZA, 32 DES VOEUX ROAD, CENTRAL, HONG KONG
NEW DATE AND PLACE OF EXPIRY	31E：180726, HONG KONG
INCREASE OF DOC. CREDIT AMOUNT	32B：CURRENCY EUR AMOUNT 9 250.00
NEW DOC. CREDIT MOUNT AFTER AMENDMENT	34B：CURRENCY EUR AMOUNT 64 750.00
LATEST DATE OF SHIPMENT	44C：180705
NARRATIVE	79 ：FOR FIELD 45A, THE QUANTITY OF SAPELLI LOG IS INCREASED BY 150CBM TO 175CBM. OTHER TERMS AND CONDITIONS REMAIN UNCHANGED. AMENDMENT FEE USD14.00 AND CABLE FEE USD30.00 ARE FOR A/C OF APPLICANT. SUBJECT TO UCPDC (2007 REVISION) ICC PUB. NO. 600.

表 14－2　　电子邮件

发件人：jackiewang@uacc. com
收件人：tomxie@annie. com. cn
日　期：2018－06－19　9:53:48
主　题：Date of Shipment on Contract No. ANNIE18/029 and ANNIE18/029－1
附　件：

Dear Tom,

The goods on Contract No. ANNIE18/029 and ANNIE18/029－1 could be made and delivered on June 24, 2018. Please book 7×40′HQ FCL a. s. a. p. The details of the shipment are as follows:
Packing: in bulk
Total gross weight: 145 590KGS
Total measurement: 171.142CBM
Looking forward to receiving your shipping instruction at an early date.

Yours truly,
Jackie Wang
Sales Manager

【任务 2】书写装船指示并通知装船

6 月 20 日，浙江安妮进出口有限公司外贸业务员谢炯接到浙江双马国际货运有限公司的通知，已按订舱委托书的要求落实订舱以及该公司在杜阿拉港代理商的信息。

公司名称：SAL International Freight Forwarding Co.，Ltd.

地址：No. 20 Diamond Rd.，Douala，Cameroon

联系人：Vivi

电话：00237－33－432049

传真：00237－33－432045

谢炯根据订舱信息书写装船指示，给 U. A. C. C.（Pacifique）S. A. 的销售经理 Jackie Wang 发送电子邮件通知装船。

【任务 3】办理进口货物运输预约保险

6 月 22 日，浙江安妮进出口有限公司外贸业务员谢炯向中国人民保险公司浙江省分公司办理进口货物运输预约保险。

示范操作

任务 1　制作订舱委托书并办理订舱

6 月 19 日，外贸业务员谢炯根据 U. A. C. C.（Pacifique）S. A. 的备货情况，选择浙江双马国际货运有限公司代理马士基航运（香港）公司 2018 年 6 月 25 日的 CLAES MAERSK 船，航次为 0804，然后根据信用证和 U. A. C. C.（Pacifique）S. A. 的备货信息，制作订舱委托书（见表 14－3）。

表 14－3　　**订舱委托书**

2018 年 6 月 19 日

<table>
<tr><td rowspan="3">托运人</td><td colspan="2" rowspan="3">U. A. C. C.（PACIFIQUE）S. A.
18TH FLOOR，TACWOOD PLAZA，32 DES VOEUX ROAD，CENTRAL，HONG KONG</td><td>合同号</td><td>ANNIE18/029</td></tr>
<tr><td>信用证号</td><td>111LC1800879</td></tr>
<tr><td>运输方式</td><td>BY SEA</td></tr>
<tr><td rowspan="3">收货人</td><td colspan="2" rowspan="3">TO ORDER</td><td>起运港</td><td>DOUALA，CAMEROON</td></tr>
<tr><td>目的港</td><td>ZHANGJIAGANG，CHINA</td></tr>
<tr><td>装运期</td><td>NOT LATER THAN JUL. 5，2018</td></tr>
<tr><td rowspan="4">通知人</td><td colspan="2" rowspan="4">ZHEJIANG ANNIE IMPORT & EXPORT CO.，LTD.
No. 1298 HUAXING ROAD，HANGZHOU，CHINA
TEL：0086－571－89991351
FAX：0086－571－89991352</td><td>可否转运</td><td>ALLOWED</td></tr>
<tr><td>可否分批</td><td>NOT ALLOWED</td></tr>
<tr><td>运费支付方式</td><td>COLLECT</td></tr>
<tr><td>正本提单</td><td>3 COPIES</td></tr>
<tr><td>唛头</td><td>货名</td><td>包装件数</td><td>总毛重</td><td>总体积</td></tr>
<tr><td>N/M</td><td>SAPELLI LOG</td><td>44LOGS</td><td>145 590KGS</td><td>171.142CBM</td></tr>
</table>

注意事项	请订马士基航运（香港）公司 2018 年 6 月 25 日船期 船名：CLAES MAERSK，航次：0804 箱数：7×40′HQ FCL	
受托人		委托人
		ZHEJIANG ANNIE IMPORT & EXPORT CO.，LTD.
电话：	传真：	电话：0571－89991351　传真：0571－89991352
联系人：		联系人：谢炯

任务 2　书写装船指示并通知装船

6 月 20 日，外贸业务员谢炯接到浙江双马国际货运有限公司的通知，已按订舱委托书的要求落实订舱，报价为 3 200 美元/40′HQ。谢炯根据订舱信息书写装船指示（见表 14－4）并发送给 U. A. C. C. (Pacifique) S. A. 的联系人 Jackie Wang。谢炯在发送电子邮件的同时保存了所发电子邮件内容。

表 14－4　　**装船指示**

发件人：tomxie@annie. com. cn 收件人：jackiewang@uacc. com 日　期：2018－06－20　14:15:08 主　题：Shipping Instruction on Contract No. ANNIE18/029 and ANNIE18/029－1 附　件：
Dear Mr. Wang, We are pleased to inform you that we have booked space according to Contract No. ANNIE18/029 and ANNIE18/029-1 covering Sapelli Log, estimated time of departure from Douala, Cameroon on June 25, 2018 via CLAES MAERSK, V. 0804, the carrier is MAERSK LINE. Forwarder Agency in Douala, Cameroon : SAL International Freight Forwarding Co., Ltd. Address : No. 20 Diamond Rd., Douala, Cameroon Contact Person : Vivi Tel : 00237－33－432049 Fax : 00237－33－432045 Proper arrangements of shipment will be appreciated. Best regards. Tom

任务 3　办理进口货物运输预约保险

6 月 22 日，浙江安妮进出口有限公司与中国人民保险公司浙江省分公司签订了预约保险合同（见表 14－5）。

表 14－5　　**预约保险合同**

进口货物运输预约保险合同
合同号：OP1387536　　2018 年 6 月 22 日 甲　方：浙江安妮进出口有限公司 乙　方：中国人民保险公司浙江省分公司 双方就进口货物的运输预约保险拟定各条，以资共同遵守：

一、保险范围

甲方从国外进口全部货物，不论运输方式，凡贸易条件规定由进口商办理保险的，都属于本合同范围之内。甲方应根据本合同规定，向乙方办理投保手续并支付保险费。

乙方对上述保险范围内的货物，负有自动承保的责任，在发生本合同规定范围内的损失时，均按本合同的规定负责赔偿。

二、保险金额

保险金额以货物的 110%到岸价格（CIF），即货价加运费加保险费为准（运费用实际运费）。

三、保险险别和费率

各种货物需要投保的险别由甲方选定并在投保单中填明。乙方根据不同的险别规定不同的费率。现暂定如下：

货物种类	运输方式	保险险别	保险费费率
非洲楝木	海运	一切险	10‰

四、保险责任

各种险别的责任范围，以所属乙方制定的“海洋货物运输保险条款”“海洋运输货物战争险条款”“海运进口货物国内转运期间保险责任扩展条款”“航空运输一切险条款”和其他有关条款的规定为准。

五、投保手续

甲方一经掌握货物发运情况，即应向乙方寄送起运通知书，办理投保。通知书一式五份，由保险公司签认后，退回一份。如不办理投保，货物发生损失，乙方不予理赔。

六、保险费

乙方按照甲方寄送的起运通知书照前列相应的费率逐笔计收保费，甲方应及时付费。

七、索赔手续和期限

本合同所保货物发生保险责任范围内的损失时，乙方应按制定的“关于海运进口保险货物残损检验的赔款给付方法”和“进口货物施救整理费用支付方法”迅速处理。甲方应尽力采取防止货物扩大受损的措施，对已遭受损失的货物必须积极抢救，尽量减少货物的损失。向乙方办理索赔的有效期限，以保险货物卸离海港之日起满一年终止。如有特殊需要可向乙方提出延长索赔期。

八、合同期限

本合同自 2018 年 6 月 22 日起开始生效。

甲方：浙江安妮进出口有限公司　　　　乙方：中国人民保险公司浙江省分公司

蔡海峰　　　　范成

6 月 26 日，浙江安妮进出口有限公司外贸业务员谢炯收到 U. A. C. C. (Pacifique) S. A. 的装船通知，然后转发给中国人民保险公司浙江省分公司，中国人民保险公司浙江省分公司根据进口货物运输预约保险合同的规定自动接受投保，投保金额为 89 383 欧元，保险费为 893.83 欧元。

实训项目

『实训项目 14－1』

上接『实训项目 13－1』，2018 年 8 月 3 日，中国银行上海市分行同意上海冬冬贸易公司的改证申请，开立了信用证修改书（见表 14－6）。

表 14－6　　信用证修改书

MT 707		AMENDMENT TO A DOCUMENTARY CREDIT
SENDER'S REFERENCE	20 :	LC－520－091234
RECEIVER'S REFERENCE	21 :	NON
DATE OF ISSUE	31C :	180723
DATE OF AMENDMENT	30 :	180831
NUMBER OF AMENDMENT	26E :	01
BENEFICIARY (BEFORE THIS AMENDMENT)	59 :	NIBO SHUZO CO., LTD. No.88 TATEGAMIHONMACHI, MAKURAZAKI CITY, KAGOSHIMA-PREF, JAPAN
NARRATIVE	79 :	46A ITEM 3: PLS AMEND TO "ONE COPY CLEAN 'ON BOARD' SURRENDERED OCEAN BILLS OF LADING, MADE OUT TO APPLICANT, MARKED 'FREIGHT PREPAID' AND NOTIFY APPLICANT.". OTHER TERMS AND CONDITIONS REMAIN UNCHANGED. AMENDMENT FEE IS FOR A/C OF APPLICANT. SUBJECT TO UCPDC (2007 REVISION) ICC PUB. NO.600.

【任务 1】办理进口货物运输预约保险

8月9日，上海冬冬贸易公司外贸业务员徐群接到 Nibo Shuzo Co., Ltd. 的通知，计划11月9日装运，于是填写投保单向中国人民保险公司上海市分公司办理进口货物运输预约保险（见表 14－7）。

表 14－7　　预约保险合同

进口货物运输预约保险合同

合同号：OP247901　　　　年　月　日

甲　方：

乙　方：中国人民保险公司上海市分公司

双方就进口货物的运输预约保险拟定各条，以资共同遵守：

一、保险范围

甲方从国外进口全部货物，不论运输方式，凡贸易条件规定由进口商办理保险的，都属于本合同范围之内。甲方应根据本合同规定，向乙方办理投保手续并支付保险费。

乙方对上述保险范围内的货物，负有自动承保的责任，在发生本合同规定范围内的损失时，均按本合同的规定负责赔偿。

二、保险金额

保险金额以货物的110%到岸价格（CIF），即货价加运费加保险费为准（运费可用实际运费，亦可由双方协定一个平均运费率计算得到）。

三、保险险别和费率

各种货物需要投保的险别由甲方选定并在投保单中填明。乙方根据不同的险别规定不同的费率。现暂定如下：

货物种类	运输方式	保险险别	保险费费率

四、保险责任

各种险别的责任范围，以所属乙方制定的“海洋货物运输保险条款”“海洋运输货物战争险条款”“海运进口货物国内转运期间保险责任扩展条款”“航空运输一切险条款”和其他有关条款的规定为准。

五、投保手续

甲方一经掌握货物发运情况，即应向乙方寄送起运通知书，办理投保。通知书一式五份，由保险公司签认后，退回一份。如不办理投保，货物发生损失，乙方不予理赔。

六、保险费

乙方按照甲方寄送的起运通知书照前列相应的费率逐笔计收保费，甲方应及时付费。

七、索赔手续和期限

本合同所保货物发生保险责任范围内的损失时，乙方应按制定的“关于海运进口保险货物残损检验的赔款给付方法”和“进口货物施救整理费用支付方法”迅速处理。甲方应尽力采取防止货物扩大受损的措施，对已遭受损失的货物必须积极抢救，尽量减少货物的损失。向乙方办理索赔的有效期限，以保险货物卸离海港之日起满一年终止。如有特殊需要可向乙方提出延长索赔期。

八、合同期限

本合同自　　年　　月　　日起开始生效。

甲方：　　　　　　　　　　　　乙方：中国人民保险公司上海市分公司

阮华

【任务 2】计算保险金额和保险费

8 月 13 日，上海冬冬贸易公司外贸业务员徐群收到 Nibo Shuzo Co.，Ltd. 的装运通知（见表 14－8）。

表 14－8　　装运通知

Shipper： Nibo Shuzo Co.，Ltd. No. 88 Tategamihonmachi，Makurazaki City，Kagoshima-pref，Japan			Invoice No. and Date： NS090，Aug. 13，2018 L/C Date： Jul. 23，2018
Consignee： Shanghai Dongdong Trading Company No. 9980 Renmin Rd.，Shanghai，China			Issuing Bank： Bank of China Shanghai Branch Trade Term： CFR Shanghai，China
Vessel Name Hibiscus Isle	Voy. No. V. 225W	Date of Shipment： Aug. 13，2018	Payment： L/C at 30 days after B/L date
From： Shibushi，Japan		Via：	To： Shanghai，China
Re：Contract No. DD18106 Please to advise that 7 200cartons/20pallets were shipped by vessel "Hibiscus" under B/L No. SBQDH1225WF001 on Aug. 13,2018 from Shibushi，Japan to Shanghai，China. Invoice Value：JPY4 176 000.00. Nibo Shuzo Co.，Ltd. MZUKI			

然后，徐群将装运通知转发给中国人民保险公司上海市分公司，中国人民保险公司上海市分公司根据进口货物运输预约保险合同的规定自动接受投保。请计算该笔业务的投保

金额和保险费。

『实训项目 14－2』

上接『实训项目 13－2』，2018 年 4 月 12 日，中国银行广州市分行同意广州纳社进出口有限公司的开证申请，开立了信用证（见表 14－9）。

表 14－9　　信用证

MT 700	ISSUE OF A DOCUMENTARY CREDIT
SEQUENCE OF TOTAL	27　：1/1
FORM OF DOCUMENTARY CREDIT	40A：IRREVOCABLE：
DOCUMENTARY CREDIT NUMBER	20　：LC76790901A
DATE OF ISSUE	31C：180412
APPLICABLE RULES	40E：UCP LATEST VERSION
DATE AND PLACE OF IXPIRY	31D：180804，U. S. A
APPLICANT	50　：GUANGZHOU NASHE IMPORT AND EXPORT CO.，LTD. No. 1290 DONGFENG WEST ROAD，GUANGZHOU，CHINA
BENEFICIARY	59　：RICHARD INTERNATIONAL CO.，LTD. No. 42 EAST BROADWAY，NEW YORK，NY 10002，U. S. A.
CURRENCY CODE，AMOUNT	32B：USD304 000. 00
AVAILABLE WITH/BY...	41A：BANK OF CHINA NEW YORK BRANCH BY NEGOTIATION
DRAFTS AT...	42C：SIGHT
DRAWEE	42A：BANK OF CHINA GUANGZHOU BRANCH
PARTIAL SHIPMENTS	43P：PROHIBITED
TRANSHIPMENT	43T：PROHIBITED
PORT OF LOADING/AIRPORT OF DEPARTURE	44E：NEW YORK，U. S. A.
PORT OF DISCHARGE/AIRPORT OF DESTINATION	44F：GUANGZHOU，CHINA
LATEST DATE OF SHIPMENT	44C：180525

DESCRIPTION OF GOODS &/OR SERVICES	45A: ONE SET OF DRILLING MACHINE, MODEL NO. AED20, UNIT PRICE USD380 000.00 PER SET, FOB NEW YORK, U.S.A., ORIGIN: U.S.A.
DOCUMENTS REQUIRED	46A: 1. PART A: 70PCT OF FOB VALUE TO BE PAID AGAINST THE PRESENTATION OF BENEFICIARY'S DRAFTS AND FOLLOWING DOCUMENTS: + INVOICE IN QUINTUPLICATE INDICATING CONTRACT NUMBER AND SHIPPING MARK. + PACKING LIST IN QUINTUPLICATE COPIES WITH INDICATION OF BOTH GROSS AND NET WEIGHTS, MEASUREMENTS QUANTITY OF EACH ITEM. + FULL SET OF NEGOTIABLE CLEAN "ON BOARD" OCEAN BILLS OF LADING, MARKED "FREIGHT TO COLLECT", MADE OUT TO ORDER AND BLANK ENDORSED, NOTIFYING THE APPLICANT. + CERTIFICATE OF QUALITY IN THREE SETS, ISSUED BY THE MANUFACTURERS. + ORIGINAL CERTIFICATE IN THREE SETS ISSUED BY THE MANUFACTURER. + A TRUE COPY OF FAX TO ADVISE THE BUYER OF SHIPMENT IMMEDIATELY THE GOODS ARE LOADED ON SHIP. 2. PART B: 10PCT OF FOB VALUE TO BE PAID AGAINST THE PRESENTATION OF BENEFICIARY'S DRAFTS AND FOLLOWING DOCUMENTS: + ONE ORIGINAL ACCEPTANCE CERTIFICATE SIGNED BY THE BENEFICIARY AND THE APPLICANT.
ADDITIONAL CONDITIONS	47A: THE REMAINING 20PCT OF FOB VALUE WILL BE PAID OUTSIDE THIS L/C. + DOCUMENTS FOR PART A TO BE PRESENTED WITHIN 10 DAYS AFTER SHIPMENT BUT WITHIN VALIDITY OF THIS CREDIT. DOCUMENTS FOR PART B TO BE PRESENTED WITHIN VALIDITY OF THIS CREDIT. + A DISCREPANCY FEE OF USD50.00 OR EQUIVALENT WILL BE DEDUCTED FROM THE PROCEEDS FOR EACH SET OF DOCUMENTS PRESENTED WITH DISCREPANCY (IES). + IF DOCUMENTS PRESENTED UNDER THIS CREDIT ARE FOUND TO BE DISCREPANT, WE SHALL GIVE NOTICE OF REFUSAL AND SHALL HOLD DOCUMENTS AT YOU DISPOSAL SUBJECT TO THE FOLLOWING CONDITION: IF WE HAVE NOT RECEIVED YOUR DISPOSAL INSTRUCTIONS FOR THE DISCREPANCIES, WE MAY RELEASE THE DOCUMENTS TO THE APPLICANT WITHOUT NOTICE TO YOU.

		+ONE EXTRA COPY OF ALL REQUIRED DOCUMENTS SHOULD BE PRESENTED FOR ISSUING BANK'S RETENTION.
CHARGES	71B :	ALL BANKING CHARGES OUTSIDE THE ISSUING BANK ARE FOR ACCOUNT OF BENEFICIARY.
PERIOD FOR PERESENTATION	48 :	SEE FIELD 47A.
CONFIRMATION INSTRUCTION	49 :	WITHOUT
INSTRUCTION TO PAYING/ ACCEPTING/NEGOTIATING BANK	78 :	+ALL DOCUMENTS TO BE SENT DIRECTLY TO BANK OF CHINA GUANGZHOU BRANCH, INTERNATIONAL DEPT., NO. 685 TIANHE NORTH ROAD, GUANGZHOU, P. R. CHINA IN ONE LOT BY COURIER SERVICE. +EACH DRAWING MUST BE NOTED ON THE REVERSE SIDE OF THE CREDIT BY THE BANK WHERE THE CREDIT IS AVAILABLE. +THIS CREDIT IS SUBJECT TO UCPDC (2007 REVISION) ICC PUB. NO. 600.

【任务1】制作订舱委托书并办理订舱

5月22日，外贸业务员陈露露收到Richard International Co., Ltd. 的备货通知，主要内容如下：(1) 能在5月24日完成设备生产；(2) 总毛重5 783千克；(3) 总净重5 608千克；(4) 要求订1个40英尺开顶集装箱。

外贸业务员陈露露根据以上备货信息，选择浙江双马国际货运有限公司广州市分公司代理中国外运广东省分公司2018年5月25日的DALIAN EXPRESS船，航次为10W01，然后根据信用证和Richard International Co., Ltd. 的备货信息，制作订舱委托书（见表14－10）。

表14－10 **订舱委托书**

年 月 日

托运人			合同号	
			信用证号	
			运输方式	
收货人			起运港	
			目的港	
			装运期	
通知人			可否转运	
			可否分批	
			运费支付方式	
			正本提单	
唛头	货名	包装件数	总毛重	总体积

<table>
<tr><td>注意事项</td><td colspan="3"></td></tr>
<tr><td colspan="2">受托人</td><td colspan="2">委托人</td></tr>
<tr><td colspan="2"></td><td colspan="2"></td></tr>
<tr><td>电话：</td><td>传真：</td><td>电话：</td><td>传真：</td></tr>
<tr><td colspan="2">联系人：</td><td colspan="2">联系人：</td></tr>
</table>

【任务 2】书写装船指示并通知装船

5 月 23 日，外贸业务员陈露露接到浙江双马国际货运有限公司广州市分公司的通知，已按订舱委托书的要求落实订舱，运费为 3 000 美元，并获知该公司在纽约港代理商的信息。

公司名称：TTP International Freight Forwarding Co.，Ltd.

地址：No. 90 Hollywood Street，New York，U. S. A.

联系人：Jenny

电话：001 - 212 - 925 - 2901

传真：001 - 212 - 925 - 2908

陈露露根据订舱信息书写装船指示，给 Richard International Co.，Ltd. 的经理 Tiger 发送电子邮件通知装船。

【任务 3】办理进口货物运输预约保险

5 月 24 日，外贸业务员陈露露填写投保单，向中国人民保险公司广州市分公司办理进口货物运输预约保险（见表 14 - 11）。其中，投保险别为一切险，保险费费率为 5‰。

表 14 - 11　　　　预约保险合同

进口货物运输预约保险合同

合同号：OP890764　　　　年　月　日

甲　方：

乙　方：中国人民保险公司广州市分公司

双方就进口货物的运输预约保险拟定各条款，以资共同遵守：

一、保险范围

甲方从国外进口全部货物，不论运输方式，凡贸易条件规定由进口商办理保险的，都属于本合同范围之内。甲方应根据本合同规定，向乙方办理投保手续并支付保险费。

乙方对上述保险范围内的货物，负有自动承保的责任，在发生本合同规定范围内的损失时，均按本合同的规定负责赔偿。

二、保险金额

保险金额以货物的110%到岸价格（CIF），即货价加运费加保险费为准（运费可用实际运费，亦可由双方协定一个平均运费率计算得到）。

三、保险险别和费率

各种货物需要投保的险别由甲方选定并在投保单中填明。乙方根据不同的险别规定不同的费率。现暂定如下：

货物种类	运输方式	保险险别	保险费费率

四、保险责任

各种险别的责任范围，以所属乙方制定的“海洋货物运输保险条款”“海洋运输货物战争险条款”“海运进口货物国内转运期间保险责任扩展条款”“航空运输一切险条款”和其他有关条款的规定为准。

五、投保手续

甲方一经掌握货物发运情况，即应向乙方寄送起运通知书，办理投保。通知书一式五份，由保险公司签认后，退回一份。如不办理投保，货物发生损失，乙方不予理赔。

六、保险费

乙方按照甲方寄送的起运通知书照前列相应的费率逐笔计收保费，甲方应及时付费。

七、索赔手续和期限

本合同所保货物发生保险责任范围内的损失时，乙方应按制定的“关于海运进口保险货物残损检验的赔款给付方法”和“进口货物施救整理费用支付方法”迅速处理。甲方应尽力采取防止货物扩大受损的措施，对已遭受损失的货物必须积极抢救，尽量减少货物的损失。向乙方办理索赔的有效期限，以保险货物卸离海港之日起满一年终止。如有特殊需要可向乙方提出延长索赔期。

八、合同期限

本合同自　　　年　月　日起开始生效。

甲方：　　　　乙方：中国人民保险公司上海市分公司

刘　节

实训 15

进口付汇操作

实训目标

通过实训，学生能根据信用证审出单据中存在的问题，根据问题作出处理意见；能结合进口业务风险和公司利益，进行信用证、汇款和托收业务的进口付汇操作。

示范项目

2018 年 7 月 19 日，浙江安妮进出口有限公司外贸业务员谢炯接到中国农业银行浙江省分行的到单通知（见表 15－1），所附相关单据如表 15－2～表 15－6 所示。

【任务 1】审核进口单证

外贸业务员谢炯需根据信用证 111LC1800879 及修改信用证、《UCP600》的条款，按照“单证相符，单单相符”的审单原则，对以上进口单据进行审核，并写出审单结果。

【任务 2】处理不符单据

若经审核，进口单据存在不符点，外贸业务员谢炯需书写处理意见，并处理不符单据。

【任务 3】办理对外付款手续

若经处理，已解决不符单据问题，外贸业务员谢炯需填写对外付款/承兑通知书、贸易进口付汇核销单和购汇申请书等，并办理对外付款手续。

表 15－1 到单通知

<table>
<tr><td colspan="6">中国农业银行
AGRICULTURAL BANK OF CHINA
进口信用证到单通知
ADVICE OF BILL ARRIVAL</td></tr>
<tr><td>To
致</td><td colspan="3">ZHEJIANG ANNIE IMPORT & EXPORT CO., LTD.
浙江安妮进出口有限公司</td><td>Date
日期</td><td>2018－07－19</td></tr>
<tr><td>Contract No.
合同号</td><td>ANNIE18/029</td><td>Draft Amount
汇票金额</td><td colspan="3">EUR64 750.00</td></tr>
<tr><td>L/C No.
信用证号</td><td>111LC1800879</td><td>AB No.
到单编号</td><td colspan="3">AB9876545647</td></tr>
<tr><td>Tenor Type
即期/远期</td><td>AT SIGHT</td><td>Maturity Date
到期日</td><td colspan="3">2018－07－25</td></tr>
<tr><td>Negotiating Bank
议付行</td><td colspan="5">BANK OF CHINA (HONG KONG) LIMITED</td></tr>
<tr><td>Doc. Mail Date
寄单日期</td><td colspan="5">2018－07－16</td></tr>
<tr><td colspan="6">PLEASE FIND HEREWITH ENCLOSED THE FOLLOWING DOCUMENTS SENT FROM NEGOTIATING BANK AND ACKNOWLEDGE RECEIPT BY SIGNING AND RETURNING US.
兹附奉议付行寄来的下列单据，请查收。</td></tr>
<tr><td>DRAFT</td><td>B/L</td><td>INVOICE</td><td>P/L</td><td>C/O</td><td>PHYTOSANITARY CERTIFICATE</td></tr>
<tr><td>1</td><td>3/3</td><td>5</td><td>5</td><td>3</td><td>1+2</td></tr>
<tr><td colspan="6">DISCREPANCIES (IF ANY):
单据不符点：</td></tr>
<tr><td colspan="6">REMARKS:
备注（客户）：</td></tr>
<tr><td colspan="6">NOTE:
1. 该单据将于上述付款日对外付款，请贵司于接本通知后三日内将所附对外付款/承兑通知书签署意见及核销单一式三联填妥加盖公章后交我行，以便及时对外付款。否则，我行将于上述付款日对外付款，不再另行通知。
2. 如贵司因单据有不符点需拒付，请于接本通知后三日内将所附的拒付通知交我行，并退回全套单据。</td></tr>
<tr><td colspan="6">（银行盖章）</td></tr>
</table>

表 15 - 2 **汇票**

BILL OF EXCHANGE						
凭 Drawn Under	AGRICULTURAL BANK OF CHINA, ZHEJIANG BRANCH		不可撤销信用证 Irrevocable L/C No.		111LC1300879	
日期 Date	MAY. 25，2018	支取 Payable with interest	@ %按息付款			
号码 No.	UACC-13-039	汇票金额 Exchange for	EUR63 322. 54	香港 HONG KONG	JUL. 13，2018	
见票 At	* * *	日后（本汇票之副本未付） Sight of this FIRST of Exchange（Second of Exchange being unpaid）				
付交 Pay to the order of		BANK OF CHINA（HONG KONG）LIMITED OR ORDER				
金额 The sum of	EURO SIXTY THREE THOUSAND THREE HUNDRED TWENTY TWO AND CENTS FIFTY FOUR ONLY.					
此致 To	AGRICULTURAL BANK OF CHINA, ZHEJIANG BRANCH ZHEJIANG，CHINA		JACKIE WANG U. A. C. C.（PACIFIQUE）S. A.			

表 15 - 3 **海运提单**

MAERSK LINE		BILL OF LADING FOR OCEAN TRANSPORT OR MULTIMODAL TRANSPORT	SCAC MAEU B/L No.：855954779
Shipper U. A. C. C.（PACIFIQUE）S. A. 18TH FLOOR，TACWOOD PLAZA，32 DES VOEUX ROAD，CENTRAL，HONG KONG		Booking No. 855954779	
		Export references	Svc Contract 229785
		Onward inland routing（Not part of carriage as defined in clause 1. For account and risk of Merchant）	
Consignee（negotiable only if consigned "to order","to order of" a named person or "to order of bearer"） TO ORDER		Notify Party（see clause 22） ZHEJIANG ANNIE IMPORT AND EXPORT CO.，LTD.	
Ocean Vessel CLAES MAERSK	Voy. No. 0804	Place of Receipt，Applicable only when document used as Multimodal Transport B/L（see clause 1）	
Port of Loading DOUALA，CAMEROON	Port of Discharge ZHANGJIAGANG，CHINA	Place of Delivery，Applicable only when document used as Multimodal Transport B/L（see clause 1）	

PARTICULARS FURNISHED BY SHIPPER		
Kind of Packages, Description of Goods, Marks & Numbers, Container No. /Seal No.	Weight	Measurement
7 CONTAINERS SAID TO CONTAIN 44 PIECES OF SAPELLI LOGS MSKU8423386 ML-CM0181881 40 DRY 9'6 7PIECES 21 426KGS 25. 207CBM MSKU0522994 ML-CM0181882 40 DRY 9'6 7PIECES 21 040KGS 24. 753CBM TCNU9315452 ML-CM0181883 40 DRY 9'6 6PIECES 20 109KGS 23. 658CBM CLHU8019323 ML-CM0181884 40 DRY 9'6 6PIECES 19 502KGS 22. 943CBM PONU8113159 ML-CM0181885 40 DRY 9'6 6PIECES 21 108KGS 24. 833CBM PONU7267252 ML-CM0181886 40 DRY 9'6 6PIECES 21 277KGS 25. 032CBM PONU7267253 ML-CM0181887 40 DRY 9'6 6PIECES 21 128KGS 24. 716CBM FREIGHT COLLECT **ORIGINAL** Above particulars as declared by Shipper, but without responsibility of or representation by Carrier (see clause 14) .	145 590KGS	171. 142CBM

Freight & Charges	Rate	Unit	Currency	Prepaid	Collect

Carrier's Receipt (see clause 1 and 14). Total number of containers or packages received by Carrier. 7 CONTAINERS	Place of issue of B/L HONG KONG	SHIPPED, as far as ascertained by reasonable means of checking, in apparent good order and condition unless otherwise stated herein, the total number or quantity of Containers or other packages or units indicated in the box entitled "Carrier's Receipt" for carriage from the Port of Loading (or the Place of Receipt, if mentioned above) to the Port of Discharge (or the Place of Delivery, if mentioned above), such carriage being always subject to the terms, rights, defences, provisions, conditions, exceptions, limitations, and liberties hereof (INCLUDING ALL THOSE TERMS AND CONDITIONS ON THE REVERSE HEREOF NUMBERED 1-26 AND THOSE TERMS AND CONDITIONS IN THE CARRIER'S APPLICABLE TARIFF) and the Merchant's attention is drawn in particular to the Carrier's liberties...
No. & Sequence of Original B(s)/L 3/THREE	Date of issue of B/L 2018 - 07 - 10	
Declared Value (see clause 7. 3)	Shipped on Board Date 2018 - 06 - 25	
		Signed for the Carrier A. P. Moller-Maersk A/S trading as Maersk Line *Martina White* On behalf of the Carrier Maersk Hong Kong Line

表 15-4 植物检疫证明

RE-EXPORTATION PHYTOSANITARY CERTIFICATE No. 0006297	**REPUBLIC OF CAMEROON** **MINISTRY OF AGRICULTURE AND RURAL DEVELOPMENT** * * * * * * DEPARTMENT OF REGULATION AND QUALITY CONTROL OF INPUTS AND AGRICULTURAL PRODUCTS
Name and address of exporter TRANSIBOIS P/C VICWOOD CENTRAFRIQUE BP. 2578 BANGUI/RCA	
Name and address of consignee ZHEJIANG ANNIE IMPORT AND EXPORT CO., LTD. NO. 1298 HUAXING ROAD, HANGZHOU, CHINA	Plant Protection Organisation of Cameroon To Plant Protection Organisation of CHINA
Declared means of transport BY VESSEL "CLAES MAERSK"	Origin REPUBLIC OF CAMEROON
Port of entry ZHANGJIAGANG, CHINA	

Distinguishing marks, number and description of packages, name of produce, botanical name of plants 44 SAPELLI LOGS	Declared quantity 171. 142CBM 145 590KGS

This is to certify that the plants, plant products or other regulated articles described above have been imported in to Cameroon, covered by the phytosanitary certificate: the original ☒ certified true copy of which is attached to this certificate. They are packaged ☐, repackaged in original ☐, new containers ☐; that based on the original phytosanitary certificate ☐ and on additional inspection ☒, they are considered to comply with the current phytosanitary requirements of the contracting importing party and that during storing in Cameroon the consignment has not been subjected to the risk of infestation or infection.

Additional declaration:

TREATMENT CARRIED OUT		Place of issue: DOUALA, CAMEROON Date of issue: JUNE 23, 2018
Type of treatment	Fumigation ☒ Desinfection ☐	
Chemical product (Active matter) PULVERISATION	Duration and temperature 3 HOURS	Name of authorized officer (Signature): GOUROUMAHA SLLOUETTE
Concentration KOATGRUME 5%+EAU95%		
Additional information		

表 15－5 **商业发票**

U. A. C. C. (PACIFIQUE) S. A.
18TH FLOOR, TACWOOD PLAZA, 32 DES VOEUX ROAD, CENTRAL, HONG KONG
Tel: 00852－2581－3097 Fax: 00852－2581－3099

INVOICE

SOLD TO ZHEJIANG ANNIE IMPORT AND EXPORT CO., LTD. NO. 1298 HUAXING ROAD, HANGZHOU, CHINA	INVOICE NO. UACC－18－039 CONTRACT NO. ANNIE18/029	DATE JUL. 12, 2018 L/C NO. 111LC1800879

VESSEL NAME CLAES MAERSK	VOYAGE NO. 0804	SAILING DATE JUN. 25, 2018
PORT OF LOADING DOUALA, CAMEROON	PORT OF DISCHARGE ZHANGJIAGANG, CHINA	TERMS OF PAYMENT L/C AT SIGHT

DESCRIPTN OF GOODS	NUMBER OF PACKAGES	QUANTITY	UNIT PRICE	AMOUNT
			FOB DOUALA, CAMEROON	
SAPELLI LOGS DIAMETER: 60～80CM LENGTH: 5M AND UP SLICING GRADE ORIGIN: CAMEROON	44LOGS	171.142CBM	EUR370.00/CBM	EUR63 322.54

SAY: EURO SIXTY THREE THOUSAND THREE HUNDRED TWENTY TWO AND FIFTY FOUR CENTS ONLY.	INVOICE TOTAL EUR63 322.54

For and on behalf of
U. A. C. C. (Pacifique) S. A.
Jackie Wang
....
Authorized Signature(s)

表 15 - 6　装箱单

U. A. C. C. (PACIFIQUE) S. A.

18TH FLOOR, TACWOOD PLAZA, 32 DES VOEUX ROAD, CENTRAL, HONG KONG
Tel: 00852 - 2581 - 3097　Fax: 00852 - 2581 - 3099

PACKING LIST

SOLD TO		INVOICE NO.	DATE
ZHEJIANG ANNIE IMPORT AND EXPORT CO., LTD. NO. 1298 HUAXING ROAD, HANGZHOU, CHINA		UACC - 18 - 039	JUL. 12 , 2018
		CONTRACT NO. ANNIE18/029	L/C NO. 111LC1800879
VESSEL NAME CLAES MAERSK	VOYAGE NO. 0804	SAILING DATE JUN. 25, 2018	
PORT OF LOADING DOUALA, CAMEROON	PORT OF DISCHARGE ZHANGJIAGANG, CHINA	DESCRIPTN OF GOODS APELLI LOGS	

CONTAINER NO.	LOG NO.	WEIGHT	TOTAL VOLUME OF EACH LOG
MSKU8423386	1-7	21 426KGS	25. 207CBM
MSKU0522994	8-14	21 040KGS	24. 753CBM
TCNU9315452	15-20	20 109KGS	23. 658CBM
CLHU8019323	21-26	19 502KGS	22. 943CBM
PONU8113159	27-32	21 108KGS	24. 833CBM
PONU7267252	33-38	21 277KGS	25. 032CBM
PONU7267253	39-44	21 128KGS	24. 716CBM
TOTAL	44LOGS	145 590KGS	171. 142CBM

SHIPPED IN 7×40′CONTAINERS/44LOGS
THE DETAILS OF THE LOGS SEE THE PAGE 2-3 OF 3.

For and on behalf of
U. A. C. C. (Pacifique) S. A.
Jackie Wang
Authorized Signature(s)

PAGE NO.: 1 OF 3

续前表

U. A. C. C.（PACIFIQUE）S. A.

18TH FLOOR，TACWOOD PLAZA，32 DES VOEUX ROAD，CENTRAL，HONG KONG

Tel：00852－2581－3097　Fax：00852－2581－3099

PACKING LIST

SOLD TO ZHEJIANG ANNIE IMPORT AND EXPORT CO.，LTD. NO. 1298 HUAXING ROAD，HANGZHOU，CHINA	INVOICE NO. UACC－18－039	DATE JUL. 12 ，2018
	CONTRACT NO. ANNIE18/029	L/C NO. 111LC1800879

CONTAINER NO.	LOG NO.	LENGTH	DIAMETER	TOTAL VOLUME OF EACH LOG
MSKU8423386	1	7. 50M	68CM	2. 724CBM
	2	6. 10M	73CM	2. 553CBM
	3	7. 20M	69CM	2. 692CBM
	4	11. 10M	64CM	3. 571CBM
	5	11. 20M	76CM	5. 081CBM
	6	10. 60M	76CM	4. 809CBM
	7	10. 40M	68CM	3. 777CBM
				25. 207CBM
MSKU0522994	8	10. 10M	76CM	4. 582CBM
	9	9. 50M	71CM	3. 761CBM
	10	6. 20M	67CM	2. 186CBM
	11	9. 30M	74CM	4. 000CBM
	12	9. 90M	72CM	4. 031CBM
	13	6. 60M	69CM	2. 468CBM
	14	8. 00M	77CM	3. 725CBM
				24. 753CBM
TCNU9315452	15	10. 30M	73CM	4. 311CBM
	16	8. 30M	75CM	3. 667CBM
	17	7. 80M	77CM	3. 632CBM
	18	7. 20M	71CM	2. 851CBM
	19	11. 40M	73CM	4. 771CBM
	20	11. 50M	70CM	4. 426CBM
				23. 658CBM

PAGE NO.：2 OF 3

续前表

U. A. C. C. (PACIFIQUE) S. A.

18TH FLOOR, TACWOOD PLAZA, 32 DES VOEUX ROAD, CENTRAL, HONG KONG
Tel: 00852-2581-3097 Fax: 00852-2581-3099

PACKING LIST

SOLD TO ZHEJIANG ANNIE IMPORT AND EXPORT CO., LTD. NO. 1298 HUAXING ROAD, HANGZHOU, CHINA	INVOICE NO. UACC-18-039	DATE JUL. 12, 2018
	CONTRACT NO. ANNIE18/029	L/C NO. 111LC1800879

CONTAINER NO.	LOG NO.	LENGTH	DIAMETER	TOTAL VOLUME OF EACH LOG
CLHU8019323	21	10.20M	74CM	4.387CBM
	22	10.00M	76CM	4.537CBM
	23	6.40M	72CM	2.606CBM
	24	11.40M	74CM	4.903CBM
	25	7.90M	76CM	3.584CBM
	26	8.30M	67CM	2.926CBM
				22.943CBM
PONU8113159	27	10.00M	75CM	4.418CBM
	28	8.90M	74CM	3.828CBM
	29	9.90M	77CM	4.610CBM
	30	9.30M	76CM	4.219CBM
	31	9.20M	74CM	3.957CBM
	32	9.60M	71CM	3.801CBM
				24.833CBM
PONU7267252	33	7.90M	74CM	3.398CBM
	34	9.40M	76CM	4.265CBM
	35	11.30M	72CM	4.601CBM
	36	11.70M	76CM	5.308CBM
	37	9.00M	77CM	4.191CBM
	38	7.60M	74CM	3.269CBM
				25.032CBM
PONU7267253	39	10.00M	76CM	4.537CBM
	40	9.50M	71CM	3.761CBM
	41	10.20M	74CM	4.387CBM
	42	9.90M	72CM	4.031CBM
	43	7.20M	69CM	2.692CBM
	44	11.70M	76CM	5.308CBM
				24.716CBM

PAGE NO.: 3 OF 3

示范操作

任务1　审核进口单证

7月19日，外贸业务员谢炯根据信用证111LC1800879及修改信用证、《UCP600》的条款，按照“单证相符，单单相符”的审单原则，逐条审查进口单据中的各项内容。

（1）审核信用证的有效期、交单期和装运期：都符合要求。

（2）审核单据的种类和份数的完整性：缺少原产地证书三份。

（3）审核商品的数量和金额：由于商品的数量和金额比信用证金额少2.20%，根据《UCP600》第30条第2款的规定：“在信用证未以包装单位件数或货物自身件数的方式规定货物数量时，货物数量允许有5%的增减幅度，只要总支取金额不超过信用证金额。”非洲楝木的计量单位是立方米，符合该条款规定，因而不属于不符点。

（4）审核内容：海运提单和植物检疫证明没有显示信用证号。

任务2　处理不符单据

（1）分析进口单据中存在的不符点，并提出处理意见。

外贸业务员谢炯认为：1）海运提单和植物检疫证明没有显示信用证号，是非原则性问题，可以考虑接受。2）原产地证书的缺少将不仅影响公司进口通关，而且会给公司带来不必要的手续及费用损失，因此必须与卖方澄清问题后，再行商议信用证项下汇票付款问题。故此，谢炯认为应拒付汇票，拒收单据。

（2）请示公司领导，确定不符点的解决原则；对外联络，处理单据中的不符点问题。

谢炯将审单结果及拒付的意见向公司领导汇报并请求指示。经商议，公司决定采纳谢炯拒付的建议，并要求谢炯负责与卖方联络，澄清第二个不符点问题。

7月20日，谢炯即在对外付款/承兑通知书中列明单据不符点，向开证行提出拒付申请（在对外付款/承兑通知书上选择申请拒付），退回全套单据（复印件），并要求开证行留存单据听候处理。同时，谢炯也就原产地证书问题直接向卖方提出质疑。

7月20日，卖方U.A.C.C.(Pacifique) S.A.立即回复：“原产地证书缺少纯属疏忽漏交”，将“立即补交”，并请求浙江安妮进出口有限公司付款赎单。

7月20日，谢炯通知卖方：“望速交原产地证书到开证行，我方见证审核后决定付款事宜”。对方立即答复：“原产地证书已寄出，请先接受货物单据，若由于原产地证书问题给贵方造成损失，我方愿承担一切责任。”

7月24日，谢炯收到卖方的原产地证书（见表15-7）。

表 15－7　　　　　　　　　　　　**原产地证书**

CERTIFICATE OF ORIGIN

SOLD TO ZHEJIANG ANNIE IMPORT AND EXPORT CO., LTD. NO. 1298 HUAXING ROAD, HANGZHOU, CHINA		INVOICE NO. UACC－18－039	DATE JUL. 12 , 2018
		CONTRACT NO. ANNIE18/029	L/C NO. 111LC1800879
VESSEL NAME CLAES MAERSK	VOYAGE NO. 0804	SAILING DATE JUN. 25, 2018	
PORT OF LOADING DOUALA, CAMEROON	PORT OF DISCHARGE ZHANGJIAGANG, CHINA	TERMS OF PAYMENT L/C AT SIGHT	
DESCRIPTN OF GOODS	NUMBER OF PACKAGES	QUANTITY	WEIGHT
SAPELLI LOGS DIAMETER: 60～80CM LENGTH: 5M AND UP SLICING GRADE ORIGIN: CAMEROON	44LOGS	171. 142CBM	145 590KGS

WE, THE MANUFACTURER OF THE ABOVE GOODS SHIPPED , HEREBY CERTIFY THE ORIGIN OF THE ABOVE GOODS SHIPPED IS THE REPUBLIC OF CAMEROON.

For and on behalf of
TRANSIBOIS P/C VICWOOD CENTRAFRIQUE
PIERCE ROMNA
....
Authorized Signature(s)

考虑到卖方的诚恳态度以及对于己方接货的影响，浙江安妮进出口有限公司于 7 月 24 日接受了开证行再次提交的单据。

【任务 3】办理对外付款手续

7 月 24 日，浙江安妮进出口有限公司外贸业务员谢炯回复开证行，同意支付信用证项下汇票，保留全套货物单据，同时填写并向银行提交对外付款/承兑通知书（见表 15－8）和购汇申请书（见表 15－9）等，并办理对外付款手续。

表 15－8　　对外付款/承兑通知书

银行业务编号：AB9876545647　　　　日期：2018－07－24

结算方式	☑信用证 □保函 □托收 □其他	信用证/保函编号	111LC1800879
来单币种及金额	EUR63 322.54	开证日期	180525
索汇币种金额	EUR63 322.54	期限 即期 到期日	2018－07－24
来单行名称	BANK OF CHINA(HONG KONG) LIMITED	来单行编号	BKCHHKHH××××N
收款人名称	U. A. C. C. (PACIFIQUE) S. A.		
收款行名称及地址	BANK OF CHINA (HONG KONG) LIMITED 9/F BANK OF CHINA CENTRE, OLYMPIAN CITY, 11 HOI FAI ROAD, WEST KOWLOON, HONG KONG		
付款人名称	浙江安妮进出口有限公司		
☑对公　组织机构代码 78235712－8		□对私	□个人身份证号码
扣费币种及金额			□中国居民个人　□中国非居民个人
合同号	ANNIE18/029	发票号	UACC－18－039
提运单号	855954779	合同金额	EUR64 750.00
银行附言（各银行可根据本行业务要求规定内容及格式）			

申报号码	330100 000301 070410 F908	实际付款币种及金额	EUR63 322.54
付款编号	111LC1800879	若为购汇支出，购汇汇率	
收款人常驻国家名称及代码	香港 110	是否为进口核销项下付款	☑是　□否
是否为预付款	□是　☑否	最迟装运期 180705	外汇局批件/备案表号
付款币种及金额	EUR63 322.54	金额大写	陆万叁仟叁佰贰拾贰欧元伍角肆分
其中　购汇金额	EUR63 322.54	账号	
其中　现汇金额		账号	
其中　其他金额		账号	
交易编码 101010	相应币种及金额 EUR63 322.54	交易附言	货款

□同意即期付款 ☑同意承兑并到期付款 □申请拒付 联系人及电话：谢炯 0571－89991351 申报日期：2018－07－24	付款人印鉴（银行预留印鉴）	银行业务章 经办：　复核：　负责人：

表 15-9 购汇申请书

<table>
<tr><td colspan="6">中 国 农 业 银 行
购买外汇申请书</td></tr>
<tr><td colspan="6">中国农业银行浙江省分行：
我公司现按国家外汇管理局有关规定向贵行提出购汇申请，并随附有关单证，请审核并按实际转账日牌价办理售汇。</td></tr>
<tr><td>单位名称</td><td colspan="2">浙江安妮进出口有限公司</td><td>人民币账号</td><td colspan="2">048101040002567</td></tr>
<tr><td>购汇金额
（大小写）</td><td>EUR63 322.54
陆万叁仟叁佰贰拾贰欧元伍角肆分</td><td>当日汇率</td><td>（不写）</td><td>折合人民币
（大小写）</td><td>（不写）</td></tr>
<tr><td>购汇支付方式</td><td colspan="5">□支票 □银行汇票 □银行本票 ☒扣账 □其他</td></tr>
<tr><td>购汇用途</td><td colspan="5">☒进口商品 □从属费用 □索赔退款 □还贷 □其他</td></tr>
<tr><td>对外结算方式</td><td colspan="5">☒信用证 □代收 □汇款 （□货到付款 □预付货款）</td></tr>
<tr><td rowspan="4">业务参考</td><td>商品名称</td><td colspan="2">SAPELLI LOGS</td><td>数量</td><td>171.142CBM</td></tr>
<tr><td>合同号</td><td colspan="2">ANNIE18/029</td><td>发票号</td><td>UACC-18-039</td></tr>
<tr><td>合同金额</td><td colspan="2">EUR64 750.00</td><td>发票金额</td><td>EUR63 322.54</td></tr>
<tr><td>核销单号</td><td colspan="2"></td><td>信用证号</td><td>111LC1800879</td></tr>
<tr><td>进口商品类型</td><td colspan="5">☒一般进口商品
□控制进口商品，批文随附如下：
□进口证明 □许可证 □登记证明 □其他批文
批文号码： 批文有效期：</td></tr>
<tr><td>附件</td><td colspan="5">□售汇通知单 □进口付汇核销单 □正本报关单
□合同/协议 □发票 □正本运单
□保险费收据 □运费单/收据 □佣金单
□付款委托书 □开证申请书 □其他</td></tr>
<tr><td colspan="6">申请单位：（盖章）
联系人：谢炯 电话：0571-89991351 2018 年 7 月 24 日</td></tr>
<tr><td colspan="6">银行审核意见：

经办人： 复核人： 审批：
年 月 日</td></tr>
</table>

同时，谢炯另外附上进口合同、开证申请书、银行已受理的开证申请回执，委托银行按规定的付款日期购汇支付。

7 月 24 日，开证行对信用证号 111LC1800879 项下汇票按当日牌价兑换外汇支付，直接从浙江安妮进出口有限公司名下账户划出。

同日，浙江安妮进出口有限公司拿到售汇通知书（见表 15-10）。

表 15-10　　售汇通知书

中国农业银行 售汇通知书		
户名：浙江安妮进出口有限公司 账号：048101040002567		记账日： 2018年7月24日
人民币金额	牌价	外币金额
￥505 313.87	1∶7.98	EUR63 322.54
摘要	111LC1800879	

经办人：李大　　复核：蔡才　　制单：唐美

实训项目

『实训项目 15-1』

上接『实训项目 14-1』，2018年8月21日，上海冬冬贸易公司外贸业务员徐群接到中国银行上海市分行的到单通知（见表 15-11），所附单据如表 15-12～表 15-17 所示。

表 15-11　　到单通知

中国银行股份有限公司 BANK OF CHINA LIMITED 进口信用证到单通知 ADVICE OF BILL ARRIVAL						
To: 致	SHANGHAI DONGDONG TRADING COMPANY 上海冬冬贸易公司				Date: 日期	2018-08-21
Contract No.: 合同号	DD18106		Amount: 金额	JPY4 176 000.00		
L/C No.: 信用证号	LC-520-091234		AB No.: 到单编号	AB35697092		
Tenor Type: 即期/远期	USANCE		Maturity Date: 到期日	2018-09-13		
Paying Bank: 议付行	DEUTSCHE BANK AG, OSAKA BRANCH					
Doc. Mail Date: 寄单日期	2018-08-17					
PLEASE FIND HEREWITH ENCLOSED THE FOLLOWING DOCUMENTS SENT FROM NEGOTIATING BANK AND ACKNOWLEDGE RECEIPT BY SIGNING AND RETURNING US. 兹附奉议付行寄来的下列单据，请查收。						
DRAFT	B/L	INVOICE	P/L	C/O	SHIPING ADVICE	DECLARATION
0	1	3	3	2	1	1
DISCREPANCIES (IF ANY): 单据不符点：						

REMARKS: 备注（客户）：
NOTE: 1. 该单据将于上述付款日对外付款，请贵司于接本通知后三日内将所附对外付款/承兑通知书签署意见及核销单一式三联填妥加盖公章后交我行，以便及时对外付款。否则，我行将于上述付款日对外付款，不再另行通知。 2. 如贵司因单据有不符点需拒付，请于接本通知后三日内将所附的拒付通知交我行，并退回全套单据。
（银行盖章）

表 15－12 **发票**

Shipper: Nibo Shuzo Co., Ltd. No. 88 Tategamihonmachi, Makurazaki City, Kagoshima-pref, Japan			Invoice No. and Date: NS090, Aug. 13, 2018 L/C Date: Jul. 23, 2018	
Consignee: Shanghai Dongdong Trading Company No. 9980 Renmin Rd., Shanghai, China			Issuing Bank: Bank of China Shanghai Branch Trade term: CFR Shanghai, China	
Vessel Name Voy. No. Hibiscus Isle V. 225W	Date of Shipment: Aug. 13, 2018		Payment: L/C at 30 days after B/L date	
From: Shibushi, Japan	Via:		To: Shanghai, China	
Marks and Nos.	Description	Quantity	Price	Amount
N/M	Shochu Genshu, Sweet Potato 36.8%, 720ml per Bottle	7 200Bottles	CFR Shanghai, China JPY580/Bottle	JPY4 176 000.00
Total: 5 184L, 7 200Bottles/1 200Cartons/20Pallets/20′GP. SAY: JPY FOUR MILLION ONE HUNDRED SEVENTY SIX THOUSAND ONLY. Nibo Shuzo Co., Ltd. TACHIRO HOMBO				

表 15 - 13 装箱单

<table>
<tr><td colspan="5">Shipper:
Nibo Shuzo Co., Ltd.
No. 88 Tategamihonmachi, Makurazaki City, Kagoshima-pref, Japan</td><td colspan="3">Invoice No. and Date:
NS090, Aug. 13, 2018

L/C Date:
Jul. 23, 2018</td></tr>
<tr><td colspan="5">Consignee:
Shanghai Dongdong Trading Company
No. 9980 Renmin Rd., Shanghai, China</td><td colspan="3">Issuing Bank:
Bank of China Shanghai Branch

Trade term:
CFR Shanghai, China</td></tr>
<tr><td colspan="2">Vessel Name:
Hibiscus Isle, V. 225W</td><td colspan="3">Date of Shipment:
Aug. 13, 2018</td><td colspan="3">Payment:
L/C at 30 days after B/L date</td></tr>
<tr><td colspan="2">From:
Shibushi, Japan</td><td colspan="3">Via:</td><td colspan="3">To:
Shanghai, China</td></tr>
<tr><td>Marks and Nos.</td><td>Description</td><td>Quantity</td><td>Package</td><td>N. W.</td><td>G. W.</td><td colspan="2">Measurement</td></tr>
<tr><td>N/M</td><td>Shochu Genshu
Sweet Potato 36. 8%
720ml per Bottle</td><td>7 200Bottles</td><td>20Pallets
(5 184L)</td><td>4 727. 808kgs</td><td>7 400kgs</td><td colspan="2">24. 2cbm</td></tr>
<tr><td colspan="8">Total: 1 200Cartons/20Pallets/20′GP.

Nibo Shuzo Co., Ltd.
TACHIRO HOMBO</td></tr>
</table>

表 15 - 14 装运通知

<table>
<tr><td colspan="2">Shipper:
Nibo Shuzo Co., Ltd.
No. 88 Tategamihonmachi, Makurazaki City, Kagoshima-pref, Japan</td><td>Invoice No. and Date:
NS090, Aug. 13, 2018

L/C Date:
Jul. 23, 2018</td></tr>
<tr><td colspan="2">Consignee:
Shanghai Dongdong Trading Company
No. 9980 Renmin Rd. Shanghai, China</td><td>Issuing Bank:
Bank of China Shanghai Branch

Trade term: CFR Shanghai, China</td></tr>
<tr><td colspan="2">Vessel Name: Hibiscus Isle Voy. No. V. 225W
Date of Shipment: Aug. 13, 2018</td><td>Payment: L/C at 30 days after B/L date</td></tr>
<tr><td>From:
Shibushi, Japan</td><td>Via:</td><td>To:
Shanghai, China</td></tr>
<tr><td colspan="3">Re: Contract No. DD18106
Please to advice that 7 200cartons/20pallets were shipped by vessel "Hibiscus" under B/L No. SBQDHI225 WF001 on Aug. 13, 2018 from Shibushi, Japan to Shanghai, China. Invoice Value: JPY4 176 000.

Nibo Shuzo Co., Ltd.
TACHIRO HOMBO</td></tr>
</table>

表 15-15

海运提单

Shipper (complete name and address) Nibo Shuzo Co., Ltd. No. 88 Tategamihonmachi, Makurazaki City, Kagoshima-pref, Japan	B/L No.: SBQDHI225WF001 **KAMBARA KISEN COMPANY** **TSUNEISHI HOLDINGS CORPORATION** COMBINED TRASPORTATION BILL OF LADING
Consignee (complete name and address) Shanghai Dongdong Trading Company No. 9980 Renmin Rd., Shanghai, China Tel: 0086-21-90128765 Fax: 0086-21-90128766	RECEIVED in apparent extental good order and condition except as otherwise noted the total number of containers or other packages or units enumerated below (*) for transportation from the place of Receipt to the Place of Delivery subject to the terms hereof.
Notify Party (complete name and address) Same as the Consignee	One of the original Bill of Lading must be surrendered duly endorsed in exchange for the Goods or Delivery Order unless otherwise provided herein.
Pre-carriage by / Place of receipt: Shibushi CY	In accepting this Bill of Lading, the Merchant expressly accepts and agrees to all its terms whether printed, stamped or written, or otherwise incorporated, notwithstanding the non-signing of this Bill of Lading by the Merchant.
Ocean Vessel: Hibiscus Isle / Voy. No.: V. 225W / Port of Loading: Shibushi, Japan	IN WITNESS whereof the number of original Bills of Lading stated below have been signed, one of which being accomplished, the other(s) to be void.
Port of Discharge: Shanghai, China / Port of Destination: Shanghai CY	(Terms of Bill of Lading continued to the back hereof) **ORIGINAL**

Marks & No. Container/Seal No.	No. of Containers or Packages	Description of Goods	Gross Weight	Measurement
N/M KMBU2061426/ KKCL094028	1×20′FCL (20PALLETS)	SHOCHU GENSHU "SHIPPER'S LOAD & COUNT", "SAID TO CONTAIN" FREIGHT COLLECT "SURRENDERED"	7 400KGS	24. 2CBM

Total Number of Containers and/or Packages (in words): ONE (1) CONTAINER ONLY.

Ex. Rate	Prepaid at	Payable at	Place and date of issue
	SHIBUSHI, JAPAN		SHIBUSHI, JAPAN, AUG. 13, 2018
	Total Prepaid	No. of Original B(s)/L ONE (1) to be surrendered	KAMBARA KISEN COMPANY TSUNEISHI HOLDINGS CORPORATION as Carrier samayamika

LADEN ON BOARD THE VESSEL
Date: AUG. 13, 2018

Signature: samayamika

表 15－16 原产地证书

1. Exporter (name, address and country) NIBO SHUZO CO., LTD. NO. 88 TATEGAMIHONMACHI, MAKURAZAKI CITY, KAGOSHIMA-PREF, JAPAN	**CERTIFICATE OF ORIGIN** Issued by THE KAGOSHIMA Chamber of Commerce & Industry Japan
2. Consignee (name, address and country) SHANGHAI DONGDONG TRADING COMPANY NO. 9980 RENMIN RD., SHANGHAI, CHINA	* Print ORIGINAL or COPY ORIGINAL 3. No. and date of invoice NS090, AUG. 13, 2018 4. Country of Origin JAPAN
5. Transport details BY SEA	6. Remarks
7. Marks & numbers, number and kind of packages, description of goods N/M SHOCHU GENSHU (SWEET POTATO 36.8%)	8. Quantity TOTAL: 20PALLETS 5 184L
9. Declaration by the Exporter The undersigned, as an authorized signatory, hereby declares that the above mentioned goods were produced or manufactured in the country shown in box 4. Place and Date: KAGOSHIMA, AUG. 12, 2018 (Signature) TACHIRO HOMBO (Name) TACHIRO HOMBO DIRECTOR	10. Certification The undersigned, hereby certifies, on the basis of relative invoice and other supporting documents, that the above mentioned goods originate in the country shown in box 4 to the best of is knowledge and belief. THE KAGOSHIMA Chamber of Commerce & Industry F. TANANKA F. TANANKA AUG. 13, 2018 (No., Date, Signature and Stamp of Certifying Authority) Certificate No. 200088

表 15－17 非木质包装声明

To: The Service of China Customs
It is declared that this shipment:
B/L Number: SBQDHI225WF001
Number of Pieces: 20PALLETS
Weight: 7 400KGS
Including its container, does not contain any solid wood packing material.
Export Company Name: NIBO SHUZO CO., LTD.
Signature of Export Company Name: TACHIRO HOMBO
Date: AUG. 13, 2018

【任务 1】审核进口单证

外贸业务员徐群需根据信用证 LC－520－091234 及修改信用证、《UCP600》的条款，按照“单证相符，单单相符”的审单原则，对以上进口单据进行审核，并写出审单结果。

【任务 2】处理不符单据

若经审核，进口单据存在不符点，外贸业务员徐群需书写处理意见，并处理不符单据。

【任务 3】办理对外付款手续

若经处理，已解决不符单据问题，外贸业务员徐群需填写对外付款/承兑通知书（见表 15－18）和购汇申请书（见表 15－19）等，并办理对外付款手续。

表 15－18　　**对外付款/承兑通知书**

银行业务编号：111P0080071221　　日期：

结算方式	□信用证 □保函 □托收 □其他	信用证/保函编号			
来单币种及金额		开证日期			
索汇币种金额		期限		到期日	
来单行名称		来单行编号			
收款人名称					
收款行名称及地址					
付款人名称					

☑对公　组织机构代码 14565232 - 1		□对私	□个人身份证号码
扣费币种及金额			□中国居民个人　□中国非居民个人
合同号		发票号	
提运单号		合同金额	
银行附言（各银行可根据本行业务要求规定内容及格式）			

申报号码			实际付款币种及金额		
付款编号			若为购汇支出，购汇汇率		
收款人常驻国家名称及代码	□□□		是否为进口核销项下付款	□是　□否	
是否为预付款	□是 □否	最迟装运期		外汇局批件/备案表号	
付款币种及金额			金额大写		
其中	购汇金额		账号		
	现汇金额		账号		
	其他金额		账号		
交易编码	□□□□□□	相应币种及金额		交易附言	
□同意即期付款 □同意承兑并到期付款 □申请拒付 联系人及电话：徐群 021-84825113 申报日期：		付款人印鉴（银行预留印鉴）		银行业务章 经办：　复核：　负责人：	

表 15 - 19　　购汇申请书

中国银行
购买外汇申请书

中国银行上海市分行：

我公司现按国家外汇管理局有关规定向贵行提出购汇申请，并随附有关单证，请审核并按实际转账日牌价办理售汇。

单位名称			人民币账号		
购汇金额（大小写）		当日汇率	（不写）	折合人民币（大小写）	（不写）
购汇支付方式	□支票　□银行汇票　□银行本票　□扣账　□其他				
购汇用途	□进口商品　□从属费用　□索赔退款　□还贷　□其他				
对外结算方式	□信用证　□代收　□汇款　（□货到付款　□预付货款）				
业务参考	商品名称		数量		
	合同号		发票号		
	合同金额		发票金额		
	核销单号		信用证号		
进口商品类型	□一般进口商品 □控制进口商品，批文随附如下： □进口证明　□许可证　□登记证明　□其他批文 批文号码：　批文有效期：				

<table>
<tr><td>附件</td><td>□售汇通知单
□合同/协议
□保险费收据
□付款委托书</td><td>□进口付汇核销单
□发票
□运费单/收据
□开证申请书</td><td>□正本报关单
□正本运单
□佣金单
□其他</td></tr>
<tr><td colspan="4">联系人：　　　　　　　　　　申请单位：
　　　　　　　　　　　　　　电话：　　　　　　　　年　月　日</td></tr>
<tr><td colspan="4">银行审核意见：
经办人：　　　　复核人：　　　　审批：　　　　年　月　日</td></tr>
</table>

『实训项目 15－2』

上接『实训项目 14－2』，2018 年 4 月 3 日，广州纳社进出口有限公司外贸业务员陈露露收到 Richard International Co.，Ltd. 的银行开来的银行保函（见表 15－20）。

表 15－20　　**银行保函**

BANK OF CHINA NEW YORK BRANCH
410 Madison Avenue，New York，NY 10017，U. S. A.

New York，March 29，2018

To：Guangzhou Nashe Import and Export Co.，Ltd.
No. 1290 Dongfeng West Road，Guangzhou，China

Re：Our Guarantee No. BCNY/290/LG for USD76 000. 00
in your favor by order of Richard International Co.，Ltd.

Dear Sirs，

We have been informed that a contract has been signed between you and Messrs Richard International Co.，Ltd. (hereinafter referred to as the "the vendor") on Mar. 28，2018 under Contract No. NS200189023 for the supply of one set Drilling Machine Model No. AED20 at a total price of USD380 000. 00. The Contract stipulates that an advance payment in the amount of 20% of the above-mentioned sum be effected against an Advance Payment Guarantee.

This being premised，we，Bank of China New York Branch，hereby irrevocably undertake to pay you within 10(ten) business days after our receipt of your first written demand (the signatures appearing thereon to be duly confirmed by your banker) which should state the amount of your claim. Such claim should be in an amount of not exceeding USD76 000. 00 (In words：U. S. Dollars Seventy Six Thousand Only) . Your written demand must be accompanied with your confirmation that the vendor has not fulfilled their contractual obligations and you are therefore entitled to claim under this Guarantee，and against the vendor's receipt the L/C from your bank covering total 80% of contract value.

This Guarantee shall become effective as from the date of receipt of a sum of USD76 000. 00 with reference to this Guarantee by us in favour of Richard International Co.，Ltd.

This Guarantee will expire automatically on July 29，2018. You shall be entitled to make one claim under this Guarantee which shall become null and void upon expiry or after our payment under this Guarantee even if the original of this Guarantee is not returned to us by July 29，2018.

Yours faithfully，
For and on behalf of
Bank of China New York Branch
Thomas Chan
President

【任务1】分析银行保函

外贸业务员陈露露分析以上银行保函，回答以下问题。

（1）写出该银行保函涉及的三个基本当事人的名称。

（2）担保行只有在银行保函的受益人提供哪些证明材料之后才给予偿付？但在什么特殊情况下，即使受益人提供这些证明材料，担保行也可拒付？

（3）该银行保函在什么情况下失效？

【任务2】填写境外汇款申请书，办理定金支付

外贸业务员陈露露填写境外汇款申请书（见表15－21），办理20%合同金额定金的电汇手续。

表 15 - 21　　境外汇款申请书

境　外　汇　款　申　请　书
APPLICATION FOR FUNDS TRANSFERS（OVERSEAS）

致： TO：			日期： Date：
□电汇 T/T　□票汇 D/D　□信汇 M/T	发报等级 Priority	□普通 Normal	□加急 Urgent
申报号码 BOP Reporting No.	□□□□□□ □□□□ □□ □□□□□□ □□□□		
20　银行业务编号 Bank Trans. Ref. No.		收电行/付款行 Receiver/Drawn on	
32A　汇款币种及金额 Currency & Interbank Settlement Amount		金额大写 Amount in Words	
其中　现汇金额 Amount FX		账号 A/C No.	
其中　购汇金额 Amount of Purchase		账号 A/C No.	
其中　其他金额 Amount of Others		账号 A/C No.	
50a　汇款人名称及地址 Remitter's Name & Add.			
□对公　组织机构代码 Unit Code74849495 - 8		□对私	□个人身份证号码 Individual ID No. □中国居民个人 Resident Individual □中国非居民个人 Non-Resident Individual
54/56a　收款银行之代理行名称及地址 Correspondent of Ben.'s Bank Name & Add.			
57a　收款人开户银行名称及地址 Ben.'s Bank Name & Add.		收款人开户银行在其代理行账号 Ben.'s Bank A/C No.	
59a　收款人名称及地址 Ben.'s Name & Add.		收款人账号 Ben.'s A/C No.	
70　汇款附言 Remittance Information 只限 140 个字位 Not Exceeding 140 Characters		71A　国内外费用承担 All Bank's Charges if Any are to be bone by □汇款人 OUR　□收款人 BEN.　□共同 SHA	
收款人常驻国家（地区）名称及代码 Ben. Resident Country/Region Name & Code　□□□			
请选择：□预付货款 Advance Payment　□货到付款 Payment against Delivery □退款 Refund　□其他 Others		最迟装运日期	

交易编码 BOP Trans. Code	□□□□□□ □□□□□□	相应币种及金额 Currency & Amount		交易附言 Trans. Remark	
是否为保税货物项下付款	□是　□否	合同号		发票号	
外汇局批件/备案表号/业务编号					

银行专用栏 For Bank Use Only		申请人签章 Applicant's Signature	银行签章 Bank's Signature
购汇汇率 Rate @		请按照贵行背页所列条款代办以上汇款并进行申报 Please effect the upwards remittance subject to the conditions overleaf 申请人姓名 Name of Applicant 电话 Phone No.	核准人签字 Authorized Person 日期 Date
等值人民币 RMB Equivalent			
手续费 Comm.			
电报费 Cable Charges			
合计 Total Charges			
支付费用方式	□现金 by Cash □支票 by Check □账户 from A/C		
核印 Sig. Ver		经办 Maker	复核 Checker

【任务3】审单，办理信用证项下款项支付

6月5日，广州纳社进出口有限公司外贸业务员陈露露接到中国银行广州市分行的到单通知（见表15-22），所附单据如表15-23～表15-29所示。

表15-22　　到单通知

<table>
<tr><td colspan="7">中国银行股份有限公司
BANK OF CHINA LIMITED
进口信用证到单通知
ADVICE OF BILL ARRIVAL</td></tr>
<tr><td>To
致</td><td colspan="2">Guangzhou Nashe Import and Export Co., Ltd.
广州纳社进出口有限公司</td><td>Date
日期</td><td colspan="3">2018-06-05</td></tr>
<tr><td>Contract No.
合同号</td><td colspan="2">NS2018023</td><td>Amount
金额</td><td colspan="3">USD304 000.00</td></tr>
<tr><td>L/C No.
信用证号</td><td colspan="2">LC76790901A</td><td>AB No.
到单编号</td><td colspan="3">AB30309087</td></tr>
<tr><td>Tenor Type
即期/远期</td><td colspan="2">远期</td><td>Maturity Date
到期日</td><td colspan="3">2018-08-11</td></tr>
<tr><td>Paying Bank
议付行</td><td colspan="6">BANK OF CHINA NEW YORK BRANCH</td></tr>
<tr><td>Doc. Mail Date
寄单日期</td><td colspan="6">2018-05-31</td></tr>
<tr><td colspan="7">PLEASE FIND HEREWITH ENCLOSED THE FOLLOWING DOCUMENTS SENT FROM NEGOTIATING BANK AND ACKNOWLEDGE RECEIPT BY SIGNING AND RETURNING US.
兹附奉议付行寄来的下列单据，请查收。</td></tr>
<tr><td>DRAFT</td><td>B/L</td><td>INVOICE</td><td>P/L</td><td>C/O</td><td>CERT. OF QUANTITY</td><td>SHIPPING ADVICE</td></tr>
<tr><td>2</td><td>3</td><td>5</td><td>5</td><td>3</td><td>3</td><td>1</td></tr>
<tr><td colspan="7">DISCREPANCIES (IF ANY):
单据不符点：</td></tr>
<tr><td colspan="7">REMARKS:
备注（客户）：</td></tr>
<tr><td colspan="7">NOTE:
1. 该单据将于上述付款日对外付款，请贵司于接本通知后三日内将所附对外付款/承兑通知书签署意见及核销单一式三联填妥加盖公章后交我行，以便及时对外付款。否则，我行将于上述付款日对外付款，不再另行通知。
2. 如贵司因单据有不符点需拒付，请于接本通知后三日内将所附的拒付通知交我行，并退回全套单据。</td></tr>
<tr><td colspan="7">（银行盖章）</td></tr>
</table>

表 15-23 **发票**

<table>
<tr><td colspan="3" rowspan="2">TO:
Guangzhou Nashe Import and Export Co., Ltd.
NO. 1290 Dongfeng West Road, Guangzhou, China</td><td colspan="2">Invoice No. and Date:
RI18018, May 25, 2018</td></tr>
<tr><td colspan="2">L/C No. and Date:
LC76790901A, Apr. 12, 2018</td></tr>
<tr><td colspan="2">From:
New York, U. S. A.</td><td>To:
Guangzhou, China</td><td colspan="2">Issuing Bank:
Bank of China Guangzhou Branch</td></tr>
<tr><td>Marks and Nos.</td><td>Description</td><td>Quantity</td><td>Price</td><td>Amount</td></tr>
<tr><td rowspan="2">NS2018023
Guangzhou, China</td><td rowspan="2">Drilling Machine
Model No. AED20
Origin: U. S. A.</td><td rowspan="2">1set</td><td colspan="2">FOB New York</td></tr>
<tr><td>USD380 000. 00/set</td><td>USD380 000. 00</td></tr>
<tr><td colspan="5">For 20% down payment of the Contract value: USD76 000. 00 (Received)
1st Drawing: 70% of FOB value to be paid by the L/C: USD266 000. 00
2nd Drawing: 10% of FOB value to be paid by the L/C: USD38 000. 00
Totally FOB VALUE: U. S. Dollars three hundred eighty thousand only.

Richard International Co., Ltd.
RICHARD SMITH</td></tr>
</table>

表 15-24 **装箱单**

<table>
<tr><td colspan="4" rowspan="2">TO:
Guangzhou Nashe Import and Export Co., Ltd.
NO. 1290 Dongfeng West Road, Guangzhou, China</td><td colspan="2">Invoice No. and Date:
RI18018, May 25, 2018</td></tr>
<tr><td colspan="2">L/C No. and Date:
LC76790901A, Apr. 12, 2018</td></tr>
<tr><td colspan="2">From:
New York, U. S. A</td><td colspan="2">To:
Guangzhou, China</td><td colspan="2">Issuing Bank:
Bank of China Guangzhou Branch</td></tr>
<tr><td>Marks and Nos.</td><td>Description</td><td>Quantity</td><td>Package</td><td>N. W.</td><td>G. W.</td></tr>
<tr><td>NS2018023
Guangzhou, China</td><td>Drilling Machine
Model No. AED20</td><td>1Set</td><td>1Container</td><td>5 608Kgs</td><td>5 783Kgs</td></tr>
<tr><td colspan="6">Total: 1×40', OT CONTAINER

Richard International Co., Ltd.
RICHARD SMITH</td></tr>
</table>

表 15-25 **海运提单**

Shipper
Richard International Co., Ltd.
No. 42 East Broadway, New York, NY 10002, U. S. A.

Consignee or order
To order

Notify address
Guangzhou Nashe Import and Export Co., Ltd.
NO. 1290 Dongfeng West Road, Guangzhou, China

Pre-carriage by	Port of loading New York, U. S. A.
Ocean Vessel Voy. No. DALIAN EXPRESS V. 10W01	Port of transhipment
Port of discharge Guangzhou, China	Final destination

B/L No.: HASOSAYTD90864

SINOTRANS

中国外运广东公司
SINOTRANS GUANGDONG COMPANY
OCEAN BILL OF LADING

SHIPPED on board in apparent good order and condition (unless otherwise indicated) the goods or packages specified herein and to be discharged at the mentioned port of discharge or as near thereto as the vessel may safely get and be always afloat.

The weight, measure, marks and numbers, quality, contents and value, being particulars furnished by the Shipper, are not checked by the Carrier on loading.

The Shipper, Consignee and the Holder of this Bill of Lading hereby expressly accept and agree to all printed, written or stamped provisions, exceptions and conditions of this Bill of Lading, including those on the back hereof.

IN WITNESS whereof the number of original Bills of Lading stated below have been signed, one of which being accomplished the other(s) to be void.

Container seal No. or marks and Nos.	Number and kind of package	Description of goods	Gross weight (kgs)	Measurement (cbm)
HLXU5619221/0720	1×40′OT FCL/FCL Freight Collect	Shipper's load, stow and count: One set of Drilling Machine, Model No. AED20 say: one (1) container only.	5 783kgs	

Freight and charges	Regarding transhipment information please contact

Ex. rate	Prepaid at	Freight payable at	Place and date of issue New York, May 27, 2018
	Total prepaid	Number of original B(s)/L THREE(3)	Signed for or on behalf of the Master 中国外运广东公司 SINOTRANS GUANGDONG COMPANY 倪小伟 AS CARRIER

表 15-26　　**装运通知**

TO： Guangzhou Nashe Import and Export Co.，Ltd. NO. 1290 Dongfeng West Road，Guangzhou，China		Date： May 28，2018 L/C No. and Date： LC76790901A，Apr. 12，2018
From： New York，U. S. A.	To： Guangzhou，China	Issuing Bank： Bank of China Guangzhou Branch
We have shipped one set of Drilling Machine Model No. AED20 by the vessel DALIAN EXPRESS，V. 10W01 on May 27，2018. Net weight：5 608Kgs Gross weight：5 783Kgs Total：1×40′OT CONTAINER Richard International Co.，Ltd. RICHARD SMITH		

表 15-27　　**原产地证书**

TO：	Whom it may concern.	Date： May 28，2018 L/C No. and Date： LC76790901A，Apr. 12，2018
We hereby certified that one set of Drilling Machine Model No. AED20 shipped by the vessel DALIAN EXPRESS，V. 10W01 on May 27，2018 was produced or manufactured in U. S. A. Richard International Co.，Ltd. RICHARD SMITH		

表 15-28　　**质量证明书**

TO：	Whom it may concern.	Date： May 28，2018 L/C No. and Date： LC76790901A，Apr. 12，2018
We hereby certified that one set of Drilling Machine Model No. AED20 shipped by the vessel DALIAN EXPRESS，V. 10W01 on May 27，2018 had been quality inspected and tested by our manufacturing personnel prior to shipment. Richard International Co.，Ltd. RICHARD SMITH		

表 15 - 29　　　　汇票

<table>
<tr><td colspan="6">BILL OF EXCHANGE</td></tr>
<tr><td>凭
Drawn Under</td><td colspan="2">Bank of China，Guangzhou Branch</td><td colspan="2">不可撤销信用证
Irrevocable L/C No.</td><td>LC76790901A</td></tr>
<tr><td>日期
Date</td><td>Apr. 12，2018</td><td>支取
Payable with interest</td><td colspan="3">@　　%按息付款</td></tr>
<tr><td>号码
No.</td><td>RI13018</td><td>汇票金额
Exchange for</td><td>USD304 000. 00</td><td>纽约
New York</td><td>May 29，2018</td></tr>
<tr><td>见票
At</td><td>60 days after</td><td colspan="4">日后（本汇票之副本未付）
sight of this FIRST of Exchange（Second of Exchange being unpaid）</td></tr>
<tr><td colspan="2">付交
Pay to the order of</td><td colspan="4">Bank of China，New York Branch or Order</td></tr>
<tr><td>金额
The sum of</td><td colspan="5">USDollars Three Hundred And Four Thousand Only.</td></tr>
<tr><td rowspan="2">此致
To</td><td colspan="3">Bank of China，Guangzhou Branch</td><td colspan="2" rowspan="2">Richard International Co.，Ltd.
RICHARD SMITH</td></tr>
<tr><td colspan="3">Guangzhou，China</td></tr>
</table>

外贸业务员陈露露需根据信用证 LC76790901A、《UCP600》的条款，按照“单证相符，单单相符”的审单原则，对以上进口单据进行审核，并写出审单结果。

若经审核，进口单据存在不符点，外贸业务员陈露露需书写处理意见，并处理不符单据。

若经处理，已解决不符单据问题，外贸业务员陈露露办理对外承兑和到期付款手续。

『实训项目 15－3』

上接『实训项目 12－3』，2018 年 7 月 12 日，安徽黄山科盟印刷有限公司外贸业务员曾静静向黄山海关提供进口合同、设备技术资料、设备清单等材料，申请办理进口旧机电产品装运前预检验备案书。审批同意后，国家质量监督检验检疫总局指定的检验机构——中国检验认证集团不来梅有限公司对拟进口的旧激光制版机进行检验。检验后，出具进口旧机电产品装运前检验报告，检验报告认定旧设备符合要求，给出“予以起运”的结论，根据检验报告结果，出具“进口旧机电产品装运前检验证书”。7 月 19 日，GASA ETIKETTEN GmbH & Co. KG 凭该证书将旧激光制版机发运。

7 月 23 日，安徽黄山科盟印刷有限公司外贸业务员曾静静收到 GASA ETIKETTEN GmbH & Co. KG 寄来的全套单据（见表 15－30～表 15－35）。

表 15－30　　发票

GASA ETIKETTEN GmbH & Co. KG

Moellner Land Str. 98，22969 Witzhave，Germany

Tel：049－4104－693－1999　　Fax：049－4104－693－1996

INVOICE

TO： Anhui Kemeng Printing Co.，Ltd. No. 72 Huangshan East Road，Huangshan，China	Invoice No. and Date： GE2018AK01，Jul. 16，2018 Contract No.： KM2018098
From： Hamburg Airport，Germany　　To： Shanghai Airport，China	Flight Date： Jul. 18，2018

Marks and Nos.	Description	Quantity	Price	Amount
KM2018098 Shanghai，China	Cyrel Digital Imager Spark Model No. 100602	1 set	EUR 5 552. 00/set	CIP Shanghai，China EUR 5 552. 00

Total：EUR 5 552. 00

Measurement of machine：H：128cm，L：149cm，W：84cm.

Country of origin：Federal Republic of Germany.

The exporter of the products declares that，except where otherwise clearly indicated，these products are of preference origin（EU，Federal Rep. of Germany）.

We confirm that the herein mentioned invoice details are true and correct.

GASA ETIKETTEN GmbH & Co. KG

Eric Nowitzki

表 15-31 装箱单

GASA ETIKETTEN GmbH & Co. KG Moellner Land Str. 98, 22969 Witzhave, Germany Tel: 049-4104-693-1999 Fax: 049-4104-693-1996 **PACKING LIST**					
TO: Anhui Kemeng PrintingCo., Ltd. No. 72 Huangshan East Road, Huangshan, China				Invoice No. and Date: GE2018AK01, Jul. 16, 2018 Contract No.: KM2018098	
From: Hamburg Airport, Germany		To: Shanghai Airport, China		Flight Date: Jul. 18, 2018	
Marks and Nos.	Description	Quantity	Package	N. W.	G. W.
KM2018098	Cyrel Digital Imager Spark	1set	1 wooden box	990kgs	1 100kgs
Shanghai, China Model No. 100602 Packaging: Wooden box, wood treatment certified ISPM 15. Delivery (Incoterms 2010): CIP Shanghai, China. Country of origin: Federal Republic of Germany. Mode of Delivery: Air freight. GASA ETIKETTEN GmbH & Co. KG Eric Nowitzki					

表 15-32 原产地证书

GASA ETIKETTEN GmbH & Co. KG Moellner Land Str. 98, 22969 Witzhave, Germany Tel: 049-4104-693-1999 Fax: 049-4104-693-1996 **CERTIFICATE OF ORIGIN**		
TO:	Whom it may concern.	Invoice No. and Date: GE2018AK01, Jul. 16, 2018 Contract No.: KM2018098
We hereby certified that the following machine was produced or manufactured in Federal Republic of Germany. Goods: Cyrel Digital Imager Spark. Model No.: 100602. Quantity: One set. Manufacturer: DuPont. Month of Manufacturing: in Nov., 2005. GASA ETIKETTEN GmbH & Co. KG Eric Nowitzki		

表 15-33 航空运单

999 HAM 6640 1720	999-6640 1720
Shipper's Name and Address / Shipper's Account Number GASA ETIKETTEN GmbH & Co. KG Moellner Land Str. 98, 22969 Witzhave, Germany Ref. No.: KM2018098	**Not Negotiable Air Waybill** Issued by: AIR CHINA CARGO CO., LTD. BEIJING CHINA Member of IATA Copies 1, 2 and 3 of this Air Waybill are originals and have the same validity.
Consignee's Name and Address / Consignee's Account Number Anhui Kemeng Printing Co., Ltd. No. 72 Huangshan East Road, Huangshan, China Tel: 0086-559-2932309 Fax: 0086-559-2932301	It is agreed that the goods described herein are accepted for carriage in apparent good order and condition (except as noted) and subject to the conditions of contract on the reverse hereof. All goods may be carried by and other means including road or any other carrier unless specific contrary instructions are given hereon by the shipper. The shipper's attention is drawn to the notice concerning carrier's limitation of liability. The shipper may increase such limitation of liability by declaring a higher value for carriage and paying a supplemental charge if required.
Issuing Carrier's Agent Name and City Helimaman Worldwide Logistics GmbH Co. KG 22335, Hamburg	
Agent's IATA Code: 23-4-7222 2012 / Account No.	Accounting Information
Airport of Departure (Addr. of First Carrier) and Requested Routing Hamburg	Please inform consignee immediately upon arrival by phone or fax.

To	By First Carrier Routing and Destination	to	by	to	by	Currency	CHGS Code	WT/VAL PPD	WT/VAL COLL	Other PPD	Other COLL	Declared Value for Carriage	Declared Value for Customs
PVG	CA					EUR		PP	PP			NVD	NCV

Airport of Destination	Flight/Date for carrier Use Only Flight/Date		Amount of Insurance	INSURANCE
SHANGHAI	CA3201/14OCT	16OCT	NIL	If Carrier offers insurance, and such insurance is requested in accordance with the conditions thereof, indicate amount to be insured in figures in box marked "Amount of Insurance."

Handing Information

1 (One) Wooden Box Marks: As Addressed Attached: Invoice

(For USA only) These commodities licensed by U. S. for ultimate destination...Diversion contrary to U. S. law is prohibited.

No. of Pieces RCP	Gross Weight	Kg lb	Rate Class / Commodity Item No.	Chargeable Weight	Rate Charge	Total	Nature and Quantity of Goods (incl. Dimensions or Volume)
1	1 100	kg		1 100kgs	3.560	3 916.00	1 Set of Machine
1	1 100	kg				3 916.00	172cm×151cm×160cm×1

Prepaid	Collect	
Weight Charge		Other Charges
3 916.00		MYC: 770.00 SCC: 165.00
Valuation Charge		
Tax		
		Shipper certifies that the particulars on the face hereof are correct and that in so far as any part of the consignment contains dangerous goods, such part is properly described by name and is in proper condition for carriage by air according to the applicable Dangerous Goods Regulations.
Total other Charges Due Agent		
Total other Charges Due Carrier		
935.00		CAROL
Total Prepaid	Total Collect	
4 851.00		Signature of Shipper or his Agent
Currency Conversion Rates	CC Charges in Dest. Currency	Jul. 18, 2018 (Executed on (date)) / Hamburg (at (place)) / CAROL (Signature of Issuing Carrier or its Agent)
For Carrier's Use only at Destination	Charges at Destination	Total Collect Charges / 999-6640 1720

表 15-34　　保险单

Gossler，Gobert& Wolters

Assekuranz-Makler GmbH & Co. KG

Chilehaus B. Fischertwiete 1，20095 Hamburg，Germany

Tel：0049-40-328101-0　Fax：0049-40-331953　E-mail：hamburg@ggw. de　Internet：www. ggw. de

Certificate（Policy）of Marine Insurance

Sum Insured	Place and Date of Issue	Copies	Open Cover No.	Certificate No.
EUR6 107. 20	Hamburg，2018-07-16	2	6366	2/2018

This is to certify that insurance has been granted under the above Open Cover to：
Anhui Kemeng Printing Co.，Ltd.
No. 72 Huangshan East Road，Huangshan，China
For account of whom it may concern，on the following goods：
ONE SET CYREL DIGITAL IMAGER SPARK
SHIPPING MARK：KM2018098 / Shanghai，China

For the following voyage（conveyance，route）：
By air freight.
From Hamburg to Shanghai，main airport.
From warehouse to warehouse，in accordance with Clause 5 of the German General Rules of Marine Insurance，special Conditions for Cargo（ADS Cargo 1973-Edition 1984），as printed overleaf.
Claims payable to the holder of this certificate. Settlement under one copy shall render all others null and void.
Conditions：
1. German General Rules of Marine Insurance，Special Conditions for Cargo（ADS Cargo 1973-Edition 1984）.
2. Terms and conditions of the above Open Cover.
3. Forms of Cover（see overleaf）：Full Cover.
4. Clauses（see overleaf）：1，2.
CLAIMS PAYABLE IN CHINA.

COVERING ALL RISKS AND WAR RISKS AS PER ICC（A）CLAUSE.
FREE OF KNOWN DAMAGES.

See overleaf for instructions to be followed in case of loss or damage.
In case of loss or damage immediately contact：
Huatai Insurance Agency & Consultant Service Ltd.
14-A，World Plaza No. 855 Pudong South Road，
200120，Shanghai
Tel：0086-21-58369707
Fax：0086-21-58369709
E-mail：pnish@huatai-serv. com

For and on behalf of all insurance companies participating：
Allianz Global Corporate & Specialty AG in Vollmacht
Gossler Gebr. GmbH & Co. KG

Premium Paid

USASICAN

表 15-35 装运通知

<table>
<tr><td colspan="2">GASA ETIKETTEN GmbH & Co. KG
Moellner Land Str. 98, 22969 Witzhave, Germany
Tel: 049-4104-693-1999 Fax: 049-4104-693-1996
SHIPPING ADVICE</td></tr>
<tr><td rowspan="2">TO:
Anhui Kemeng Printing Co., Ltd.
No. 72 Huangshan East Road, Huangshan, China</td><td>Invoice No. and Date:
GE2018AK01, Jul. 16, 2018</td></tr>
<tr><td>Contract No.:
KM2018098</td></tr>
<tr><td>From: To:
Hamburg Airport, Germany Shanghai Airport, China</td><td>Flight Date:
Jul. 18, 2018</td></tr>
<tr><td colspan="2">We hereby advice that the following machine was delivered by CA3201 on Jul. 18, 2018.
Goods: Cyrel Digital Imager Spark
Model No.: 100602
Quantity: One set
Manufacturer: DuPont
Month of Manufacturing: Nov., 2005
Net Weight: 990kgs
Gross Weight: 1 100kgs
Measurement of machine: H: 128cm, L: 149cm, W: 84cm

GASA ETIKETTEN GmbH & Co. KG
Eric Nowitzki</td></tr>
</table>

【任务 1】审核进口单证

外贸业务员曾静静需根据进口合同，对以上进口单据进行审核，并写出审单结果。

【任务 2】处理不符单据

若经审核，进口单据存在不符点，外贸业务员曾静静需书写处理意见，并处理不符单据。

【任务 3】办理对外付款手续

2018 年 9 月 17 日，若经处理已解决不符单据问题，外贸业务员曾静静需填写境外汇款申请书（见表 15 - 36），办理 100%合同金额的电汇手续。汇款金额从现汇账户 90120879654 支付。安徽黄山科盟印刷有限公司的组织机构代码为 69849477-8。汇入行为中国银行汉堡分行，地址为 Rathausmarkt 5，20095 Hamburg，Germany，汇入账号为 BOCHM090278。

表 15 - 36　　境外汇款申请书

境　外　汇　款　申　请　书

APPLICATION FOR FUNDS TRANSFERS（OVERSEAS）

致： TO：			日期： Date：
□电汇 T/T　□票汇 D/D　□信汇 M/T	发报等级 Priority	□普通 Normal	□加急 Urgent
申报号码 BOP Reporting No.	□□□□□□　□□□□　□□　□□□□□□　□□□□		
20　银行业务编号 Bank Trans. Ref. No.		收电行/付款行 Receiver/Drawn on	
32A　汇款币种及金额 Currency & Interbank Settlement Amount		金额大写 Amount in Words	
其中　现汇金额 Amount FX		账号 A/C No.	
其中　购汇金额 Amount of Purchase		账号 A/C No.	
其中　其他金额 Amount of Others		账号 A/C No.	
50a　汇款人名称及地址 Remitter's Name & Add.			
□对公　组织机构代码 Unit Code□□□□□□□□□		□对私	□个人身份证号码 Individual ID No. □中国居民个人 Resident Individual □中国非居民个人 Non-Resident Individual
54/56a　收款银行之代理行名称及地址 Correspondent of Ben.'s Bank Name & Add.			
57a　收款人开户银行名称及地址 Ben.'s Bank Name & Add.		收款人开户银行在其代理行账号 Ben.'s Bank A/C No.	
59a　收款人名称及地址 Ben.'s Name & Add.		收款人账号 Ben.'s A/C No.	
70　汇款附言 Remittance Information 只限 140 个字位 Not Exceeding 140 Characters		71A　国内外费用承担 All Bank's Charges if Any are to be bone by □汇款人 OUR　□收款人 BEN.　□共同 SHA	
收款人常驻国家（地区）名称及代码 Ben. Resident Country/Region Name & Code		□□□	
请选择：□预付货款 Advance Payment　□货到付款 Payment against Delivery □退款 Refund　□其他 Others		最迟装运日期	

交易编码 BOP Trans. Code	□□□□□□ □□□□□□	相应币种及金额 Currency & Amount		交易附言 Trans. Remark	
是否为保税货物项下付款	□是　□否	合同号		发票号	
外汇局批件/备案表号/业务编号					

银行专用栏 For Bank Use Only		申请人签章 Applicant's Signature	银行签章 Bank's Signature
购汇汇率 Rate @		请按照贵行背页所列条款代办以上汇款并进行申报 Please effect the upwards remittance subject to the conditions overleaf	
等值人民币 RMB Equivalent			
手续费 Comm.			
电报费 Cable Charges			
合计 Total Charges			
支付费用方式	□现金 by Cash □支票 by Check □账户 from A/C	申请人姓名 Name of Applicant 电话 Phone No.	核准人签字 Authorized Person 日期 Date
核印 Sig. Ver		经办 Maker	复核 Checker

实训 16

进口接货、报检和报关操作

实训
目标

通过实训，学生能进行进口接货、报检、报关各环节的操作，能准确计算各项费用。

示范
项目

2018 年 8 月 1 日，浙江安妮进出口有限公司外贸业务员谢炯接到浙江双马国际货运有限公司发出的到货通知书（见表 16－1），通知其进口货物于 7 月 31 日到港，尽快到浙江双马国际货运有限公司办理换单。

此阶段，外贸业务员谢炯需向浙江双马国际货运有限公司提供正本提单以换取提货单，以及准备报检和报关材料委托浙江双马国际货运有限公司代理报检和报关。

【任务 1】办理进口报检

该非洲楝木监管证件代码为“A”，属于法定检验目录商品，因此需制作报检委托书，入境时需委托浙江双马国际货运有限公司向海关代为办理报检。另外，进口商品属于木材，还需提供相关植物检疫证明。

【任务 2】办理进口报关和接货手续

外贸业务员谢炯需填制进口货物报关单和报关委托书，并整理相关报关单据委托浙江双马国际货运有限公司代为办理报关；通关后，还需办理接货手续。

表 16－1　　到货通知书

<table>
<tr><td colspan="2">浙江双马国际货运有限公司
浙江省杭州市萧山区市心中路 819 号绿都世贸写字楼 14 楼
ARRIVAL ADVICE
到货通知书
TO：浙江安妮进出口有限公司</td></tr>
<tr><td>双马编号：SM18I03088A29</td><td>委托编号：ANNIE18/029</td></tr>
<tr><td>起运港：DOUALA，CAMEROON</td><td>目的港：ZHANGJIAGANG，CHINA</td></tr>
<tr><td>船名航次：CLAES MAERSK，0804</td><td>提单号：855954779</td></tr>
<tr><td>到港日期：2018－07－31</td><td>箱型数量：7×40′HQ</td></tr>
<tr><td>件数：44LOGS</td><td>货物品名：SAPELLI LOGS</td></tr>
<tr><td>毛重：145 590KGS</td><td>体积：171.142CBM</td></tr>
<tr><td>法检报检号或调离号：</td><td>转关/清关：清关</td></tr>
<tr><td colspan="2">注意事项：
1. 请在收到本通知后，携带加盖公章的正本提单前来换单（如果为电放提单，请携带贵司正本电放保函）；若贵司未收到提单，请速与发货人联系并向其索取，我司不承担因通知不到所引起的一切责任和产生的费用。
2. 本通知根据起运港提供的提单与舱单上的“收货人”与“通知人”的地址发送，如上述信息有误，我司不承担由于通知不到而产生的损失。
3.《中华人民共和国海关法》规定，海运进口货之收货人必须在船舶申报之日 14 天内向海关申报，逾期由海关征收滞报金，货物如在 3 个月不提取，货物作无主货处理。凡船抵港后 10 天内不提取货物，由此产生的滞箱费、疏港费等责任后果均由收货人承担。

FM：浙江双马/王红
TEL：0571－82379031
FAX：0571－82379032
日期：2018－08－01</td></tr>
</table>

示范操作

任务 1　办理进口报检

（1）制作报检委托书。

8 月 1 日，浙江安妮进出口有限公司外贸业务员谢炯填写了报检委托书（见表 16－2）。

表 16－2　报检委托书

报检委托书

编号：0054902

张家港市海关：

本委托人郑重声明，保证遵守出入境检验检疫法律、法规的规定。如有违法行为，自愿接受检验检疫机构的处罚并负法律责任。

本委托人委托受委托人向检验检疫机构提交“报检申单”和各种随附单据。具体委托情况如下：

本单位将于2018年7月间进口如下货物：

品名	非洲楝木	HS 编码	4403499090
数（重）量	171.142 CBM	合同号	ANNIE18/029
信用证号	111LC1800879	审批文号	/
其他特殊要求			

特委托浙江双马国际货运有限公司代表本公司办理下列出入境检验检疫事宜：

1. 办理代理报检手续；
2. 代缴检验检疫费；
3. 负责与检验检疫机构联系和验货；
4. 领取检验检疫证单；
5. 其他与报检有关的相关事宜。

请贵局按有关法律、法规规定予以办理。

委托方名称：浙江安妮进出口有限公司
单位地址：浙江省杭州市华星路 1298 号
联系人：谢炯
委托方：（公章）
2018 年 8 月 1 日

被委托方名称：浙江双马国际货运有限公司
单位地址：浙江省杭州市萧山区市心中路 819 号绿都世贸写字楼 14 楼
联系人：王红
受委托方：（公章）
2018 年 8 月 1 日

本委托书有效期至 2018 年 8 月 31 日。

外贸业务员谢炯或指示外贸单证员把制作的报检委托书、植物检疫证明、进口合同、商业发票、装箱单、到货通知等单据寄给浙江双马国际货运有限公司委托代为报检。

（2）制作出境货物报检单并办理报检。

8 月 2 日，浙江双马国际货运有限公司报检员陈晨通过九城软件或榕基软件登录电子报检系统填制出境货物报检单（见表 16－3）。

（3）8 月 2 日，张家港市海关对浙江双马国际货运有限公司提交的资料进行审核并派人员实地查验，确认属实后放行。

表 16－3　　入境货物报检单

中华人民共和国出入境检验检疫
入境货物报检单

报检单位（加盖公章）：浙江双马国际货运有限公司　　　　＊编号：380400204069460

报检单位登记号：3800708246　联系人：陈晨　电话：89909872　　报检日期：2018年8月2日

发货人	（中文）		企业性质（划“✓”）	□合资　□合作　□外资
	（外文）	U. A. C. C. (PACIFIQUE) S. A.		
收货人	（中文）	浙江安妮进出口有限公司		
	（外文）	ZHEJIANG ANNIE IMPORT & EXPORT CO., LTD.		

货物名称（中/外文）	HS编码	产地	数/重量	货物总值	包装种类及数量
非洲楝木 SAPELLI LOG	4403499090	喀麦隆	171.142 立方米	63 322.54 欧元	44根

运输工具名称号码	CLAES MAERSK		合同号	ANNIE18/029	
贸易方式	一般贸易	贸易国别（地区）	香港	提单/运单号	855954779
到货日期	2018－07－31	起运国家（地区）	喀麦隆	许可证/审批号	/
卸货日期	2018－07－31	起运口岸	杜阿拉	入境口岸	张家港
索赔有效期至	卸货后60天内	经停口岸	/	目的地	徐州
集装箱规格、数量及号码	7×40′HQ FCL MSKU8423386/MSKU0522994/TCNU9315452/CLHU8019323/PONU8113159/PONU7267252/PONU7267253				

合同、信用证订立的检验检疫条款或特殊要求	货物到达口岸后，如发现到货与合同不符，除应由保险公司或船公司负责外，买方于货物到岸卸货后60天内凭有关检验证书有权拒收货物或向卖方索赔。	货物存放地点	张家港港口路9号利丰仓库
		用途	自营自销

随附单据（划“✓”或补填）		标记及号码	＊外商投资资产（划“✓”）	□是　☑否
☑合同	□许可/审批文件	N/M	＊检验检疫费	
☑发票	☑到货通知		总金额（人民币元）	
□提/运单	☑装箱单		计费人	
□兽医卫生证书	□质保书		收费人	
☑植物检疫证书	□理货清单			
□动物检疫证书	□磅码单			
□卫生证书	□验收报告			
□原产地证书	□使用非木质包装声明			

报检人郑重声明： 1. 本人被授权报检。 2. 上列填写内容正确属实。 签名：陈晨	领取证单	
	日期	
	签名	

注：“＊”号栏由海关填写。

任务2　办理进口报关和接货手续

（1）浙江安妮进出口公司外贸业务员谢炯填制进口货物报关单（见表16－4）和报关委托书。

表 16-4

中华人民共和国海关进口货物报关单

预录人编号：　　　　海关编号：　　　　页码/页数

境内收货人（91330000142811133P） 浙江安妮进出口有限公司	进境关别 张家港海关	进口日期	申报日期 2018-08-01	备案号
境外发货人 U. A. C. C.（PACIFIQUE）S. A.	运输方式 水路运输	运输工具名称及航次号 CLAES MAERSK V. 0804	提运单号 855954779	货物存放地点
消费使用单位（913203006345667798） 徐州市颂梅木材有限公司	监管方式 一般贸易	征免性质 一般征税	许可证号	启运港 杜阿拉
合同协议号 ANNIE18/029	贸易国（地区） 香港	启运国（地区） 喀麦隆	经停港	入境口岸 张家港

包装种类 根	件数 44	毛重（千克） 14 5590	净重（千克） 145 590	成交方式 FOB	运费 22 400.00 美元	保费 791.26 欧元	杂费

随附单证及编号

标记唛码及备注

N/M　集装箱号：MSKU8423386/ MSKU0522994/TCNU9315452/ CLHU8019323/PONU8113159/ PONU7267252/ PONU7267253

项号	商品编号	商品名称及规格型号	数量及单位	单价/总价/币制	原产国（地区）	最终目的国（地区）	境内目的地	征免
01	4403499090	非洲楝木	171.142 立方米	370.00/63 322.54/欧元	喀麦隆	中国	徐州	照章征税

特殊关系确认：否　　价格影响确认：否　　支付特许权使用费确认：否　　自报自缴：是

报关人员　谢炯　　报关人员证号　22002201　　电话　0571-89991357　　兹声明对以上内容承担如实申报、依法纳税之法律责任　　海关批注及签章

申报单位　浙江安妮进出口有限公司　　申报单位（签章）

（2）8月2日，外贸单证员陈红整理报关单据，然后把进口货物报关单、报关委托书、商业发票、装箱单等寄给浙江双马国际货运有限公司，委托其代理报关。

8月6日，海关经审核，受理浙江安妮进出口有限公司的申报材料。材料审核通过，海关开出进口环节增值税缴款书，计应缴税金为48 522.46（=EUR5 756.59×7.96）元人民币。浙江安妮进出口有限公司业务员持限额支票到海关指定银行缴纳税费后，将已缴费凭据交海关。海关安排次日查验货物。（根据现行海关税率规定：非洲楝木进口关税税率为0，进口环节增值税税率为10%）

8月7日，谢炯与浙江双马国际货运有限公司报关员协同两名海关关员在监管仓库对申报货物进行开箱抽查，经查验货物属实无误，海关在报关单上加盖了放行章。

8月8日，浙江双马国际货运有限公司向理货公司安排车队于当日将货物自码头仓库运至徐州，卸入徐州市颂梅木材有限公司仓库。此项进口业务接货工作顺利完成。

实训项目

『实训项目16-1』

上接『实训项目15-1』，2018年8月15日，上海冬冬贸易公司外贸业务员徐群收到Nibo Shuzo Co., Ltd. 发来的电放提单。8月16日，外贸业务员徐群接到上海双马国际货运有限公司发出的到货通知书（见表16-5），通知其进口货物已到港，可办理换单。

表16-5　　到货通知书

上海双马国际货运有限公司

Shanghai Double Horse International Transportation Co., Ltd.

地址：上海市虹口区长阳路235号鼎立大厦708室　http://www.doublehorse.com.cn

电话：021-65852986　传真：021-65852909　邮编：200082

到货通知书

ARRIVAL ADVICE

收货人：SHANGHAI DONGDONG TRADING COMPANY

贵司下列货物已抵港，请速凭正本提单并背书后（或电放提单和电放保函均盖正本收货人公章）前来我司办理换单手续：

船名航次：	HIBISCUS ISLE, V. 225W
起运港：	SHIBUSHI, JAPAN
目的港：	SHANGHAI, CHINA
提单号：	SBQDHI225WF001
件数：	20PALLETS
重量：	7 400KGS
体积：	24.2CBM

上海双马国际货运有限公司

2018年8月15日

换单联系人：孙小姐
电话：021-65850395
传真：021-65852992
地址：上海市虹口区长阳路 235 号鼎立大厦 708B 室
费用：RMB300.00

注意事项：

1. 请凭正本提单（加盖法人章）速来我司进口部办理换单手续；指示提单需有完整的背书，如电报放货，请凭提单副本（加盖法人章）及有加盖法人章的电放保函；如提取私人行李，请另携带本人护照或代办委托书及身份证。
2. 根据海关的规定，货到港（站）14 天内未能及时向海关申报，由此引起的海关滞报金，由收货人承担。根据《上海满港外贸进口集装箱疏运收费管理暂行规定》，货物到港口（站）后 7 天内未能及时提取，由此引起的疏港费等由收货人承担。货物到港后 3 个月不提取的，将作为无主货处理，责任由收货人自行承担。
3. 本通知书仅作通知，不作提货凭证；若收到本通知时，贵司尚未收到正本提单，应及时向发货人索赔。
4. 如需我司代理进口报关、送货等业务，请联系孙小姐：021-65850395。
5. 我司财务对于 RMB1 000 以下的费用只接受现金。

【任务 1】换取提货单

8 月 16 日，外贸业务员徐群制作电放保函（见表 16-6），然后把电放保函和电放提单交给上海双马国际货运有限公司，办理换取提货单手续。

表 16-6　　电放保函

致：上海双马国际货运有限公司

船名、航次____________________
提 单 号____________________
唛　　头____________________
货　　名____________________
件　　数____________________
总　　量____________________
集装箱箱型____________________

发货人已安排上述货物由上述船舶自__________（装货港）至__________（卸货港），全套正本提单已由发货人交给承运人。我司上海冬冬贸易公司请求不凭正本提单提货。我司愿意承担并赔偿因此特殊操作而造成贵司的一切风险和遭受的一切损失。

上海冬冬贸易公司
王冬冬
2018 年 8 月 16 日

【任务 2】办理进口报检

因为该甘薯烧酒属于法定检验目录商品，外贸业务员徐群填写了入境货物报检单（见表 16-7），并准备相关材料向海关办理报检。

表16－7 **入境货物报检单**

中华人民共和国出入境检验检疫
入境货物报检单

报检单位(加盖公章)： *编号：

报检单位登记号： 联系人： 电话： 报检日期：年 月 日

发货人	（中文）		企业性质（划“✓”）	□合资 □合作 □外资
	（外文）			
收货人	（中文）			
	（外文）			

货物名称（中/外文）	HS编码	产地	数/重量	货物总值	包装种类及数量

运输工具名称号码				合同号	
贸易方式		贸易国别（地区）		提单/运单号	
到货日期		起运国家（地区）		许可证/审批号	
卸货日期		起运口岸		入境口岸	
索赔有效期至		经停口岸		目的地	

集装箱规格、数量及号码			
合同、信用证订立的检验检疫条款或特殊要求		货物存放地点	
		用　途	

随附单据（划“✓”或补填）		标记及号码	*外商投资资产（划“✓”）	□是 ☑否
□合同	□许可/审批文件		*检验检疫费	
□发票	□到货通知		总金额（人民币元）	
□提/运单	□装箱单			
□兽医卫生证书	□质保书		计费人	
□植物检疫证书	□理货清单			
□动物检疫证书	□磅码单		收费人	
□卫生证书	□验收报告			
□原产地证书	□使用非木质包装声明			

报检人郑重声明： 1. 本人被授权报检。 2. 上列填写内容正确属实。 签名：______	领取证单	
	日期	
	签名	

注：“*”号栏由海关填写。

【任务3】办理进口报关和接货手续

外贸业务员徐群需填制进口货物报关单（见表16－8）和报关委托书，并整理相关报关单据委托货代公司办理报关；通关后，还需办理接货手续。

表 16 - 8

中华人民共和国海关进口货物报关单

预录入编号：　　　　海关编号：　　　　（申报地海关）　　　　页码/页数：

境内收货人	进境关别	进口日期	申报日期	备案号
境外发货人	运输方式	运输工具名称及航次号	提运单号	货物存放地点
消费使用单位	监管方式	征免性质	许可证号	启运港
合同协议号	贸易国（地区）	启运国（地区）	经停港	入境口岸

包装种类	件数	毛重（千克）	净重（千克）	成交方式	运费	保费	杂费

随附单证及编号
标记唛码及备注

项号	商品编号	商品名称及规格型号	数量及单位	单价/总价/币制	原产国（地区）	最终目的国（地区）	境内目的地	征免

特殊关系确认：　价格影响确认：　支付特许权使用费确认：	自报自缴：
申报人员　申报人员证号　电话　兹申明对以上内容承担如实申报、依法纳税之法律责任 申报单位　申报单位（签章）	海关批注及签章

『实训项目 16－2』

上接『实训项目 15－2』，2018 年 7 月 3 日，广州纳社进出口有限公司外贸业务员陈露露接到浙江双马国际货运有限公司广州市分公司发出的到货通知书，通知其进口货物已到港，可办理换单。

【任务 1】办理进口报检

因为该数控钻床属于法定检验目录商品，外贸业务员陈露露填写入境货物报检单（见表 16－9），并准备相关材料向海关办理报检。

表 16－9　　入境货物报检单

中华人民共和国出入境检验检疫
入境货物报检单

报检单位（加盖公章）：　　　　　　　　　　　　　　　　　　　　　　　　＊编号：
报检单位登记号：　　　　　联系人：　　　　　电话：　　　　　报检日期：　年　月　日

<table>
<tr><td rowspan="2">发货人</td><td>（中文）</td><td colspan="3"></td><td colspan="2">企业性质（划“✓”）</td><td colspan="2">□合资　□合作　□外资</td></tr>
<tr><td>（外文）</td><td colspan="7"></td></tr>
<tr><td rowspan="2">收货人</td><td>（中文）</td><td colspan="7"></td></tr>
<tr><td>（外文）</td><td colspan="7"></td></tr>
<tr><td colspan="2">货物名称（中/外文）</td><td>HS 编码</td><td>产地</td><td>数/重量</td><td>货物总值</td><td colspan="3">包装种类及数量</td></tr>
<tr><td colspan="2"></td><td></td><td></td><td></td><td></td><td colspan="3"></td></tr>
<tr><td colspan="3">运输工具名称号码</td><td colspan="2"></td><td>合同号</td><td colspan="3"></td></tr>
<tr><td>贸易方式</td><td colspan="2"></td><td>贸易国别（地区）</td><td></td><td>提单/运单号</td><td colspan="3"></td></tr>
<tr><td>到货日期</td><td colspan="2"></td><td>起运国家（地区）</td><td></td><td>许可证/审批号</td><td colspan="3"></td></tr>
<tr><td>卸货日期</td><td colspan="2"></td><td>起运口岸</td><td></td><td>入境口岸</td><td colspan="3"></td></tr>
<tr><td>索赔有效期至</td><td colspan="2"></td><td>经停口岸</td><td></td><td>目的地</td><td colspan="3"></td></tr>
<tr><td colspan="2">集装箱规格、数量及号码</td><td colspan="7"></td></tr>
<tr><td colspan="2" rowspan="2">合同、信用证订立的检验检疫条款或特殊要求</td><td colspan="3" rowspan="2"></td><td>货物存放地点</td><td colspan="3"></td></tr>
<tr><td>用　途</td><td colspan="3"></td></tr>
<tr><td colspan="4">随附单据（划“✓”或补填）</td><td>标记及号码</td><td colspan="2">＊外商投资资产（划“✓”）</td><td colspan="2">□是　☑否</td></tr>
<tr><td colspan="4" rowspan="4">□合同　□许可/审批文件
□发票　□到货通知
□提/运单　□装箱单
□兽医卫生证书　□质保书
□植物检疫证书　□理货清单
□动物检疫证书　□磅码单
□卫生证书　□验收报告
□原产地证书　□使用非木质包装声明</td><td rowspan="4"></td><td colspan="4">＊检验检疫费</td></tr>
<tr><td colspan="2">总金额（人民币元）</td><td colspan="2"></td></tr>
<tr><td colspan="2">计费人</td><td colspan="2"></td></tr>
<tr><td colspan="2">收费人</td><td colspan="2"></td></tr>
<tr><td colspan="5" rowspan="3">报检人郑重声明：
1. 本人被授权报检。
2. 上列填写内容正确属实。
签名：______</td><td colspan="4">领取证单</td></tr>
<tr><td colspan="2">日期</td><td colspan="2"></td></tr>
<tr><td colspan="2">签名</td><td colspan="2"></td></tr>
</table>

注：“＊”号栏由海关填写。

【任务 2】办理进口报关和接货手续

外贸业务员陈露露需填制进口货物报关单（见表 16－10）和报关委托书，并整理相关报关单据委托货代公司办理报关；通关后，还需办理接货手续。

表 16-10

中华人民共和国海关进口货物报关单

预录入编号：　　　　海关编号：　　　　（申报地海关）　　　　页码/页数：

境内收货人	进境关别		进口日期		申报日期		备案号	
境外发货人	运输方式		运输工具名称及航次号		提运单号		货物存放地点	
消费使用单位	监管方式		征免性质		许可证号		启运港	
合同协议号	贸易国（地区）		启运国（地区）		经停港	入境口岸		
包装种类	件数	毛重（千克）	净重（千克）	成交方式	运费	保费	杂费	
随附单证及编号								
标记唛码及备注								
项号	商品编号	商品名称及规格型号	数量及单位	单价/总价/币制	原产国（地区）	最终目的国（地区）	境内目的地	征免
特殊关系确认：		价格影响确认：		支付特许权使用费确认：		自报自缴：		
申报人员 申报单位	申报人员证号	电话	兹申明对以上内容承担如实申报、依法纳税之法律责任 申报单位（签章）			海关批注及签章		

【任务3】核算进口关税和进口环节增值税

外贸业务员陈露露核算该数控钻床的进口关税和进口环节增值税。（2018年7月3日美元卖出价为：1美元=6.66元人民币）

『实训项目16－3』

上接『实训项目15－3』，2018年7月17日，安徽黄山科盟印刷有限公司外贸业务员曾静静接到浙江双马国际货运有限公司安徽省分公司发出的到货通知书，通知其进口货物已到港，可办理换单。

【任务1】办理进口报检

因为该激光制版机是旧设备，属于强制商检商品，外贸业务员曾静静填写入境货物报检单（见表16－11），并准备相关材料向海关办理报检。

表 16 - 11　　　　入境货物报检单

中华人民共和国出入境检验检疫
入境货物报检单

报检单位(加盖公章)：　　　　　　　　　　　　　　　　　　　　　* 编号：

报检单位登记号：　　　联系人：　　　　　　电话：　　　　　　报检日期：年　月　日

发货人	(中文)		企业性质（划"✓"）	□合资　□合作　□外资
	(外文)			
收货人	(中文)			
	(外文)			

货物名称（中/外文）	HS 编码	产地	数/重量	货物总值	包装种类及数量

运输工具名称号码				合同号	
贸易方式		贸易国别（地区）		提单/运单号	
到货日期		起运国家（地区）		许可证/审批号	
卸货日期		起运口岸		入境口岸	
索赔有效期至		经停口岸		目的地	
集装箱规格、数量及号码					
合同、信用证订立的检验检疫条款或特殊要求				货物存放地点	
				用　途	

随附单据（划"✓"或补填）		标记及号码	* 外商投资资产（划"✓"）	□是　☑否
□合同	□许可/审批文件		* 检验检疫费	
□发票	□到货通知			
□提/运单	□装箱单		总金额（人民币元）	
□兽医卫生证书	□质保书			
□植物检疫证书	□理货清单		计费人	
□动物检疫证书	□磅码单			
□卫生证书	□验收报告		收费人	
□原产地证书	□使用非木质包装声明			

报检人郑重声明： 1. 本人被授权报检。 2. 上列填写内容正确属实。 签名：______	领取证单	
	日期	
	签名	

注："＊"号栏由海关填写。

【任务 3】办理进口报关和接货手续

外贸业务员曾静静需填制进口货物报关单（见表 16 - 12）和报关委托书，并整理相关报关单据委托货代公司办理报关；通关后，还需办理接货手续。

表16-12

中华人民共和国海关进口货物报关单

预录入编号：　　　　海关编号：　　　　（申报地海关）　　　　页码/页数：

<table>
<tr><td>境内收货人</td><td colspan="2">进境关别</td><td colspan="2">进口日期</td><td colspan="2">申报日期</td><td colspan="2">备案号</td></tr>
<tr><td>境外发货人</td><td colspan="2">运输方式</td><td colspan="2">运输工具名称及航次号</td><td colspan="2">提运单号</td><td colspan="2">货物存放地点</td></tr>
<tr><td>消费使用单位</td><td colspan="2">监管方式</td><td colspan="2">征免性质</td><td colspan="2">许可证号</td><td colspan="2">启运港</td></tr>
<tr><td>合同协议号</td><td colspan="2">贸易国（地区）</td><td colspan="2">启运国（地区）</td><td>经停港</td><td colspan="3">入境口岸</td></tr>
<tr><td>包装种类</td><td>件数</td><td>毛重（千克）</td><td>净重（千克）</td><td>成交方式</td><td>运费</td><td colspan="2">保费</td><td>杂费</td></tr>
<tr><td colspan="9">随附单证及编号</td></tr>
<tr><td colspan="9">标记唛码及备注</td></tr>
<tr><td colspan="9">项号　商品编号　商品名称及规格型号　数量及单位　单价/总价/币制　原产国（地区）　最终目的国（地区）　境内目的地　征免</td></tr>
<tr><td colspan="9"></td></tr>
<tr><td colspan="9"></td></tr>
<tr><td colspan="9"></td></tr>
<tr><td colspan="9"></td></tr>
<tr><td colspan="9"></td></tr>
<tr><td colspan="9"></td></tr>
<tr><td colspan="9">特殊关系确认：　　价格影响确认：　　支付特许权使用费确认：　　自报自缴：</td></tr>
<tr><td colspan="6">申报人员　　申报人员证号　　电话　　兹申明对以上内容承担如实申报、依法纳税之法律责任
申报单位　　　　申报单位（签章）</td><td colspan="3">海关批注及签章</td></tr>
</table>

【任务 3】核算进口关税和进口环节增值税

外贸业务员曾静静核算该激光制版机的进口关税和进口环节增值税。（支付关税和增值税时，欧元的卖出价为：1 欧元＝7.87 元人民币）

实训 17

进口业务善后操作

实训目标

通过实训，学生能在完成进口清关后，安排协调进口货物数量、质量的查验；能对发现的问题及时妥善处理；能在掌握翔实资料的情况下，对不同性质的贸易纠纷给出不同的处理意见，并能够代表公司对纠纷进行妥善处理；能对业务进行收益核算并能及时总结业务经验。

示范项目

2018 年 8 月 8 日，进口货物顺利运到徐州市颂梅木材有限公司仓库。浙江安妮进出口有限公司和徐州市颂梅木材有限公司双方工作人员对货物进行掏箱入库作业，货物都符合要求，随即双方签署交接单。

徐州市颂梅木材有限公司开具 652 531.00（＝171.142×5 500.00－247 500.00－41 250.00）元金额的汇票给浙江安妮进出口有限公司，浙江安妮进出口有限公司给徐州市颂梅木材有限公司开具 941 281.00 元的增值税发票，双方结清债权债务关系，此笔交易结束。

此阶段，外贸业务员谢炯主要需做好以下几项工作：

【任务 1】核算收益

外贸业务员谢炯根据该笔业务此前发生的收入和支出及以下相关信息，核算该笔业务的进口利润率：

（1）由目的港到仓库的国内运费为 1 500 元/40 英尺柜；

（2）报关、集港等费用为 2 500 元/40 英尺柜；

（3）含开证费和改证费在内的其他国内费用合计为 12 570 元；

（4）国外运费为 22 400 美元，按照 1 美元＝6.85 元人民币汇率支付；

（5）国外保费为 893.83 欧元，按照 1 欧元＝7.96 元人民币汇率支付。

【任务 2】总结经验

外贸业务员谢炯需对该笔业务操作过程中的不足之处进行总结，以便把今后的业务做得更好。

示范操作

任务 1　核算收益

（1）核算进口费用。

当日，欧元的卖出价为：1 欧元＝7.96 元人民币

进口付汇金额＝63 322.54×7.96＝504 047.418（元）

进口环节增值税＋实缴增值税＝941 281.00÷（1＋10%）×10%＝85 571.00（元）

国内运费＝1 500×7＝10 500（元）

报关、集港费用＝2 500×7＝17 500（元）

国内费用＝85 571.00＋10 500＋17 500＋12 570＝126 141.00（元）

国外运费＝22 400×6.85＝153 440.00（元）

国外保费＝893.83×7.96＝7 114.887（元）

进口费用＝国内费用＋国外费用

＝126 141.00＋153 440.00＋7 114.887

＝286 695.887（元）

（2）核算进口利润和进口利润率。

国内销售收入＝5 500.00×171.142＝941 281.00（元）

进口利润＝国内销售收入－进口货款支出－进口费用

＝941 281.00－504 047.418－286 695.887

＝150 537.695（元）

进口利润率＝进口利润÷国内销售收入

＝150 537.695÷941 281.00

＝15.99％

任务 2　总结经验

通过对这笔业务的操作过程进行分析，外贸业务员谢炯得出以下经验：

（1）由于没有选择好计价货币，产生汇兑损失，使进口利润率未达到预期目标。

4 月 12 日磋商时的欧元卖出价为 1 欧元＝7.78 元人民币，7 月 24 日最终付汇时欧元卖出价为 1 欧元＝7.96 元人民币，进口货款比预期多支出 11 398.06［＝63 322.54×(7.96－7.78)］元人民币。因此，外贸业务员在选择计价货币时，应该分析该计价货币的历史数据和今后走势。在进口业务中，外贸业务员应选择该阶段软货币作为计价货币，而不应该选择硬货币欧元作为计价货币。

（2）发现由于控制费用，使该笔业务的其他国内费用控制在国内销售收入的 1.34％，增加了约 0.66％的进口利润率。

实训项目

『实训项目 17－1』

上接『实训项目 16－1』，2018 年 8 月 23 日，进口货物运到上海琼浆酒业公司仓库。在对货物的掏箱入库作业中，上海冬冬贸易公司外贸业务员徐群发现有 10 箱烧酒的酒瓶全部破裂，且纸箱也已破损。

此阶段，外贸业务员徐群主要需做好以下争议处理工作：

（1）此时开证行尚未对 Nibo Shuzo Co., Ltd. 承兑信用证款项，徐群能以酒瓶破裂为由向开证行申请拒绝承兑吗？若能，请说明拒绝承兑的理由；若不能，请说明理由并提出解决办法。

（2）9 月 19 日，上海琼浆酒业公司向上海冬冬贸易公司退 20 箱烧酒，理由是错发成酒精度为 18％的甘薯烧酒（经上网查询，该甘薯烧酒的日本批发价格为 JPY300/瓶）。根

据进口合同的部分条款，拟定一个向 Nibo Shuzo Co.，Ltd. 索赔的方案。

『实训项目 17－2』

上接『实训项目 16－2』，2018 年 7 月 10 日，进口货物运到广州立凡机械有限公司仓库。经 Richard International Co.，Ltd.、广州立凡机械有限公司、广州纳社进出口有限公司三方检查安装，正常运行后，三方签署设备交接单。此阶段，外贸业务员陈露露在该笔业务中尚需完成哪些工作？

『实训项目 17－3』

上接『实训项目 16－3』，2018 年 7 月 23 日，进口设备商检通过和顺利报关后，提货运到安徽黄山科盟印刷有限公司仓库。7 月 24 日，在对货物的掏箱入库安装作业中，外贸业务员曾静静发现，木箱外包装和设备外壳完好无损，但是内部设备局部有碰损、移位情况，具体情况如下：

（1）设备的大理石工作台底部左边的两个支撑脚的水平调节螺杆断裂；

（2）线性马达发生移位，上部与机盖发生碰擦，局部油漆脱落。

GASA ETIKETTEN GmbH & Co. KG 的保险投保到上海浦东国际机场，安徽黄山科盟印刷有限公司向华泰财产保险股份有限公司安徽省分公司投保了上海浦东国际机场到本公司仓库的国内水路、陆路货物运输保险的综合险。

此阶段，外贸业务员曾静静主要需做好以下几项工作：

【任务 1】处理争议

此时曾静静应采取什么措施？应向谁提出索赔？为什么？索赔时需提供哪些材料？

【任务 2】总结业务经验

由于上海海关出具的检验报告的内容为“设备的包装和外壳完好无损”。而保险又是分段投保，使得最终两家保险公司都不愿意理赔。通过与 GASA ETIKETTEN GmbH & Co. KG 几次磋商，最后，对方愿意承担合同金额 10%的维修费用。

在该业务中，外贸业务员曾静静可吸取哪些经验教训？

参考文献

[1] 中国国际贸易学会商务专业培训考试办公室．外贸业务理论与实务．北京：中国商务出版社，2008.

[2] 中国国际贸易学会商务专业培训考试办公室．全国外贸业务员培训认证考试大纲及复习指南．北京：中国商务出版社，2007.

[3] 章安平．进出口业务操作．3 版．北京：高等教育出版社，2012.